2023年度版

文部科学省後援

英検® 2級
過去6回全問題集

別冊解答

JN249191

9784010937266

旺文社

もくじ

Contents

正答率 ★75%以上 は，旺文社「英検®一次試験 解答速報サービス」において回答者の正答率が 75%以上だった設問を示しています。

・2022 年度 第 2 回検定…全級合計約 2.4 万件の回答より
（2022 年 10 月 11 日以降の回答数）

・2022 年度 第 1 回検定…全級合計約 3.9 万件の回答より
（2022 年 6 月 6 日以降の回答数）

・2021 年度 第 3 回検定…全級合計約 4.8 万件の回答より
（2022 年 1 月 24 日以降の回答数）

・2021 年度 第 2 回検定…全級合計約 4.6 万件の回答より
（2021 年 10 月 10 日以降の回答数）

・2021 年度 第 1 回検定…全級合計約 4.0 万件の回答より
（2021 年 5 月 31 日以降の回答数）

・2020 年度 第 3 回検定…全級合計約 2.4 万件の回答より
（2021 年 1 月 22 日以降の回答数）

2022-2

解答一覧

一次試験・筆記

1

(1)	1	(8)	4	(15)	1
(2)	1	(9)	2	(16)	1
(3)	3	(10)	3	(17)	2
(4)	3	(11)	2	(18)	1
(5)	1	(12)	3	(19)	2
(6)	2	(13)	3	(20)	2
(7)	3	(14)	4		

2 A

(21)	2
(22)	3
(23)	1

2 B

(24)	2
(25)	3
(26)	4

3 A

(27)	2
(28)	1
(29)	2

3 B

(30)	4
(31)	4
(32)	1
(33)	1

3 C

(34)	2	(36)	1	(38)	4
(35)	2	(37)	1		

4　解答例は本文参照

一次試験・リスニング

第1部

No. 1	3	No. 6	4	No.11	1
No. 2	4	No. 7	3	No.12	1
No. 3	4	No. 8	4	No.13	3
No. 4	1	No. 9	1	No.14	1
No. 5	2	No.10	3	No.15	3

第2部

No.16	4	No.21	1	No.26	2
No.17	1	No.22	1	No.27	4
No.18	4	No.23	1	No.28	2
No.19	2	No.24	2	No.29	2
No.20	3	No.25	2	No.30	2

一次試験・筆記 1 問題編 p.18~20

(1) ―解答 1

訳　ケイコがたった6か月しか英語を勉強していないということを考慮に入れると，彼女は昨日のコンテストで際立って素晴らしい英語のプレゼンテーションを行った。彼女は2位を獲得した。

解説　空所前でケイコがたった6か月しか英語を勉強していないこと，空所後でそれにもかかわらずケイコが2位を獲得したことが述べられていることから，彼女のプレゼンテーションが remarkably「際立って」素晴らしかったことが推測される。nervously「神経質に」，suddenly「突然」，carefully「注意深く」

(2) ―解答 1　正答率 ★75%以上

訳　A：休暇はどうだった，デール？
B：素晴らしかったよ！　私たちは7日間純粋に楽しんでリラックスしたよ。

解説　空所後で休暇を楽しんでリラックスしたことが話されていることから，休暇は marvelous「素晴らしい」ものだったと考えるのが自然である。industrial「工業の」，humble「謙虚な」，compact「小型の」

(3) ―解答 3

訳　世界中の人々は，その2つの国の間の争いが戦争を引き起こすのではないかと恐れている。

解説　戦争を引き起こす要因として考えられるのは conflict「争い」しかない。patient「患者」，phrase「言い回し，表現」，courage「勇気」

(4) ―解答 3

訳　野球選手のオオムラ・シュウタは2019年に右膝の手術を受けなければならなかったが，彼は完全に回復し2020年には再び競技をする準備ができていた。

解説　his right knee「彼の右膝」，a full recovery「完全回復」といった語句から彼が膝の surgery「手術」を受けたことが予想される。recognition「認識」，innocence「無罪」，inquiry「問い合わせ」

(5) ―解答 1

訳　そのレストランは数度の食中毒事件の後，良い評判を失って，ついに閉店しなければならなかった。

解説　空所後に食中毒があったことと最終的には閉店しなければならなかったという記述があることから，その店が良い reputation「評判」を失ったことがわかる。anticipation「予想」，observation「観察」，examination「試験」

(6) —解答 2

訳 日光は人々が健康でいるために重要である。しかし，過度の日光に肌をさらすことは良くない。

解説 日光に関する健康に良くないことといえば，過度の日光に肌を expose「さらす」ことであると推測できる。protest「～に抗議する」，conduct「～を指揮する」，represent「～を象徴する」

(7) —解答 3 正答率 ★75%以上

訳 カイは腕を骨折した後，完全に治るまでにおよそ3か月かかった。今，彼は何の問題もなく再びテニスをすることができる。

解説 カイは腕を骨折したが，今は何の問題もなくテニスができているということから，heal「治る」を空所に入れるのが最も自然である。fulfill「～を満たす」，cheat「～をだます」，retire「引退する」

(8) —解答 4

訳 最近では，多くの会社が従業員に多くの柔軟性を提供している。例えば，従業員は時々在宅勤務をしたり，何時に仕事を始め何時に終えるかを選択したりすることができる。

解説 第2文で在宅勤務の例や始業時刻や終業時刻を自分で決められる例などが挙げられている。つまり，会社は従業員に flexibility「柔軟性」を与えている。majority「大多数」，similarity「類似」，quantity「量」

(9) —解答 2

訳 ケビンは車で家に帰る途中，吹雪の中で立ち往生した。天候があまりに悪かったので，彼は車を置き去って残りの道を歩かなければならなかった。

解説 空所後で残りの道を歩かなければならなかったとあることから，彼が車を abandon「置き去って」いったことがわかる。maintain「～を保つ」，prevent「～を防ぐ」，supply「～を供給する」

(10)—解答 3

訳 ローラはバドミントンのトーナメントからあまりに早く敗退したことを悲しく思っていたが，今彼女は彼女の友だちを彼らの試合時に支えている。

解説 ローラが悲しく思っていたこと，そして今は友だちの試合時に彼らを支えていることなどから，ローラがトーナメントから早く eliminated「敗退した」ことが推測される。commit「～を犯す」，defend「～を守る」，import「～を輸入する」

(11)—解答 2

訳 サラは彼女の足が良くなるまでは，走ることを控えるように言われた。さもなければ，彼女は彼女のけがをさらに悪化させることになるかもしれない。

解説 第2文に，さもなければ，けがが悪化するかもしれないという記述があるので，サラは走ることを refrain from「控える」必要があることがわかる。read through「～を読み通す」，reflect on「～を熟考する」，refer to「～に言及する」

(12)—解答 3

訳 A：あの映画についてどう思った？

B：全体としては楽しめたよ。俳優の何人かは最高とは言えなかったけれど，ストーリーは素晴らしくて，音楽も美しかったよ。

解説 空所後で俳優の何人かは最高とは言えなかったが，ストーリーと音楽が良かったという記述がある。つまり，悪いところもあったが，as a whole「全体としては」その映画は良かったと考えられる。on the move「活発で」，in respect of「～に関しては」，by then「その時までには」

(13)—解答 3

訳 A：どうしたの，エミリー。

B：ジムが私の友だちの前で私のことをばかにしたの。私の靴を不格好だと彼は言ったの。

解説 ジムはエミリーの靴が不格好だと言っていることから，彼女を made a fool of「ばかにした」ことがわかる。make a difference で「重要である」，make a point of *doing* で「必ず～する」，make a start で「始める」という意味。

(14)—解答 4

訳 ジェイソンは母親に彼の私生活に干渉するのをやめるよう何回か頼んだ。たとえ彼が大人でも，彼女が彼をコントロールしようとしていることに彼は当惑している。

解説 第2文からジェイソンが彼をコントロールしようとしている母親に当惑していることがわかる。このことからジェイソンは母親に私生活に interfering with「干渉する」ことをやめてもらいたいと思っていることが予想される。count on「～を頼りにする」，insist on「～を主張する」，compare with「～に匹敵する」

(15)—解答 1

訳 A：バーベキューを中止しなければならなかったことは残念だね。

B：そうだね，でも雨の中では外でバーベキューをすることはできないね。もし天候がもっと良ければ，代わりに来週できるよ。

解説 Bが雨の中では外でバーベキューはできないと言っていることから，彼らがバーベキューを call off「中止する」ことを余儀なくされたことがわかる。pick on「～をいじめる」，fall for「～を好きになる」，bring out「～を外に出す」

(16)—解答 1

訳　泥棒はその建物にはしごを用いて入ったに違いない。入るための唯一の方法は，2階の窓からだった。

解説　第2文で建物に入るための唯一の方法は2階の窓であるという記述があることから，泥棒はby means of (a ladder)「(はしご) を用いて」家に侵入したとみるのが自然である。in charge「管理して」，at times「時々」，for all「〜にもかかわらず」。in charge of という熟語に引っ張られて**2**を選ばないように注意。

(17)—解答 2

訳　バーニーはいくつかの簡単な指示に従うよう彼の猫に教えようとしたが，彼の努力は無駄だった。彼が猫に横になるように言うたびに，猫はただ歩き去った。

解説　空所前ではバーニーが猫に指示に従うように教えようとしたことが，空所後で横になるように指示を出しても歩き去るだけだったことがそれぞれ述べられている。つまり彼の努力はin vain「無駄」だったことがわかる。of late「最近の」，for sure「確実に」，by chance「偶然に」

(18)—解答 1

訳　3年間東京に住んでいるので，カサンドラは彼女のアパートから東京スカイツリーまでの行き方を正確に知っていた。

解説　Having lived 〜は完了形の分詞構文。分詞構文は〈時〉〈理由〉〈同時性〉などの意味を表す。どの意味になるかは文脈によって決まり，時にはあいまいになることもある。あえて接続詞を使わず，2つの文を緩やかにつなぐ働きがある。

(19)—解答 2

訳　誰かがミシェルの教室の窓の1枚を割った。ミシェルはそんなことはしていなかったが，ほかの生徒の何人かはあたかも彼女がそれをしたかのように彼女のことを見た。

解説　as if 以下は仮定法過去完了。「あたかも〜であったかのように（実際はそうではなかったのだが）」という意味になる。as if she had の後にはdone it が省略されている。as to「〜に関しては」，if only「ただ〜でさえあれば良いのだが」，if not「もしそうでないならば」

(20)—解答 2

訳　A：あなたの両親の家まで車でどれくらいかかる？

B：休暇の間は交通量に関しては何とも言えないな。30分かかるかもしれないし，あるいは2時間かかるかもしれない。

解説　There is no *doing* で「〜することはできない」。There's no telling で「話すことはできない」つまり「何ともいえない，わからない」という意味になる。

一次試験・筆記　2　問題編 p.22～25

A 全文訳 海における問題

プラスチックはさまざまな商品に使われている。実際，およそ4億トンのプラスチックが毎年世界中で作られていると見積もられている。その多くがたった一度使われて捨てられるように作られている。この廃棄物のほとんどは埋め立て地の地中に埋められる。しかし，大量のものがほかのどこかに行きつく。国際自然保護連合によると，1,400万トン以上のプラスチック廃棄物が毎年海に流入する。プラスチックは頑丈で，分解するのに長い時間がかかる。このため，世界の海は急速にそれでいっぱいになりつつある。

プラスチック廃棄物は海中と海辺に生息している野生動物にとって2つの大きな問題を引き起こす。第1に，動物は時々より大きなプラスチックのかたまりに捕らわれ，自由に泳げなくなってしまうため死んでしまう。しかしながら，もう1つの問題はより小さなプラスチックの破片によって引き起こされる。動物はしばしばこれらを食料とみなすのだ。最近の研究によると，魚種のおよそ3分の2と全海鳥の90パーセントが海に浮遊している小さなプラスチックの破片を間違って食べてしまっていることがわかった。

それに応えて，たくさんの環境保護団体が海のプラスチックについて何か対策を行うよう政府に働きかける努力をしている。例えば，生物多様性センターはアメリカ政府にプラスチック汚染を制御するための法律を作るよう要請した。そのような団体はまた，その問題について大衆を教育しようと試みてもいる。これにもかかわらず，人々はプラスチックを捨て続け，海の中のプラスチックの量は増加し続けている。

(21)—解答 2

解説 空所後では1,400万トン以上のプラスチック廃棄物が海に流入し，その分解されにくい性質のために急速に世界の海がプラスチックで満たされつつあることが述べられている。つまり，多くのプラスチックがends up elsewhere「（埋め立て地以外の）ほかのどこかに行きつく」ということである。

(22)—解答 3　正答率 ★75%以上

解説 空所後で魚種の3分の2と全海鳥の90%が海に浮遊しているプラスチックを間違って食べてしまっているという研究成果が報告されている。つまり海の動物たちはsee these as food「これら（のプラスチック）を食料としてみなす」ということである。

(23)—解答 1

解説 空所前ではプラスチックの問題について環境保護団体が大衆を教育しようとしていることが述べられている。一方，空所後では人々は依然としてプラスチックを捨て続け，海のプラスチック廃棄物が増えている現状が報告されている。この2つの相反する事実をつなぐのに適した接続語句はIn spite of this「これにもかかわらず」である。Therefore「それゆえに」, Likewise「同じように」, In particular「特に」

B 全文訳 『キャッツ』を上演すること

アンドリュー・ロイド・ウェバーは，ミュージカルを作ることで有名であり，彼が作った歌の多くは有名になった。過去50年にわたって，ウェバーは，『オペラ座の怪人』や『ヨセフ・アンド・ザ・アメージング・テクニカラー・ドリームコート』を含むたくさんの人気のあるミュージカルを作り出してきた。これらの（ミュージカルの）キャラクターは，昔からずっと存在してきたよく知られた物語から取られた。ウェバーの最も成功したミュージカルの1つは『キャッツ』である。これは，彼が作った最も人気の曲である『メモリー』を呼び物にしている。しかし，ウェバーのほかの多くのミュージカルと同様に，『キャッツ』のキャラクターは彼によって作り出されてはいない。

子どものころ，ウェバーのお気に入りの本の1つはT・S・エリオットの『キャッツ—ポッサムおじさんの猫とつき合う法』であった。これは，何匹かの猫の性格を描写する詩集である。例えば，キャラクターの1匹は，皆の注目の的でありたいと思っている。別のキャラクターは，日中は怠け者のように見えるが，夜にはネズミや昆虫が問題を起こすのを防ぐためにひそかに一生懸命働いている。ウェバーは彼のミュージカルの歌のためにこれらの詩の言葉を使い，そしてこれらの猫がともに暮らす世界を作り上げた。

ウェバーは1977年に『キャッツ』の制作に取り組み始め，それは1981年にロンドンで初めて上演された。それはあまりにも人気だったので，21年後もまだそこで上演されていた。同様に，1982年にニューヨークのブロードウェイで初めて上演された後，それはそこで18年間上演された。『キャッツ』は世界中で人気となった。実際，そのショーは15言語に翻訳され，30か国以上で上演され，7,300万人以上の人々によって鑑賞されてきた。

(24)—解答 2

解説 第1段落第3文にウェバーの作品のキャラクターはよく知られた物語から取られたという記述がある。そして空所のある文では，『キャッツ』のキャラクターはウェバーのほかの多くのミュージカルと同様であるということが述べられている。つまり『キャッツ』のキャラクターは not created by him「彼によって作り出されてはいない」ということである。

(25)—解答 3

解説 空所前ではウェバーのお気に入りの詩集『キャッツ—ポッサムおじさんの猫とつき合う法』が紹介されている。空所後ではその詩集の中の猫たちの性格が具体例とともに述べられている。つまりその詩集は the personalities of some cats「何匹かの猫の性格」を描写する詩集であるということがわかる。

(26)—解答 4

解説 空所前では『キャッツ』が21年間ロンドンで上演され続けていたことが

述べられている。また，空所後ではニューヨークでも『キャッツ』が 18 年間上演され続けたことが報告されている。この 2 つの類似した現象をつなげる語句としては Similarly「同様に」が最も適している。In any case「いずれにしても」，Unfortunately「不幸にも」，By mistake「誤って」

一次試験・筆記 3 問題編 p.26～32

A 全文訳

発信人：マイケル・グリーン <mikeyg4000@friendlymail.com>
宛先：テレビジョン・デポ・カスタマーサービス <service@televisiondepot.com>
日付：10 月 9 日
件名：ZX950 LCD TV

カスタマーサービスご担当者様

インターネットで ZX950 LCD TV の素晴らしいレビューをいくつか読んで，私はテレビジョン・デポのオンラインショップで 1 台購入しました。製品が到着したとき，それは完璧な状態のようで，私はそのテレビの取扱説明書に従ってうまく設置することができました。しかし，いったん使い始めてみると，問題があることに気づきました。

リモコンでテレビの音量を調節することができませんでした。リモコンの電池を換えてみましたが，それで問題は解決しませんでした。私は取扱説明書に目を通してみましたが，解決策を見つけることはできませんでした。テレビのボタンで音量を調節できますが，このようにすることがいかに不便であるかはきっと理解していただけると思っております。

代わりのリモコンを手に入れることは可能でしょうか。またはテレビも返品する必要があるのでしょうか。あのような大きなテレビを箱に戻すのは難しいので，返品する必要がなければよいと思っています。ここ数日中にこの問題を解決していただけるとよいのですが。私は次の週末に始まるヨーロッパのサッカートーナメントを見るために，新しいテレビを使いたいと強く思っています。お返事をお待ちしております。

敬具

マイケル・グリーン

(27)—解答 2 正答率 ★75%以上

質問の訳　マイケル・グリーンが購入したテレビについて言っていることの 1 つは何か。

選択肢の訳
1　それは取扱説明書なしで彼に送られた。
2　それはいくつかの肯定的なオンラインレビューを受けた。
3　彼は地元のテレビジョン・デポの店でそれを買った。
4　彼はそれが最近セールになっていたので，それを選んだ。

解説　第 1 段落第 1 文に After reading several excellent reviews of the

ZX950 LCD TV on the Internet, I purchased one from your Television Depot online store. とあるので，そのテレビは肯定的なオンラインレビューを受けたことがわかる。

(28)— 解答 1 正答率 ★75%以上

質問の訳　そのテレビにはどんな問題があるとマイケル・グリーンは言っているか。

選択肢の訳
1 音量のレベルがリモコンで変えられない。
2 リモコンはわずか数時間で電池を使い切ってしまう。
3 テレビのボタンが機能していないようである。
4 テレビは時々突然電源が切れる。

解説　第2段落第1文に I was unable to adjust the volume of the TV with the remote control. とあるので，音量をリモコンで調節できないことがわかる。

(29)— 解答 2 正答率 ★75%以上

質問の訳　マイケル・グリーンがカスタマーサービスの担当者に望むことは

選択肢の訳
1 彼がテレビを箱に戻すのを手伝ってくれる誰かを派遣することだ。
2 彼がスポーツのイベントを見るのに間に合うようにその問題を解決することだ。
3 テレビジョン・デポによって後援されているトーナメントについて彼に教えてくれることだ。
4 彼が自分でその問題を解決できるように指示を出してくれることだ。

解説　第3段落第3文と第4文に次の週末に行われるヨーロッパのサッカートーナメントを見るために新しいテレビを使いたいので数日中に問題を解決してほしい，とマイケル・グリーンが思っていることが述べられているので，正解は**2**となる。

B 全文訳 皇后のお気に入りの服

バングラデシュというアジアの国は世界で最も服を輸出する国の1つである。低賃金と現代技術がバングラデシュの衣料品工場が安い服を生産することを可能にした。しかし，19世紀までその国はダッカ・モスリンと呼ばれるぜいたくな生地を生産していた。多くの人がこの生地を今まで作られたものの中で最も素晴らしいものとみなしており，その価格は最も高品質のシルクの20倍以上であった。それはプティ・カーパスと呼ばれる植物からとれる綿を使って生産された。この種の綿はとても細い糸に加工することができ，その糸は信じられないほど柔らかく軽い生地を作るのに使用できる。

ダッカ・モスリンは作るのが難しかったが，裕福な人々は製造業者が要求する高い値段を喜んで支払っていた。この生地の名声はヨーロッパに広がり，フランス皇帝ナポレオンの妻がダッカ・モスリンから作られたドレスを着ることをとても好んだ。しかし，バングラデシュを含む地域が大英帝国の一部になったとき，イギリスの貿易商はより安い値段でより多くの生地を生産するようダッカ・モスリンの製造業者に圧力をかけた。

最終的には，全ての製造業者が低品質の生地を作るか製造をやめるかのどちらかに決めた。

2013年に，ロンドンに住むバングラデシュ人のサイフル・イスラムはダッカ・モスリンについての展示会を企画するよう依頼された。イスラムはこの素材の品質の高さに非常に驚いた。彼はダッカ・モスリンを再び作ることは可能かどうかを考えた。残念なことに，彼はバングラデシュでプティ・カーパスを1つも見つけることができなかった。しかし，博物館にあったプティ・カーパスの乾燥した葉からのDNAを使うことで，彼はほぼ同じである種を見つけることができた。

イスラムはこの種の植物から綿を採取したが，彼が作った糸はあまりにも細く簡単に切れてしまった。彼は，その綿をほかの植物からとれるものと混ぜ合わせなければならなかった。しかしこの混合物から作られた糸は依然として普通のものよりもはるかに細かった。多大な努力の末，イスラムと彼のチームはダッカ・モスリンとほとんど同じくらい良い生地を作り出した。彼はその製造技術を改善し続けたいと思っている。バングラデシュ政府は自国を世界で最も素晴らしい生地の生産者として知ってもらいたいため，彼を支援している。

(30)―解答 4

質問の訳 ダッカ・モスリンとして知られている生地について正しいものはどれか。

選択肢の訳
1 その細い糸はシルクのそれよりも20倍以上強い。
2 それはバングラデシュが服の主要な輸出国になるのを妨げた。
3 現代技術は工場がそれを安く生産することを可能にした。
4 多くの人がそれはこれまでにあった中で最も良い種類であると言っている。

解説 第1段落第4文にMany regard this cloth as the finest ever madeとあるので，ダッカ・モスリンがこれまでの中で最も良い種類の生地であると多くの人が考えていることがわかる。問題文のthe finest ever madeが選択肢ではthe best kind that there has ever beenと言い換えられている。

(31)―解答 4

質問の訳 イギリスの貿易商によってなされた要求の結果として何が起きたか。

選択肢の訳
1 ヨーロッパの顧客の興味を引くためにさまざまな色が導入された。
2 ヨーロッパにおけるダッカ・モスリンの価格は劇的に上がった。
3 製造業者はより良い生地を作るためにイギリスの技術を使い始めた。
4 高品質のダッカ・モスリンの生産は完全に止まった。

解説 第2段落第3文と最終文にイギリスの貿易商が安い値段でより多くの生地を作るよう製造業者に圧力をかけ，その結果全ての業者が高品質の生地を作ることをやめてしまったことが述べられているので，正解は**4**。

(32)―解答 1

質問の訳 サイフル・イスラムがプティ・カーパスの葉からのDNAを使ったのは

選択肢の訳 1 ダッカ・モスリンを作るために使われたのと似た植物を見つけるため。
2 ダッカ・モスリンのサンプルが本物か偽物かを確認するため。
3 展示会でダッカ・モスリンの進化を説明するため。
4 ロンドンの実験室で人工的なダッカ・モスリンを作り出すため。

解説 第3段落最終文にイスラムが乾燥したプティ・カーパスの葉からのDNAを使ってダッカ・モスリンを作るために使われた植物とほぼ同じ植物を見つけることができたことが述べられている。よって正解は**1**。

(33)—解答 1 正答率 ★75%以上

質問の訳 なぜバングラデシュ政府はイスラムの努力を支援しているのか。

選択肢の訳 1 その国を高品質の生地を生産することで有名にしたいから。
2 彼のプロジェクトはバングラデシュ人のために新しい仕事を生み出すだろうと信じているから。
3 もし彼が追加の経済的支援を得られなければ，彼はやめるだろうから。
4 彼がもっと簡単に安い服を生産する方法を発見するかもしれないから。

解説 第4段落最終文からバングラデシュ政府が高品質の生地を作ることで自国を有名にしたいと考えているためにイスラムを支援していることがわかる。

C 全文訳 砂漠の楽しみ

トホノ・オオダム族の人々は，ソノラ砂漠出身のアメリカ先住民である。実際，この部族の名前は彼ら自身の言語で「砂漠の民」を意味する。ソノラ砂漠はアメリカとメキシコの国境線周辺に位置する。伝統的に，トホノ・オオダム族の人々は村に住み，豆，トウモロコシ，メロンといった作物を栽培した。彼らはまた，砂漠で見つかる野生の植物や動物も食料とした。

ソノラ砂漠は暑くて乾燥しているけれども，そこには2,000以上のさまざまな植物の種が自生している。数百のこれらの植物は人々が食べても安全である。ソノラ砂漠にそれだけ多くの植物種がいる理由は2つある。1つは，そこにはさまざまな種類の土壌があり，これらが多くの種類の植物の成長を支えている，ということ。もう1つは，砂漠はほとんど乾燥しているけれど毎年数回，冬に1回，夏に1回は雨が降る，ということである。この雨はある種の植物が生き残るには十分である。

砂漠の植物の1つであるサグアロサボテンはトホノ・オオダム族の人々にとって特に重要である。サグアロサボテンは200年以上生き，15メートル以上の大きさに育つことがある。1年に1度，6月ごろに，それらは赤い実をつける。この果実，サグアロフルーツは，長い間トホノ・オオダム族の人々のお気に入りの食べ物であった。その果実が食べごろになると，家族がともに働き，サボテンからそれをたたき落として集める。

その果実は新鮮なときは甘くておいしい。そしてそれは長期間保存できるよう，ソースやワインにすることもできる。

トホノ・オオダム族の人々はとても独立心が強く，長い間彼らの伝統的な生活様式を守るために戦った。しかし，20世紀初頭，アメリカ政府は彼らに生活様式を変えることを強要した。トホノ・オオダム族の子どもたちに英語を学ばせ，彼ら自身の文化を忘れさせるために政府は彼らを学校へと送った。多くが彼らの伝統的な生活様式に従うことをやめた。しかし，最近になって，サグアロフルーツを集めて食べることを含めて，彼らの種族の絶滅寸前の伝統を取り戻し始めたトホノ・オオダム族の人々もいる。

(34)—解答 2

質問の訳　北アメリカのトホノ・オオダム族の人々について正しいものはどれか。

選択肢の訳
1　彼らはかつてメキシコとアメリカの国境線を守っていた。
2　彼らは小さな共同体の中で暮らし，乾燥した地域で農園を営んだ。
3　彼らは彼ら自身の食べ物を育てる代わりに，野生の植物と動物を食べた。
4　彼らは故郷を離れてソノラ砂漠に住むことを強要された。

解説　第1段落第4文にthe Tohono O'odham people lived in villages and grew cropsとあるので，正解は**2**である。lived in villagesが選択肢ではlived in small communitiesに，grew cropsが選択肢ではkept farmsにそれぞれ言い換えられている。

(35)—解答 2

質問の訳　2,000以上のさまざまな種類の植物がソノラ砂漠で生き残ることができる理由の1つは何か。

選択肢の訳
1　その地域の日光は，ある種の植物が実のところそこでより成長できることを意味する。
2　ソノラ砂漠では植物が成長することを可能にするのに十分な雨が年2回降る。
3　その地域に，それらを食べる人間や野生動物がほとんど住んでいない。
4　ほとんどあらゆる植物が成長できる1種類の土壌がその砂漠には存在する。

解説　第2段落第5文と最終文にソノラ砂漠には植物が成長することを可能にするのに十分な雨が冬に1回，夏に1回降るという記述があるので，正解は**2**となる。

(36)—解答 1

質問の訳　サグアロサボテンは

選択肢の訳
1　その地域の人々が長い間味わってきた果実を実らせる。
2　およそ200年前にトホノ・オオダム族の人々によって発見された。
3　水に達するために地下15メートルまで伸びる根を持つ。

4 伝統的なワインから作られる特別なソースとともに食べるのが最も良い。

解説 第3段落第3文に they (=saguaro cactuses) produce red fruit とあり，第4文にこの果実は長い間トホノ・オオダム族のお気に入りの果実であったとあるので，正解は **1**。

(37)—解答 1

質問の訳 なぜ多くのトホノ・オオダム族の人々は彼らの伝統に従うことをやめたのか。

選択肢の訳
1 アメリカ政府が彼らにもっとほかのアメリカ国民と同様に振る舞うことを望んだから。
2 アメリカ政府は彼らに勉強のために海外を旅行する機会を提供したから。
3 彼らは彼らの子どもたちが良い学校に入れるように子どもたちに英語を勉強してもらいたかったから。
4 彼らは20世紀初頭に起きた戦争の後，独立を失ったから。

解説 第4段落第2文～第4文にかけてアメリカ政府が彼らに生活様式を変えるように強要し，その結果多くのトホノ・オオダム族の人々が彼らの伝統を捨てたことがわかる。

(38)—解答 4

質問の訳 以下の記述のうち正しいのはどれか。

選択肢の訳
1 サグアロフルーツを集める方法は，その果実がなる植物を危険にさらしている。
2 トホノ・オオダム族の名前は，その人々のお気に入りの食べ物から来ている。
3 ソノラ砂漠の土壌は冬と夏では異なっている。
4 トホノ・オオダム族の人々には，家族集団で果実を集めるという伝統がある。

解説 第3段落第5文に When the fruit is ready to eat, families work together to knock it down from the cactuses and collect it. とあるので，トホノ・オオダム族には家族集団で果実を集める伝統があることがわかる。

一次試験・筆記 4 問題編 p.32

トピックの訳 日本はほかの国々から日本で働く人々をもっと受け入れるべきであると言う人がいます。あなたはこの意見に同意しますか。

ポイントの訳 高齢化社会　文化　言語

解答例 I agree that Japan should accept more people from other countries to work in Japan. First, in this aging society, it is necessary to increase the working-age population. This is especially important for workplaces that need many workers, such as construction sites and nursing homes. Second, accepting people from abroad will bring new ideas to Japanese society. By exchanging opinions with people who have different cultures and customs, people will be able to make something new and creative. Therefore, I think accepting more foreign workers would be a good idea for Japan.

解答例の訳 日本はほかの国々から日本で働く人々をもっと受け入れるべきであるということに同意します。第１に，この高齢化社会では労働年齢人口を増やす必要があります。これは，建設現場や介護施設のような多くの働き手を必要としている職場にとって特に重要です。第２に，外国から人々を受け入れることは日本の社会に新しい考えをもたらすでしょう。異なる文化や習慣を持つ人々と意見を交換することによって，人々は何か新しくて創造的なものを作ることができるでしょう。それゆえに，もっと多くの外国人労働者を受け入れることは日本にとって良い考えだと思います。

解説 まずライティングで大切なことは，与えられたトピックについて自分が賛成か反対かを冒頭で明確に述べることである。I agree またはI disagree の後にトピックの文をそのままつなげれば主題文を作ることができる。その次に自分の意見を支持する理由を２つ挙げる。その際には，First, Second といった標識となる表現を用い，構成を明確にすることが重要である。そして最後にまとめ文として自分の意見をもう一度繰り返す。

解答例では同意する例が挙げられているが，同意しない場合には，日本語をあまり話せない人のための語学学校が十分にはないこと（There are not enough Japanese language schools for the foreign workers who have difficulty in speaking Japanese.）や文化や習慣の違いから地域住民と外国人労働者の間にトラブルが生じる可能性があること（There might be a possibility that the differences in cultures and customs causes problems between local people and workers from other countries.）などを理由として挙げることも可能である。

No.1 ―解答 3 正答率 ★75%以上

放送英文 ☆：Excuse me. I'm looking for Cherry Avenue. Is it near here?
★：Actually, it's pretty far away. Is that a map you're looking at?
☆：Yes. My friend drew me a map to his new house, but I'm having trouble following it.
★：I can tell he doesn't know this part of town very well. His map is all wrong.
Question: What is the woman's problem?

全文訳 ☆：すみません。チェリー・アベニューを探しているんです。この近くですか。
★：実はかなり遠いですよ。あなたが見ているのは地図ですか。
☆：ええ。私の友だちが彼の新しい家への地図を描いてくれたんですが，地図の通りに進むのに苦労しているんです。
★：彼は町のこの辺りをよく知らないことが私にはわかります。彼の地図は全て間違っています。
Q：女性の問題は何か。

選択肢の訳
1 彼女は地図をなくした。
2 彼女は疲れ過ぎてもはや歩けない。
3 彼女は友だちの家を見つけることができない。
4 彼女は近所の人たちが好きではない。

解説 友だちの家への地図があるのだが，その地図の通りに進むのに苦労していると言う女性の発言に対して，男性がその地図は全て間違っていると言っている。このことから女性は友だちの家を見つけることができずに困っていることがわかる。

No.2 ―解答 4 正答率 ★75%以上

放送英文 ☆：Excuse me, sir. I'd like to buy a bottle of red wine for my friend's birthday, but I don't know much about wine. Red is her favorite, though.
★：Well, these over here are red wines from France. They're quite popular with our customers.
☆：Hmm. Those are a little too expensive for me. Do you have anything cheaper?
★：Sure. Let me show you some wines that are on sale.
Question: What is one thing the woman says?

全文訳 ☆：すみません。友だちの誕生日のために赤ワインを1本買いたいのですが，ワインについてよく知らないんです。でも，赤は彼女のお気に入りなんです。

★：えーと，この辺りにあるのがフランス産の赤ワインです。当店のお客様にはとても人気です。

☆：うーん。私にとってそれらはちょっと高過ぎます。もっと安いものはありますか。

★：もちろんです。セール中のワインをお見せいたします。

Q：女性が言っている1つのことは何か。

選択肢の訳
1 赤ワインは彼女のお気に入りである。
2 彼女の友だちはフランス産のワインが好きではない。
3 彼女はフランスで多くのワインを飲んだ。
4 彼女はあまり多くのお金を使いたくない。

解説 女性の2番目の発言に Those are a little too expensive for me. Do you have anything cheaper? とあり，女性があまり多くのお金を使いたくないことがわかる。

No.3 ‒ 解答 4

放送英文

★：Thank you for calling the Sandwich Company. What can I do for you?

☆：Hi. I'd like to order a large tomato sandwich with extra bacon and light mayonnaise on white bread.

★：All right, ma'am. I can have that ready in about 10 minutes. Can I have your name, please?

☆：It's Andrea. Thanks! I'll be there soon.

Question: What will the woman do next?

全文訳

★：サンドイッチ・カンパニーにお電話いただきましてありがとうございます。ご注文はいかがいたしましょうか。

☆：もしもし，トマトサンドイッチのラージを，ベーコン増量で，低カロリーマヨネーズをのせた白パンで注文したいのですが。

★：承知いたしました。およそ10分でご用意できます。お名前を伺ってもよろしいでしょうか。

☆：アンドレアよ。ありがとう！　すぐに行きます。

Q：女性は次に何をするか。

選択肢の訳
1 ほかのレストランに電話をする。
2 スーパーマーケットに車で行く。
3 昼食にサンドイッチを作る。
4 食べ物を取りに行く。

解説 サンドイッチの注文を済ませた女性が最後に I'll be there soon. と言っている。これは注文した食べ物を取りに行くということであり，正解は

4になる。

No.4 −解答 ①

放送英文 ★：Hi, Casey. How's your sister doing? I heard she's sick.

☆：Yeah, Eddie. She's at home in bed with a bad cold.

★：That doesn't sound good. Has she seen a doctor?

☆：No, but my mom gave her some medicine this morning. Hopefully, she'll be all right in a few days.

Question: What do we learn about Casey's sister?

全文訳 ★：やあ，ケイシー。お姉さん［妹さん］の具合はどう？　病気だって聞いたけど。

☆：ええ，エディ。彼女はたちの悪い風邪にかかって家で寝ているわ。

★：それは良くないね。医者に診てもらったの？

☆：いいえ，でも母が今朝彼女に薬をあげていたわ。2，3日中に良くなるといいのだけれど。

Q：ケイシーの姉［妹］について何がわかるか。

選択肢の訳

1　彼女は家で病気で寝ている。

2　彼女はエディに風邪をうつした。

3　彼女は2，3日で退院するだろう。

4　彼女は医者から薬をもらった。

解説 How's your sister doing? と尋ねた男性に対して，女性は She's at home in bed with a bad cold. と答えている。つまり女性の姉［妹］は風邪のために家で寝ているということであり，正解は**1**となる。

No.5 −解答 ②

正答率 ★75%以上

放送英文 ☆：Hey, John. Are you going to Lucy's party this weekend? All of our friends will be there.

★：I really want to, but I'm scheduled to work Saturday night.

☆：That's too bad. Lucy really wanted you to come.

★：I know. I'll be sure to go to the next party she invites me to.

Question: Why will John not go to the party?

全文訳 ☆：こんにちは，ジョン。今週末，ルーシーのパーティーに行くつもり？　私たちの友だち全員が行く予定よ。

★：本当に行きたいんだけど，土曜日の夜に働く予定になっているんだ。

☆：それは残念ね。ルーシーは本当にあなたに来てほしいと思っていたわ。

★：知っているよ。彼女が招待してくれる次のパーティーには必ず行くようにするよ。

Q：ジョンはなぜパーティーに行かないのか。

選択肢の訳

1　彼はほかの友だちを訪ねるから。

2　彼は土曜日の夜に働かなければならないから。

3　彼は気分が良くないから。

4　彼は招待されていないから。

解説　男性の最初の発言にI'm scheduled to work Saturday nightとあり，男性が土曜日の夜に仕事があり，パーティーに行けないことがわかる。選択肢ではこの部分がHe has to work on Saturday night.と言い換えられていることに注意。

No.6－解答　4

放送英文 ★：Hey, Laura, do you have plans for Sunday? We're going to go bowling at three, and you should come, too!

☆：Oh, bowling is so much fun. But I'm busy on Sunday afternoons.

★：That's too bad. What do you do then?

☆：I go horseback riding. My cousin and I have been taking lessons together.

Question: What does the girl do on Sunday afternoons?

全文訳 ★：やあ，ローラ，日曜日の予定はある？　3時にボウリングに行くんだけど，君も来なよ！

☆：そうね，ボウリングはとても楽しいわよね。でも毎週日曜日の午後は忙しいの。

★：それは残念だ。その時間には何をするんだい？

☆：乗馬に行くのよ。いとこと私は一緒にレッスンを受けているの。

Q：毎週日曜日の午後，女の子は何をするか。

選択肢の訳 1　彼女は音楽のレッスンを受ける。

2　彼女は友だちとボウリングに行く。

3　彼女はいとこの宿題を手伝う。

4　彼女は乗馬を習う。

解説　日曜日の午後は何をしているのかという男の子の質問に対して，女の子はI go horseback riding. My cousin and I have been taking lessons together.と答えている。つまり彼女は乗馬を習うということ。

No.7－解答　3

正答率 ★75%以上

放送英文 ☆：I'm looking for a gift for my four-year-old son. He really likes teddy bears.

★：Well, we have many different colors and sizes. What are you looking for?

☆：Actually, a really big one would be great. He likes to hug one while he sleeps.

★：We should have some that are as big as large pillows. Let me check if we have what you're looking for.

Question: What does the woman want to buy?

全文訳 ☆：私の 4 歳の息子のためにプレゼントを探しているのです。彼は本当にテディベアが好きなんです。

★：それでしたら, 当店ではさまざまな色とサイズをご用意しております。どのようなものをお探しでしょうか。

☆：実際, 本当に大きなものが良いと思います。彼は寝ながらそれを抱きしめるのが好きなんです。

★：大きな枕と同じ大きさのものがいくつかあるはずです。お客様がお探しのものがあるかどうか確認しましょう。

Q：女性は何を買いたいのか。

選択肢の訳
1 クマが描かれているシャツ。
2 柔らかい枕。
3 大きなテディベア。
4 彼女の息子のためのベッド。

解説 女性の最初の発言から彼女が息子のためにテディベアを探していることが，そして 2 番目の発言から抱きしめられるくらい大きなものが良いと女性が考えていることがわかる。よって正解は **3** となる。

No.8 －解答 4

放送英文 ★：My plant looks a little yellow. Do you think I used the wrong kind of soil?

☆：The soil looks too wet to me. How often have you been watering it?

★：Every two days. I recently put it in a bigger pot and moved it closer to the window, too.

☆：Don't water it too much. Leaves can turn yellow when a plant gets too much water.

Question: What does the woman suggest doing about the plant?

全文訳 ★：僕の植物はちょっと黄色っぽく見えるんだ。僕は間違った種類の土を使ってしまったと思う？

☆：私には土が濡れ過ぎているように見えるわ。どのくらいの頻度で水やりをしているの？

★：1 日おきかな。僕は最近それをより大きな鉢に入れて，窓により近い場所にも移したんだ。

☆：あまり水をやり過ぎないで。植物は水をやり過ぎると葉が黄色になることがあるの。

Q：女性はその植物について何をすることを提案しているか。

選択肢の訳
1 土を変えること。
2 それをより大きな鉢に入れること。
3 それにもっと光を当てること。

4　与える水を少なくすること。

解説 女性の2番目の発言にDon't water it too much. Leaves can turn yellow when a plant gets too much water. とあり，水をやり過ぎないように女性が提案しているのがわかる。water it の water は動詞で「～に水を与える」という意味。

No.9 －解答 1

放送英文 ☆：James, did you buy the meat for the barbecue?

★：Oh, no. I forgot! I'll get it tomorrow on my way home from work.

☆：OK. Please don't forget. Everybody is coming at six.

★：Can you call me at work tomorrow to remind me? You know how bad my memory is.

Question: What did James forget to do?

全文訳 ☆：ジェームズ，バーベキュー用のお肉を買ってくれた？

★：うわ，しまった。忘れたよ！　明日仕事から家に帰る途中に買うよ。

☆：わかったわ。忘れないでね。皆は6時に来るわ。

★：僕に思い出させるために明日職場に電話をしてくれないか。僕の記憶力がいかに悪いか君は知っているよね。

Q：ジェームズは何をし忘れたのか。

選択肢の訳
1　肉を買う。
2　友だちに電話をする。
3　パーティーに行く。
4　早く帰宅する。

解説 バーベキュー用の肉を買ったかどうか女性が尋ねると，男性はI forgot! と答えている。つまり肉を買い忘れたということであり，正解は**1**となる。

No.10 解答 3

放送英文 ☆：Welcome to Jessie's Comic Books. How can I help you?

★：I'd like to buy some old copies of a comic I used to read when I was a kid. It's called *Wild Cowboys*.

☆：Oh, I used to read that comic book when I was young, too. Unfortunately, you'll have trouble finding it at most stores. You should look for used copies online.

★：OK. I'll try that.

Question: How will the man try to find a copy of the comic book *Wild Cowboys*?

全文訳 ☆：ジェシーズ・コミックブックスにようこそ。何をお探しですか。

★：子どものころに読んでいた古い漫画を数冊買いたいんです。『ワイルド・カウボーイズ』というんです。

☆：あら，私も小さいときにその漫画を読んでいました。残念ながら，ほとんどのお店でそれを見つけることは難しいでしょう。オンラインで中古本を探した方がいいですよ。

★：わかりました。それを試してみます。

Q：男性はどのようにして『ワイルド・カウボーイズ』という漫画を見つけようとするか。

選択肢の訳
1 彼は出版社に手紙を書くだろう。
2 彼は別の店に行くだろう。
3 彼はインターネットを使うだろう。
4 彼は自分の地下室を探すだろう。

解説 女性は2番目の発言で，オンラインで中古本を探した方が良いと提案しており，それに対して男性はI'll try that. と答えている。つまり男性はインターネットを使ってその漫画を探すつもりである。

No.11 解答 1

放送英文 ★：Honey, you were running for longer than usual. What took you so long?

☆：Well, I was running on Forest Avenue when I saw a big, brown dog. It didn't look very friendly.

★：Did it try to bite you?

☆：No, but it was scary. I turned around and went the other way for a while. I ended up taking a longer way home, just in case.

Question: What do we learn about the woman?

全文訳 ★：ハニー，いつもより長く走っていたね。なんでそんなに時間がかかったんだい？

☆：えーと，フォレスト・アベニューを走っていたら大きな茶色の犬を見かけたの。その犬はあまり人懐っこいように見えなかったわ。

★：君を噛もうとしたのかい？

☆：いえ，でも恐ろしかったわ。私は向きを変えてしばらくほかの方向へ行ったの。結局，念のため遠回りをして家に帰ることにしたのよ。

Q：女性について何がわかるか。

選択肢の訳
1 彼女は犬におびえていた。
2 彼女は走っている間に脚をけがした。
3 彼女は長い間犬を散歩させた。
4 彼女は頻繁には走りに行かない。

解説 女性の最初の発言で彼女が大きな茶色の犬を見かけたことが，2番目の発言でそれが恐ろしかったことがそれぞれ述べられている。よって正解は**1**となる。本文中のit was scaryが選択肢ではShe was frightened by a dog. と言い換えられている。

No.12 解答 ①

放送英文 ☆： Hello?

★： Hi, Liz. It's John. Can I talk to you about your boyfriend?

☆： Sure. What is it?

★： You know I'm doing a history report with him, right? Well, I feel like I'm doing all the work.

☆： I see. Well, he's not lazy, but he's the kind of person that waits to be told what to do. I'll try talking to him for you.

Question: What is one thing the girl says about her boyfriend?

全文訳 ☆： もしもし。

★： もしもし，リズ。ジョンだよ。君の彼氏についてちょっと話をしてもいいかな？

☆： もちろん。何？

★： 僕が彼と一緒に歴史のレポートをやっているのは知っているよね？　えーと，僕が全ての作業をやっているような感じがするんだ。

☆： わかったわ。そうねえ，彼は怠け者ではないんだけど，何をするべきか言われるのを待っているタイプの人間なの。あなたのために彼に話をしてみるわ。

Q：女の子が彼女の彼氏について言っている１つのことは何か。

選択肢の訳
1　彼は何をするべきかを言われるのを待つ。
2　彼は優秀な歴史専攻の学生である。
3　彼はレポートを１人でやりたいと思っている。
4　彼は怠け者な時もある。

解説 女の子の３番目の発言に he's the kind of person that waits to be told what to do とあり，彼女の彼氏は何をするべきかを言われるのを待っているタイプの人間であることがわかる。女の子の３番目の発言の中に出てくる lazy に引っ張られて **4** を選ばないように注意が必要である。

No.13 解答 ③

放送英文 ★： No! The other team scored again. That's the second time this inning.

☆： Yeah. The Gray Sox aren't playing very well. Their defense is so bad.

★： They've been bad all season. I can't believe the newspapers were picking them to win the championship at the beginning of the season!

☆： I know. Well, I hope they fire the manager soon. The team needs someone who can show these players how to win.

Question: Why are the man and woman upset with the Gray

Sox?

全文訳 ★：うわ！　また相手チームが点を入れた。このイニングで２回目だ。

☆：ええ。グレイ・ソックスの調子はあまり良くないわね。守りがとても悪いわ。

★：シーズンを通してずっと悪いね。今シーズンの最初に新聞各社が優勝するチームとして彼らを選んでいたなんて信じられないよ！

☆：そうね。すぐに監督をクビにしてほしいわ。チームは試合の勝ち方を選手たちに教えることができる人物を必要としているのよ。

Q：なぜ男性と女性はグレイ・ソックスに腹を立てているのか。

選択肢の訳
1 彼らの優勝パレードが取りやめになった。
2 彼らの監督がチームを変えつつある。
3 彼らのプレイはずっと良くない。
4 彼らは良い球場を持っていない。

解説 女性の最初の発言でグレイ・ソックスの調子が悪いことが，それを受けた男性の発言でシーズンを通してずっと彼らの成績が悪いことがそれぞれ述べられている。よって正解は**3**となる。

No.14 解答 1

放送英文 ☆：Ken, are you going anywhere for vacation?

★：Maybe. I'm still planning. I'd like to go somewhere quiet—maybe camping in the mountains ... or an Alaskan fishing trip, something like that.

☆：Wow. I didn't know you liked that kind of thing.

★：Well, I went to a crowded resort in Mexico last year, and before that I went to Europe. I'd like to try something different.

Question: Where does the man want to go on his vacation?

全文訳 ☆：ケン，休暇にどこかに行くつもり？

★：たぶんね。まだ計画中だよ。どこか静かなところへ行きたいな。たぶん，山でキャンプとか…あるいはアラスカで釣り旅行とか，そんな感じの。

☆：へえー，あなたがそのようなことが好きだなんて知らなかったわ。

★：えーと，去年メキシコの混雑したリゾートに行ったし，その前はヨーロッパに行ったんだ。何か違うことを試してみたいんだ。

Q：男性は休暇でどこに行きたいのか。

選択肢の訳
1 どこかほとんど人がいない場所。
2 どこか彼の家の近く。
3 ヨーロッパのいくつかの都市。
4 メキシコのビーチリゾート。

解説 男性の最初の発言にI'd like to go somewhere quietとあり，男性が静かな場所に行きたがっていることがわかる。これが選択肢では

Somewhere with few people. と言い換えられていることに注意。

No.15 解答 3

放送英文 ☆： Dan, the town hall meeting is tonight.

★： Oh no. Tonight? The baseball game's on TV, and those meetings are always so boring. I don't think I'm going.

☆： But honey, I think you should come with me. We're voting on whether to build a new park for the kids. I think we should go.

★： Oh, well, maybe you are right. The neighborhood kids do need somewhere to play.

Question: What does the woman tell her husband?

全文訳 ☆： ダン，タウンホール・ミーティングは今夜よ。

★： えー，今夜？　野球の試合がテレビであるんだ。それにああいったミーティングはいつもとても退屈だよね。僕は行かないよ。

☆： でもあなた，私と一緒に来るべきだと思うわ。子どもたちのために新しい公園を作るかどうかの投票をするのよ。私たちは行くべきだと思うわ。

★： そうか，そうだね，たぶん君が正しいよ。この近所の子どもたちにはどこか遊ぶ場所が実際必要だよ。

Q：女性は夫に何を話しているか。

選択肢の訳
1　野球の試合が今晩テレビである。
2　町は新しい町役場を建てるだろう。
3　彼は彼女と一緒にミーティングに行くべきである。
4　彼は子どもたちを公園に連れていくべきである。

解説 女性の2番目の発言に I think you should come with me とあり，女性が男性に彼女と一緒にミーティングに行くべきだと話していることがわかる。

一次試験・リスニング　第2部　問題編 p.35～37　▶MP3 ▶アプリ ▶CD 1 17～32

No.16 解答 4

放送英文 Vivian is thinking of selling her old car. It still works well and does not use a lot of gasoline, but it only has two doors. Vivian wants a bigger car with four doors so that her three children can get in and out more easily.

Question: Why is Vivian thinking of selling her old car?

全文訳 ビビアンは彼女の古い車を売ろうと考えている。それはまだよく動くし，多くのガソリンを消費するわけではないが，ドアが２つしかない。ビビアンは彼女の３人の子どもがより簡単に乗り降りできるよう４つのドアがついているより大きな車を欲しいと思っている。
Q：ビビアンはなぜ彼女の古い車を売ろうと考えているのか。

選択肢の訳
1　それは彼女には大き過ぎるから。
2　それがあまりに多くのガソリンを消費するから。
3　彼女はより運転しやすいものを必要としているから。
4　彼女はより多くのドアがついているものが欲しいから。

解説　最終文に Vivian wants a bigger car with four doors とあり，ビビアンは４つのドアがついている大きな車を欲していることがわかる。

No.17 解答 1

放送英文　For many years, women have been wearing special clothes called corsets to make their bodies look thinner. Many people think that corsets were only worn by women. However, in the 18th century in England, men also wore corsets to look thin. In addition, today corsets are used to help men and women who have pain in their backs.

Question: What is one thing we learn about corsets?

全文訳　長年の間，女性は体が細く見えるようコルセットと呼ばれる特別な服を身に着けてきた。多くの人は，コルセットは女性にのみ着用されたと考えている。しかし，18 世紀のイギリスでは，男性も細く見えるようコルセットを着用した。さらに，今日では，コルセットは背中に痛みを抱える男女を助けるために使われている。
Q：コルセットについてわかる１つのことは何か。

選択肢の訳
1　細く見えるようそれらを着用する男性がいた。
2　イギリスではそれらを着用できなかった。
3　女性は公共の場でそれらを着用できなかった。
4　それらを着用することは背中の痛みを引き起こした。

解説　第３文に men also wore corsets to look thin とあり，コルセットを着用する男性もいたことがわかる。wear-wore-worn の動詞の変化形に注意。

No.18 解答 4

放送英文　Kana is a part-time waitress, and she usually works until late at night. This weekend, however, the café where she works will be closed because the kitchen is being cleaned. She thinks it is a good chance to get some rest, so she plans to stay home, read comic books, and eat snacks all day.

Question: What does Kana plan to do this weekend?

全文訳　カナはパートタイムのウエイトレスで，通常は夜遅くまで働く。しかし，この週末，彼女が働くカフェはキッチンが清掃されるために休みになる。

彼女はそれを休息する良い機会であると考え，一日中家にいて，漫画を読み，お菓子を食べる予定である。
Q：カナは今週末何をする予定か。

選択肢の訳
1 カフェで漫画を読む。
2 彼女のキッチンを清掃する。
3 パートタイムで働く。
4 家でリラックスする。

解説 第2文から最終文にかけて，今週末彼女が働いているカフェが休みであり，そのため彼女が週末には一日中家にいて漫画を読んだりお菓子を食べたりする予定であることが述べられている。つまり彼女は家でリラックスする予定だということである。

No.19 解答 2

放送英文 Yumi bought a new video game yesterday after her friend had recommended it to her several times. At first, it was difficult, and the story was hard to understand. However, after a while, Yumi started to enjoy it because there were flying horses in it. She loves animals, and in the game, she had to catch horses and care for them.
Question: Why did Yumi start to like her new video game?

全文訳 ユミは彼女の友だちが何度か薦めてくれていたので，昨日新しいテレビゲームを購入した。最初，それは難しかったし，ストーリーを理解するのが困難だった。しかし，しばらくすると，ユミは空飛ぶ馬がいたのでそれを楽しみ始めた。彼女は動物が大好きで，そのゲームの中では，彼女は馬を捕まえ，それらの世話をしなければならなかった。
Q：なぜユミは彼女の新しいテレビゲームを好きになり始めたのか。

選択肢の訳
1 最初そのゲームをするのは簡単だったから。
2 空を飛べる馬がいたから。
3 彼女は友だちとゲームをすることができたから。
4 彼女は何度かゲームをすることができたから。

解説 第3文に Yumi started to enjoy it because there were flying horses in it とあり，空を飛ぶ馬がいたので彼女はゲームを楽しみ始めたということがわかる。

No.20 解答 3

放送英文 Michael usually rides his bicycle to work. This morning, he came across a car accident on the way. Luckily, no one had been hurt, but Michael ran over some broken glass from one of the cars. All the air went out of his tire, so he took his bicycle to a parking space near a station. After that, Michael had to run to his office with his backpack to be in time for work.

Question: Why did Michael have to run to his office this morning?

全文訳 マイケルは普段，自転車に乗って仕事に向かう。今朝，彼は途中で車の事故に出くわした。幸運にも，誰もけがしなかったが，マイケルは車の1台からの割れたガラスの上を自転車で走ってしまった。タイヤから全ての空気が抜けてしまったので，彼は自転車を駅の近くの駐輪スペースに持っていった。その後，マイケルは仕事に間に合うようバックパックを背負ってオフィスまで走らなければならなかった。

Q：なぜ今朝マイケルはオフィスまで走らなければならなかったのか。

選択肢の訳 **1** 彼は事故についての情報を提供しなければならなかったから。

2 彼はあまりにも遅く起きたので，電車に間に合わなかったから。

3 彼の自転車に問題があったから。

4 彼は駐輪スペースで自分の自転車を見つけることができなかったから。

解説 第3文から最終文にかけて，事故で飛び散ったガラスの上をマイケルは自転車で走ってしまい，タイヤがパンクしてしまったことが語られている。このことから彼の自転車に問題が発生してしまったのでオフィスまで走ったことがわかり，正解は**3**となる。

No.21 解答 1

放送英文 Many people decorate their homes with carpets. Some Persian carpets are very expensive and are given as gifts from parents to children. As a result, these carpets stay in one family for many years. In Siberia, a carpet has been found that is more than 2,500 years old. It is special because it was put into the ground with a prince after he died. Experts still do not know where it was made.

Question: Why was the carpet found in Siberia special?

全文訳 多くの人はじゅうたんで自分の家を装飾する。ペルシャじゅうたんの中にはとても高価で，両親から子どもへ贈り物として渡されるものがある。結果として，これらのじゅうたんは1つの家族の中で長年使い続けられる。シベリアで，2,500年以上昔のじゅうたんが発見された。それが特別なのは，ある王子の死後，それが彼とともに地中に埋められたからだ。専門家はそれがどこで作られたのかいまだにわかっていない。

Q：シベリアで発見されたじゅうたんはなぜ特別だったのか。

選択肢の訳 **1** それがある王子とともに埋葬されたから。

2 それがシベリアの花で装飾されていたから。

3 それがペルシャの家族によって作られたから。

4　それが長年１つの家族とともにあったから。

解説　第５文にIt is special because it was put into the ground with a prince after he died. とあり，それがある王子とともに埋葬されたので特別であったことがわかる。この部分が選択肢ではIt was buried together with a prince. と言い換えられていることに注意。

No.22 解答 1

放送英文　On Sunday morning, Robert went to his grandmother's house. She wanted to put some things, such as her old computer, dishes, and cooking tools, into boxes and move them from her kitchen to a closet. However, the boxes were too heavy for her to lift, so she wanted Robert to carry them for her.

Question: Why did Robert go to his grandmother's house?

全文訳　日曜日の朝，ロバートは彼の祖母の家に行った。彼女は，古いコンピューター，皿，料理器具のようないくつかのものを箱に詰め，それらをキッチンからクローゼットに運びたかった。しかし，それらの箱は重過ぎて彼女には運べなかったので，彼女はロバートにそれらを運んでほしかった。

Q：なぜロバートは彼の祖母の家へ行ったのか。

選択肢の訳
1　いくつか古いものを移動するため。
2　彼女のキッチンの窓を掃除するため。
3　コンピューターの使い方を彼女に教えるため。
4　彼女が料理をするのを助けるため。

解説　第２文から最終文にかけて，ロバートの祖母がいくつかのものを箱に詰めて移動したかったが，その箱が重過ぎて彼女には運べないため，ロバートに運んでほしかったことが語られている。ゆえに正解は**1**となる。

No.23 解答 1

放送英文　Takeshi is a computer programmer. He spends all day sitting down, so sometimes his back hurts. The other day, he and his boss took a train to go to a meeting with a client. When he arrived at the client's office, he was surprised to see people working at high desks and standing instead of sitting. Takeshi was interested in the desks because he thought they would be good for his back.

Question: How did Takeshi become interested in high desks?

全文訳　タケシはコンピュータープログラマーである。彼は一日中座って過ごすので，時々背中が痛くなる。先日，彼と彼の上司は顧客とのミーティングに行くために電車に乗った。彼が顧客のオフィスに着いたとき，そこの人々が座る代わりに立ちながら背の高いデスクで仕事をしているのを見て驚いた。タケシはそのデスクは彼の背中にとって良いだろうと思ったので，それらに興味を持った。
Q：どのようにしてタケシは背の高いデスクに興味を持ったのか。

選択肢の訳
1 彼はそれらがオフィスで使われているのを見た。
2 彼は電車でそれらの広告を見た。
3 彼は雑誌でそれらについて読んだ。
4 彼は彼の上司からそれらについて聞いた。

解説 第4文から最終文にかけて，タケシが顧客のオフィスで人々が背の高いデスクを使い，立ちながら仕事をしているのを見て，それらのデスクに興味を持ったことが述べられている。

No.24 解答 ②

放送英文 In recent years, the terms "cookies" and "biscuits" have sometimes been used to mean the same baked snacks. However, they were originally very different. Bakers used to make cookies to test the temperatures of ovens before baking cakes, and biscuits were originally eaten as food by sailors on very long trips.

Question: In what way were the first cookies and biscuits different?

全文訳 最近，「クッキー」と「ビスケット」という用語は時に同じ焼き菓子を意味するために使われてきている。しかし，それらはもともととても異なっていた。パン職人はケーキを焼く前にオーブンの温度を確かめるためにクッキーを作ったものだった。そしてビスケットはもともと，とても長い旅をしている水夫によって食料として食べられていた。
Q：最初のクッキーとビスケットはどのように異なっていたか。

選択肢の訳
1 それらは異なる色で装飾されていた。
2 それらは異なる目的で作られた。
3 それらは異なる行事で売られた。
4 それらは異なる食事とともに出された。

解説 最終文では，クッキーはケーキを焼く前のオーブンの温度を確かめるために作られていたことが，またビスケットは水夫のための長期保存食として使われていたことがそれぞれ述べられている。つまり両者はそれぞれ異なる目的で作られたということである。

No.25 解答 ②

放送英文 Welcome to Bobby's Electronics Store. We sell everything from cameras and computers to washing machines. Need a new vacuum cleaner? Then, try out the new Super Max. Staff by the stairs on the second floor are demonstrating this incredible new device now. Also, be sure to pick up our free magazine with new special deals at the exit when you are ready to leave.

Question: Where can customers see the new vacuum cleaner?

全文訳 ボビーズ・エレクトロニクス・ストアへようこそ。当店はカメラ，コンピューターから洗濯機に至るまで何でも販売しております。新しい掃除機がご入り用ですか。それならば，新しいスーパー・マックスをお試しください。2階の階段付近の従業員が現在この信じられないほど素晴らしい新しい機器の実演販売をしております。またお帰りの際には，出口で新しい特別なお買い得品を紹介した無料雑誌を忘れずに手に取ってください。

Q：どこで客は新しい掃除機を見ることができるか。

選択肢の訳
1 1階の出口付近。
2 2階の階段付近。
3 3階のコンピューター売り場の隣。
4 4階のカメラ売り場の隣。

解説 第5文に Staff by the stairs on the second floor are demonstrating this incredible new device now. とあり，新しい掃除機は2階の階段付近で見ることができるのがわかる。

No.26 解答 ②

放送英文 Long ago, some Roman women believed that taking a bath in the milk of donkeys was good for their skin. However, not all women could take care of their skin in this way. Donkey milk was very expensive, so only the richest women could wash in it. Some very rich women kept many donkeys to get milk every day.

Question: How did some Roman women take care of their skin?

全文訳 ずっと昔，ロバのミルクの風呂に入ると肌に良いということを信じていたローマの女性たちがいた。しかし，全ての女性がこの方法で肌の手入れをすることができるわけではなかった。ロバのミルクはとても高価であったので，最も裕福な女性のみがそれで洗うことができた。一部のとても裕福な女性は，毎日ミルクを得るためにたくさんのロバを飼っていた。

Q：どのように一部のローマの女性は肌の手入れをしていたか。

選択肢の訳
1 毎日たくさんのロバのミルクを飲むことによって。
2 ロバのミルクで体を洗うことによって。
3 若いロバの肉を食べることによって。
4 ロバの世話をすることに時間を割くことによって。

解説 第1文にロバのミルクの風呂に入ることが肌に良いと信じていたローマの女性たちがいたことが述べられている。ゆえに正解は**2**となる。

No.27 解答 4

放送英文 Olivia is planning a birthday party for her grandfather. She searched online for restaurants with no stairs because her grandfather will be 90 years old and cannot walk well. She found one in her area, and her mother suggested that Olivia go to see it before the party. That way, she could make sure that the restaurant would be nice for her grandfather.

Question: What did Olivia's mother suggest she do?

全文訳 オリビアは祖父の誕生日パーティーを計画している。彼女の祖父は90歳になりうまく歩くことができないので，彼女は階段のないレストランをオンラインで探した。彼女は彼女の住む地域で1軒見つけた。そして彼女の母親はパーティーの前にオリビアがそこの下見に行くことを提案した。そのようにして，彼女はそのレストランが祖父にとって素敵なところであることを確かめることができる。

Q：オリビアの母親は彼女が何をすることを提案したか。

選択肢の訳
1 人々にお気に入りのレストランについて尋ねる。
2 オンラインでレストランを探す。
3 彼女の住む地域でレストランを開く。
4 レストランを見に行く。

解説 第3文にher mother suggested that Olivia go to see it before the partyとあり，オリビアの母親が彼女にレストランの下見に行くことを提案していたことがわかる。

No.28 解答 2

放送英文 We hope you are enjoying the facilities here at Fitness Life Center, including our new exercise machines. To help you build muscle, we are giving away protein bars for the next hour. Please come to the entrance and help yourself. Each member can take two. We hope you enjoy your day.

Question: Why is this announcement being made?

全文訳 新しい運動器具を含めて，フィットネス・ライフ・センターの施設をお楽しみいただけていれば幸いです。お客様の筋肉増強を補助するために，これから1時間プロテインバーを無料で配布いたします。入口へいらして，ご自由にお取りください。お1人様2つまでとさせていただきます。楽しい1日をお過ごしください。

Q：なぜこのアナウンスは流されているのか。

選択肢の訳
1 新しいメンバーを出迎えるためにスタッフが雇われるから。

2　メンバーは無料でプロテインバーを得ることができるから。

3　新しい運動器具がまもなくやってくるから。

4　フィットネスセンターは1時間後に閉まるから。

解説　第2文に To help you build muscle, we are giving away protein bars for the next hour. とあり，これから1時間無料でプロテインバーを配布することをこのアナウンスが伝えていることがわかる。

No.29 解答 2

放送英文　When Mr. Jenson came home last night, his daughter's pet cat was in the kitchen. It looked hungry, so Mr. Jenson asked his daughter if she had fed it. She said that she had spent all afternoon at the shopping mall with her friends and had forgotten about her cat. Mr. Jenson was very upset with his daughter.

Question: Why was Mr. Jenson upset with his daughter?

全文訳　ジェンソンさんが昨夜帰宅したとき，娘のペットの猫はキッチンにいた。お腹が減っているように見えたので，ジェンソンさんは娘に猫にエサをやったかどうか尋ねた。彼女は午後の間ずっと友だちとショッピングモールで過ごし，猫については忘れていたと言った。ジェンソンさんは娘にとても腹を立てた。

Q：なぜジェンソンさんは彼の娘に腹を立てたのか。

選択肢の訳　1　彼女が約束した時間よりも遅く帰宅したから。

2　彼女が彼女のペットにエサをやるのを忘れたから。

3　彼女がキッチンを掃除しなかったから。

4　彼女が宿題をやらなかったから。

解説　第2文から第3文にかけて，ペットの猫にエサをやったかどうかをジェンソンさんが娘に尋ね，彼女がそれを忘れていたと答えたことが述べられている。ゆえに正解は**2**となる。

No.30 解答 2

放送英文　Thank you for shopping at Fresh Best Supermarket. We would like to remind drivers to be careful when driving in the parking lot. Last week, a woman and her dog were injured by a car while crossing the parking lot. Please keep your speed below 5 kilometers per hour to make sure our customers stay safe.

Question: Who is this announcement mainly made for?

全文訳　フレッシュ・ベスト・スーパーマーケットでお買い物いただきありがとうございます。お車でお越しのお客様は駐車場で運転する際にお気をつけくださいますようお願いいたします。先週，女性と犬が駐車場を横切る際に車によってけがを負いました。お客様の安全を確保するために，スピードを時速 5 キロ以下に保つようお願い申し上げます。

Q：このアナウンスは主に誰のために流されているか。

選択肢の訳　1　ペットを店に連れてきている人。

2　スーパーマーケットに車で来ている人。

3　たくさんの買い物袋を持っている客。

4　5 キロ圏内に住んでいる客。

解説　第 2 文に We would like to remind drivers to be careful when driving in the parking lot. とあり，車でスーパーマーケットに来ている人にこのアナウンスは注意喚起をしていることがわかる。

全文訳 **医者の不足**

今日，十分な医者がいない地域が日本にはある。多くの医者が都市で働くことを望んでいると言われており，そしてこのことが田舎に住む人々にとって問題を引き起こす可能性がある。医者の不足はこれらの人々が質の良い医療を受けることを妨げるであろうから，それは深刻な問題である。多くの人が，政府はこの状況についてもっと行動を起こす必要があると言っている。

質問の訳 No. 1 文章によれば，なぜ医者の不足は深刻な問題なのか。

No. 2 では，絵を見てその状況を説明してください。20 秒間，準備する時間があります。話はカードにある文で始めてください。
〈20 秒後〉始めてください。

では，～さん（受験生の氏名），カードを裏返して置いてください。

No. 3 今日の若者は高齢者に十分な敬意を払わないと言う人がいます。あなたはそれについてどう思いますか。

No. 4 今日では，家を借りて一緒に住む若者がいます。ほかの人と家を共有することは若者にとって良い考えだとあなたは思いますか。
Yes. →なぜですか。　No. →なぜですか。

No.1

解答例 Because it will prevent people living in rural areas from receiving good medical treatment.

解答例の訳 「それは田舎に住む人々が質の良い医療を受けることを妨げるだろうから」

解説 第 3 文に A shortage of doctors will prevent these people from receiving good medical treatment, so it is a serious issue. とある。these people とはその前文の people living in rural areas を指すので，these people をその説明部分と入れ替える。質問は why「なぜ」なので，Because で始めて答えるとよい。

No.2

解答例 One day, Mr. and Mrs. Kato were talking about going to the beach. Mrs. Kato said to her husband, "It's windy today, but I think we can go." Later at the beach, Mrs. Kato was feeling cold. Mr. Kato suggested that she drink something hot. That night at home, Mrs. Kato had a fever. Mr. Kato was thinking of taking her to the doctor.

解答例の訳 「ある日，カトウ夫妻はビーチに行くことについて話をしていました。

カトウさんは夫に『今日は風が強いけれどビーチに行けると思うわ』と言いました。その後ビーチで，カトウさんは寒さを感じていました。カトウさんの夫は彼女が何か温かいものを飲むことを提案しました。その夜家で，カトウさんは熱を出しました。カトウさんの夫は彼女を医者に連れていくことを考えていました」

解説 1コマ目は指示された文で説明を始め，その後にカトウさんのせりふをMrs. Kato said to her husband, の後に続ける。2コマ目はLater at the beach, で始め，寒がっているカトウさんの様子を描写するとともに，吹き出しの中のカトウさんの夫の提案を説明する。3コマ目はThat night at home, で始め，カトウさんが熱で横になっている様子を描写し，次に吹き出しの中のカトウさんの夫の考えを説明する。

No.3

解答例 I agree. Many young people don't listen to what elderly people say. Some young people even say rude things to them.

解答例の訳 「私もそう思います。多くの若者は高齢者の言うことを聞きません。彼らに無礼なことを言う若者さえいます」

解答例 I disagree. Young people often give elderly people their seats on buses. Also, some young people help elderly people carry their bags.

解答例の訳 「私はそうは思いません。若者はしばしば高齢者にバスで座席を譲ります。また，高齢者がかばんを運ぶのを手伝う若者もいます」

解説 まず，冒頭で賛成（I agree）か反対（I disagree）かを明確にし，その後にそれをサポートする理由や具体例を2文程度で述べるとよい。賛成の場合は，解答例に加えて，電車やバスの優先席（priority seat）でさえ高齢者に譲らない若者がいることを指摘してもよい。反対の場合は，祖父や祖母の家に行って積極的に話し相手になる若者がいることを付け加えてもよいだろう。

No.4

解答例 （Yes. と答えた場合）

Sharing a house is a good way to save money. Also, it's a good opportunity for young people to make a lot of new friends.

解答例の訳 「家を共有することはお金を節約する良い方法です。また，それは若者が多くの新しい友人を作る良い機会です」

解答例 （No. と答えた場合）

I think it's difficult for people to protect their privacy. They often find it uncomfortable to live with other people in the same house.

解答例の訳 「人々にとって自分のプライバシーを守ることは難しいと思います。彼らはしばしば同じ家で他人と一緒に住むことが快適ではないと感じます」

解説 ここでも Yes か No かの立場をまず初めに明確にし，その立場を支持する理由を 2 文程度で説明することが重要である。Yes の場合は解答例に加えて，お金の節約だけでなく比較的大きめの家を借りることも可能であること（They can rent a bigger house.）を指摘してもよい。No の場合は，ほかの人たちと一緒に住むことが快適ではない理由として騒音（noise）の問題などを具体的に挙げてもよいだろう。

二次試験・面接　問題カード B 日程　問題編 p.40～41　▶MP3 ▶アプリ ▶CD 1 38～41

全文訳 **新製品の販売促進をする**

　今日，高品質の製品の中にはとても高価なものがあるので，多くの人はそれらを買うべきかどうかについて悩んでしまう。今，人々に多様な製品を 1 か月単位で借りることを可能にするシステムが関心を集めている。そのようなシステムを提供している企業があり，そうすることで，それらの企業は人々がそれらを買う前にその製品を試してもらっている。そのようなシステムで，企業はより効果的に自分たちの製品の販売促進をすることができる。

質問の訳 No. 1 文章によれば，どのように企業は製品を買う前に人々にそれらを試してもらっているか。

No. 2 では，絵を見てその状況を説明してください。20 秒間，準備する時間があります。話はカードにある文で始めてください。
〈20 秒後〉始めてください。

では，～さん（受験生の氏名），カードを裏返して置いてください。

No. 3 電子マネーのために人々は将来現金を持ち歩かなくなるだろうと言う人がいます。あなたはそれについてどう思いますか。

No. 4 発電するために家にソーラーパネルを設置している人がいます。こういった人々の数は将来増加するとあなたは思いますか。
Yes. →なぜですか。　　　No. →なぜですか。

No. 1

解答例 By offering systems that allow people to rent a variety of products monthly.

解答例の訳 「人々に多様な製品を 1 か月単位で借りることを可能にするシステムを提供することによって」

解説 第 3 文に Some companies offer such systems, and by doing so they let people try items before buying them. とあり，such systems「そのようなシステム」を提供することで人々が製品を買う前に企業はその製品を試してもらっていることがわかる。such systemsとは，その直前の文でsystems that allow people to rent a variety of products monthlyと説明されているので，such systemsをその説明部分と入れ替える。質問はhow「どのように」なのでBy offeringで始めて答えるとよい。

No.2

解答例 One evening, Mr. and Mrs. Kimura were talking about renting a car and going camping by a lake. Mr. Kimura said to his wife, "The weather forecast says it will be sunny tomorrow." At the campsite, Mr. Kimura was setting up the tent. Mrs. Kimura was thinking of taking the bags out of the car. A few hours later, Mr. Kimura was playing with the dog. Mrs. Kimura was looking forward to going fishing.

解答例の訳 「ある晩，キムラ夫妻は車を借りて，湖のほとりへキャンプに行くことについて話をしていました。キムラさんは妻に『天気予報によれば，明日は晴れだよ』と言いました。キャンプ場でキムラさんはテントを設置していました。キムラさんの妻は車から荷物を降ろすことを考えていました。数時間後，キムラさんは犬と遊んでいました。キムラさんの妻は魚釣りに行くことを楽しみにしていました」

解説 1コマ目は指示された文で説明を始め，その後にキムラさんのせりふをMr. Kimura said to his wife,の後に続ける。2コマ目はAt the campsite,で始め，キムラさんがテントを設置している様子と吹き出しの中のキムラさんの妻の考えを描写する。3コマ目はA few hours later,で始め，キムラさんが犬と遊んでいる様子と吹き出しの中のキムラさんの妻の考えを説明する。

No.3

解答例 I agree. Electronic money is more convenient than cash. Also, people don't have to worry about losing electronic money.

解答例の訳 「私もそう思います。電子マネーは現金よりも便利です。また，電子マネーを紛失することについて人々は心配する必要がありません」

解答例 I disagree. People won't be able to use electronic money at small stores. They'll always need to carry some cash.

解答例の訳 「私はそうは思いません。人々は小さな店で電子マネーを使うことはできないでしょう。いつもいくらかの現金を持ち歩く必要があるでしょう」

解説 解答例に加えて賛成の場合は，具体的に電子マネーは支払いの際にお釣りなどの受け渡しがないので短時間で支払いが終わること（Electronic money makes making payments quicker.）を指摘してもよい。反対の場合は，高齢者は電子マネーに慣れていないので，買い物がしづらくなるというようなこと（Elderly people are not used to electronic money. It will be difficult for them to buy things.）を述べてもよいだろう。

No.4

解答例 （Yes. と答えた場合）
Using solar power is better for the environment. Many people are becoming interested in clean energy.

解答例の訳 「ソーラーパワーを使うことは環境により良いです。多くの人がクリーンエネルギーに関心を抱きつつあります」

解答例 （No. と答えた場合）
Solar panels don’t produce much electricity on cloudy days. Also, they’re very expensive for people to buy.

解答例の訳 「ソーラーパネルは曇りの日にはあまり電気を作りません。また，それらは人々が買うには非常に高価です」

解説 Yes の場合は，解答例に加えて災害時に停電してもソーラーパネルがあれば発電ができること（Even when natural disasters cut the power, solar panels can provide electricity.）を指摘してもよいだろう。また No の場合は，専門家による定期的なメンテナンスが必要であること（Solar panels need to be checked regularly by experts.）を付け加えてもよいだろう。

2022-1

解答一覧

一次試験・筆記

1

(1)	1	(8)	4	(15)	2
(2)	4	(9)	1	(16)	3
(3)	4	(10)	4	(17)	2
(4)	3	(11)	1	(18)	2
(5)	4	(12)	1	(19)	3
(6)	4	(13)	1	(20)	1
(7)	3	(14)	2		

2 A

(21)	1
(22)	3
(23)	1

2 B

(24)	3
(25)	2
(26)	4

3 A

(27)	4
(28)	1
(29)	2

3 B

(30)	1
(31)	4
(32)	4
(33)	3

3 C

(34)	2	(36)	4	(38)	4
(35)	2	(37)	4		

4 解答例は本文参照

一次試験・リスニング

第1部

No. 1	1	No. 6	2	No.11	2
No. 2	3	No. 7	4	No.12	2
No. 3	4	No. 8	2	No.13	2
No. 4	3	No. 9	1	No.14	3
No. 5	3	No.10	4	No.15	4

第2部

No.16	3	No.21	4	No.26	3
No.17	1	No.22	2	No.27	2
No.18	4	No.23	2	No.28	3
No.19	2	No.24	3	No.29	2
No.20	3	No.25	1	No.30	3

一次試験・筆記 1 問題編 p.44～46

(1) ―解答 1 正答率 ★75%以上

訳 先週，シェリーはホラー映画を見に行った。それは半分サメで半分人間の奇妙な生き物についてであった。

解説 空所直後の説明に「半分サメで半分人間」とあるので，creature「生き物」を選ぶのが自然である。mineral「鉱物」，package「荷物」，instrument「器具，楽器」

(2) ―解答 4

訳 高校卒業後，テッドは自分の国に仕えるために軍隊に入った。初めて軍服を着たとき，彼は誇りを感じた。

解説 「国に仕える」や「軍服を着た」という表現から，テッドが military「軍隊」に入ったことが推測できる。affair「出来事」，emergency「緊急事態」，container「入れ物，容器」

(3) ―解答 4

訳 レイカの夢は東京の有名なフレンチレストランで働くことだ。彼女は料理学校に行くことでこれを達成しようとしている。

解説 第1文でレイカの夢の説明があり，第2文後半で「料理学校に行くことで」という記述がある。このことからレイカが夢を accomplish「達成し」ようとしているとわかる。decrease「～を減少させる」，unite「～を結合させる」，overwhelm「～を圧倒する」

(4) ―解答 3

訳 アーサーは彼のカフェを売るつもりだった。しかし，近くに新しい大学が開校してから，より多くの客を得始めたので，彼は自分の決心を覆した。

解説 第1文でアーサーがカフェを売るつもりであったことが述べられ，その直後に逆接を示す However があることから，彼が決心を reversed「覆した」と推測される。abuse「～を虐待する」，secure「～を確保する」，stimulate「～を刺激する」

(5) ―解答 4

訳 フランクはレポートを書くための十分な時間がなかったので，それを終えるためにもう2，3日もらえないかと上司に尋ねた。

解説 フランクはもう2，3日時間をもらえないかと尋ねていることから，彼にはレポートを書く sufficient「十分な」時間がなかったと推測できる。ここでは時間の「量」に焦点があるのでほかの選択肢は入らない。possible「可能な」，delicate「繊細な」，financial「財政の」

(6) —解答 4

訳 昨日，ブリグストン市のあるレストランで火事があった。けが人はいなかったが，建物はひどく破損した。オーナーたちは新しい建物を建てなければならないだろう。

解説 新しい建物を建てなければならないという記述から，その建物が severely「ひどく」破損したことがわかる。mentally「精神的に」，intelligently「知的に」，annually「毎年」

(7) —解答 3

訳 ベスは先週，ウエディングパーティーに招待された。彼女は一人で行きたくなかったので，友だちのジェレミーに彼女と一緒に行ってくれるよう頼んだ。

解説 ベスは一人で行きたくなかったということから，自分と accompany「一緒に行って」くれるよう頼んだと推測される。restrict「～を制限する」，distribute「～を分配する」，promote「～を促進する」

(8) —解答 4 正答率 ★75%以上

訳 SOL-5 ロケットは明日，地球を出発する予定である。宇宙飛行士たちの使命は気象衛星を修理することである。

解説 気象衛星を修理することは宇宙飛行士の mission「使命」と考えられる。foundation「土台」，impression「印象」，definition「定義」

(9) —解答 1

訳 化学のクラスで，生徒たちは少量の酸を水に加えた。それから彼らはこの混合物を実験を行うために使った。

解説 第 1 文で酸を水に加えたと述べられていることから，mixture「混合物」を選ぶのが自然。climate「気候」，entry「入場」，moment「瞬間」

(10)—解答 4

訳 朝，とても強く雨が降っていたので，政府は宇宙にロケットを打ち上げることを待たなければならなかった。

解説 雨が強く降っている状況では，ロケットを launch「打ち上げる」ことは困難と考えられる。ほかの選択肢は文脈に合わない。elect「～を選ぶ」，impact「～に影響を与える」，sweep「～を掃く」

(11)—解答 1

訳 歴史の授業の間，リサがノートを持っていないことにエイデンは気づいた。彼は自分のノートから何枚か紙を引きちぎり，彼女がノートを取れるようにそれを彼女に渡した。

解説 ノートを取るための紙を彼女に渡すために，まず自分のノートから紙を tore off「引きちぎった」とすると自然。rely on「～を頼る」，answer back「～に口答えする」，break out「（突然）発生する」

(12)—解答 1

訳 デレクは，彼の会社のゴルフ大会でもう少しで優勝するところだった。しかしながら，最後のホールで悪いショットを打ってしまい，結局２位に終わった。

解説 第２文で結局２位に終わったという記述があることから，デレクは優勝を came close to「もう少しでするところだった」とわかる。make fun of「～をからかう」，take pride in「～を誇りに思う」，find fault with「～のあら探しをする」。優勝してはいないので，誤って took pride in を選ばないように注意。

(13)—解答 1

訳 グリフィス先生は生徒たちに，もし彼らがクラスでおしゃべりを続けるならば追加の宿題を課すと警告した。生徒たちが静かにしようとしなかったので，彼は脅しを完全に実行した。

解説 警告を生徒たちが無視したことから，先生がその警告を followed through with「完全に実行した」と推測できる。go over「～を調べる」，get through「～を通り抜ける」，turn over「～をひっくり返す」

(14)—解答 2

訳 A：今しがた誰とばったり出会ったと思う？　大学時代のジーナを覚えている？

B：ああ，もちろん。私も先日彼女に会ったよ。どうやら彼女は私たちと同じビルで働いているみたいだね。

解説 B が「私も先日彼女に会った」と言っていることから，A が大学時代の友だちと ran into「ばったり出会った」と推測できる。hope for「～を期待する」，look over「～にざっと目を通す」，comply with「～に従う」

(15)—解答 2

訳 仕事を変えて以来，ニールは仕事と生活のバランスによりいっそう満足している。彼は新しい仕事を楽しんでいるが，家族や友だちとより多くの時間を過ごせることにも喜びを感じている。

解説 第２文に彼が仕事や家族，友だちとの時間を楽しんでいると述べられていることから，彼が仕事と生活のバランスに content with「満足して」いるとわかる。be separate from「～と離れている」，be based on「～に基づいている」，be equal to「～に等しい」

(16)—解答 3

訳 A：お母さん，土曜日のバーベキューに友だちを数人招いてもいいかな？

B：もちろん。皆が食べて飲んでも十分有り余る量があるはずよ。

解説 皆が食べて飲んでも十分な量がある，と B が言っていることから By all means「もちろん」が自然。in any case「どんな場合でも」，at any rate「いずれにしても」, on the whole「全体として」

(17)—解答 2

訳 アリソンは彼女の幼い弟が彼女の部屋に入ることが嫌いである。彼はいつも彼女のものを散らかすので，彼女はその後に掃除をしなければならない。

解説 空所の後で，彼女はその後に掃除をしなければならないと述べられているので，幼い弟がするのは makes a mess「散らかす」ことと考えるのが自然である。make an effort「努力する」, take a chance「いちかばちかやってみる」, take a rest「休憩する」

(18)—解答 2

訳 プレゼンテーション大会で優勝した後，ケビンはスピーチで彼の妻の助けがなければ彼は決して勝つことはなかっただろうと言った。

解説 but for で「～がなければ，～がなかったならば」という意味になる。主に仮定法とともに使われ，without で書き換えることもできる。これ以外に意味を成す選択肢はない。

(19)—解答 3

訳 ショーンは明日の朝早くに大切なミーティングがあるので，今夜は夜更かしをしないほうがよい。

解説 had better *do*「～するほうがよい」の否定形 had better not *do*「～しないほうがよい」を使う。

(20)—解答 1

訳 A：ニッキー，来年おまえは高校を卒業することになるね。そろそろどの大学に行きたいかを考え始めてもよいころだ。

B：そうね，お父さん。でも，将来何をやりたいか私はまだわからないの。

解説 〈It is time＋主語＋仮定法過去〉で「そろそろ～してもよいころだ」という意味を表す。It is high time ...., It is about time .... など time の前に high や about がつくこともある。

一次試験・筆記 2 問題編 p.48～51

A 全文訳 ティーカップの中の答え

ほかの多くの国と同様に，インドの人々はプラスチック廃棄物の問題について憂慮している。結局のところ，その国は毎年 56 億キロのプラスチック廃棄物を作り出している。最終的には多くのプラスチックが陸上やガンジス川のような水路のゴミになってしまうので，プラスチック廃棄物を管理するためのシステムは改善の必要がある。それに応じてインド政府は，一度きりしか使えないプラスチック製品の禁止令導入を計画した。

しかし結局，政府は経済状況と失業の増加への懸念のためにその計画の変更を余儀なくされた。

それにもかかわらず，プラスチックが使われなくなった状況が１つある。インドの7,000の鉄道の駅全てが，プラスチックのティーカップをクルハドと呼ばれる茶色の陶器のティーカップに取り換えた。インドでプラスチックカップが使われるよりもずっと以前に，人々はこれらの伝統的なカップでお茶を飲むのを楽しんでいた。インドの鉄道担当大臣が，鉄道の駅にクルハドに入れたお茶だけを販売するように命じた。そうすることで，彼は国がプラスチック廃棄物をなくすことに向けて，重要な一歩を踏み出すことを期待している。

クルハドがプラスチックのティーカップよりも優れている理由がいくつかある。１つ目に，それらは捨てられた後，環境に害を及ぼさない物質にすぐに分解される。２つ目に，クルハドが作られている粘土は，お茶の風味を実際に良くしてくれる。最後に，クルハドを使うことは，仕事を生み出す。プラスチックカップは機械で作られるが，クルハドは手作業で作られる。何十万もの人々がこの変化により追加の仕事を得るだろうとインド政府は見積もっている。

(21)―解答 1

解説　空所前は一度きりしか使えないプラスチック製品の禁止を計画したことが，空所後ではしかしその計画が経済的な理由から変更を余儀なくされたことが述べられている。この２つの時間的な前後関係を結びつけるのに適したものはIn the end「結局」である。Moreover「さらに」，For one thing「１つには」，Overall「全般的に言えば」

(22)―解答 3

解説　第２段落第１文からこの段落の主題はプラスチックの使用が禁止された例の紹介だとわかる。第２文では鉄道の駅でプラスチックのティーカップがクルハドという陶器のカップに取り換えられたと述べられている。このことから大臣がプラスチックカップの代わりにクルハドを使用することを命じた，とすると文脈に合う。ゆえにonly sell tea in「に入れたお茶だけを販売する」が正解。

(23)―解答 1

解説　空所後でクルハドは手作りされること，そしてそのために何十万もの人々が追加の仕事を得ると予想されていることが述べられている。ここからクルハドを使うことがwill create jobs「仕事を生み出す」とわかる。

B　全文訳　ただ美しい鳥というだけでなく

オウムは賢く，時にとても色鮮やかな鳥である。ペットとして人気があり，しばしば動物園で見られる。残念なことに，野生のオウムのおよそ３分の１の種が絶滅の危機にある。例えば，スミレコンゴウインコやコスミレコンゴウインコなどである。毎年，これらの鳥の一部は違法に捕まえられ，ペットとして販売されている。さらに悪いことに，彼らが生息している森が農地を作るためや木材を得るために伐採されているので，多く（の鳥）が死につつある。このことで彼らが巣を作り食料を集めることのできる地域は狭くなってしまった。

専門誌『ダイバーシティ』に発表された研究が，スミレコンゴウインコとコスミレコンゴウインコが森林の中で重要な役割を担っているということを明らかにした。ブラジルとボリビアでこれらのオウムを研究している研究者たちは，鳥たちが 18 種類の木の種子をまいていることを発見した。彼らは，鳥たちが木から果実や木の実を取り，長距離にわたってそれらを運んでいることを観察した。鳥たちは後でその果実や木の実を食べられるようにそのような行動をしている。しかし，彼らは時々それらを落としてしまう。人間によって伐採された地域でこのようなことが起きると，果実や木の実の中の種子が木へと成長し，森林が回復するのを助けるのだ。

今日，自然保護団体はスミレコンゴウインコとコスミレコンゴウインコを保護するために熱心に働いている。1 つのやっかいなことは，これらのオウムは多くのひな鳥を失っているということだ。このことの重要な原因は，彼らの卵がほかの鳥によってしばしば食べられてしまうことである。これを防ぐために，コンゴウインコの卵は時々科学者たちによって彼らの巣から取り出され，鶏卵と置き換えられる。科学者たちはその卵を安全に保護する。コンゴウインコのひな鳥が卵から出てくると，彼らは親鳥の元に戻される。

(24)—解答 3

解説 空所前ではコンゴウインコが違法に捕獲，売買されていることが，そして空所後では生息地が減少して彼らの多くが死につつあることが述べられている。これら 2 つの事実を結びつけるものとしては，What is worse「さらに悪いことに」が最も自然である。

(25)—解答 2

解説 空所前では，コンゴウインコが食料として果実や木の実を運ぶことが説明されており，空所後で伐採された土地に空所の内容が起きると，中の種子が木へと成長するということが述べられている。このことから運んでいる途中にコンゴウインコが sometimes drop them「時々それら（果実や木の実）を落としてしまう」と推測できる。

(26)—解答 4 正答率 ★75%以上

解説 空所後に彼らの卵がしばしばほかの鳥に食べられてしまうという記述があることから，彼らが lose many babies「多くのひな鳥を失っている」ことが問題であると予想される。

一次試験・筆記 3 問題編 p.52～58

A 全文訳

発信人：ノエル・ランダー <noel@coffeeshopsupplies.com>
宛先：ゲーリー・スタイン <thedaydreamcoffeeshop@goodmail.com>
日付：6月5日
件名：あなたの注文

スタイン様

今朝，弊社の販売部門のジェナ・マークスにお電話によるご注文をいただき誠にありがとうございます。ご注文はお客様のカフェの名前とロゴをプリントした中サイズの黒い紙カップ500個でした。ジェナのご注文に関するメモによりますと，お客様は土曜日までにこれらのカップの配達が必要とのことでした。

申し訳ございませんが，現在のところ弊社には中サイズの黒いコーヒーカップの在庫がございません。さらに，コーヒーカップを製造する機械が現在稼働しておりません。故障している箇所は先日修理に出されましたが，金曜日まで弊社の工場に戻ってきません。このため，お客様にほかの選択肢をいくつか提案するためにメールを差し上げています。

もし黒いカップを本当にご所望であれば，弊社には小サイズと大サイズの在庫はございます。しかしながら，色よりはサイズの方がお客様にとって重要かと存じます。弊社には白色の中サイズのコーヒーカップの在庫がございまして，代わりにこれらにお客様のロゴをプリントすることができます。また，茶色の中サイズも在庫がございます。今回の問題に関しましては，大変申し訳ございません。これらの選択肢のどれが最も良いか私たちにお知らせくだされば，無料でさらに50個のカップをお送りいたします。弊社の配達業者によりますと，土曜日までに届けるには水曜日までに注文を出す必要があるとのことです。できるだけ早くお客様のご決断をお知らせください。

よろしくお願いいたします。
ノエル・ランダー
顧客サポート
コーヒーショップサプライズ

(27)—解答 4

質問の訳　今朝，ジェナ・マークスは

選択肢の訳
1　スタイン氏の注文において間違った名前を書いた。
2　顧客に間違った配達日を伝えた。
3　電話で販売部門に連絡をした。
4　スタイン氏のカフェ用のカップの注文を受けた。

解説　第1段落第1文にThank you for placing an order by telephone with Jenna Marksとあり，スタイン氏が電話でジェナにカップの注文

をしたことがわかる。つまりジェナがtook an order「注文を受けた」ということである。

(28)—解答 1

質問の訳　ノエル・ランダーによれば，注文に関わる問題は何か。

選択肢の訳
1　彼の会社にはスタイン氏が望むカップの在庫がない。
2　彼の会社の機械はスタイン氏のロゴを印刷できない。
3　カップを金曜日までスタイン氏に配達できない。
4　先日，カップを配達業者が紛失してしまった。

解説　第2段落第1文にwe do not have any medium-sized black coffee cupsとあり，スタイン氏が望む黒い中サイズのカップの在庫がないことがわかる。

(29)—解答 2　正答率★75%以上

質問の訳　ノエル・ランダーはスタイン氏に何を提案しているか。

選択肢の訳
1　次回，50個以上のカップを注文すること。
2　白か茶色のカップを使うこと。
3　彼の顧客に無料のコーヒーを提供すること。
4　ほかの会社から彼のカップを買うこと。

解説　第3段落第3文と第4文で，白と茶色の中サイズのカップならば在庫があることが述べられている。また第6文でどの選択肢が良いか知らせてほしいという記述がある。このことから正解は**2**に絞られる。

B　全文訳　ツイード

ツイードはスコットランドとアイルランドの農民によって最初に開発された厚い生地の一種に与えられた名称である。長い羊毛がさまざまな色に染められ，そして組み合わされて模様のある生地を作る。スコットランドとアイルランドの天気はしばしば寒く湿っているため，この暖かい防水性のある素材は，田畑で働く農民にとても人気があった。

ツイードは19世紀まで農村の外で広く知られることはなかった。その当時，裕福なイギリス人はスコットランドの広大な土地を買っていた。これらは地所として知られ，所有者によって狩猟と釣りのために使われた。ツイードは主に茶色，緑，または灰色で，野生動物がその素材で作られた服を着ている人々を知覚するのは難しいため，狩りをする人たちはツイードに興味を抱くようになった。裕福なイギリス人所有者たちは，自分たちの地所のためにツイードの模様を作らせるようになった。ヴィクトリア女王の夫であるプリンス・アルバートがスコットランドの王室の領地に住む人々のために独自の模様を作らせた後，その生地はイギリス中で有名になった。

ツイードで作られた服は，裕福な人々が田舎で着用する標準的な服装となった。男性は町や都市でビジネスを行うときには青か黒のスーツを着用し，地所にくつろぎに行くときにはツイードのスーツを着たものであった。一般人はゴルフやサイクリングといった屋外の趣味のためにツイードを着て，彼らをまねするようになった。ツイードを着るという流行はアメリカやヨーロッパのほかの国々にも広がり，20 世紀にさまざまな有名ファッションデザイナーが彼らの服にツイードを使うと，さらにいっそう人気になった。

ツイードは長年流行の先端であり続けた，もっとも 21 世紀の初めまでにはその人気は落ちてしまっていたけれど。しかし，今ツイードはもう一度人気になり始めている。この 1 つの理由は，それが環境にほとんど害を及ぼさないということである。自然な羊毛で作られていることに加えて，それは丈夫で，非常に長期間もつので，人々は新しい服を頻繁に買う必要がない。実際，イギリスでは祖父母のツイードスーツをいまだに着ている裕福な人々もいる。

(30)—解答 1 正答率 ★75%以上

質問の訳 ツイードがスコットランドとアイルランドの農民に人気があったのは

選択肢の訳
1 彼らが外にいる間，それが彼らを暖かく保ち，濡れないようにすることを助けてくれたからだ。
2 それが彼らの自由時間にお金を稼ぐことを助けてくれたからだ。
3 それによって彼らが作り出したどんな余分な羊毛でも使うことが可能になったからだ。
4 それによって彼らが若者たちに彼らの文化を教えることが可能になったからだ。

解説 第 1 段落最終文に The weather in Scotland and Ireland is often cold and wet, so this warm, waterproof material was very popular with the farmers とあり，ツイードが防寒防水に優れていたので農民に人気があったことがわかる。

(31)—解答 4 正答率 ★75%以上

質問の訳 プリンス・アルバートはどのようにしてツイードが広く知られるようになることを手助けしたのか。

選択肢の訳
1 彼はしばしばスコットランドの農民によって所有されている土地に狩猟に行った。
2 彼はツイード工場があるスコットランドの地所を買った。
3 彼はスコットランドを旅行中にそれを着ているのを見られた。
4 彼はスコットランドにある領地のための特別なツイードの模様を注文した。

解説 第 2 段落最終文からプリンス・アルバートが特別な模様を王室の領地に住む人々のために作らせたことがきっかけとなって，ツイードがイギリス全土に広まったとわかる。

(32)—解答 4 正答率 ★75%以上

質問の訳 一般人がツイードを着たのは彼らが

選択肢の訳
1 町や都市でビジネスを行っているときだった。
2 アメリカやヨーロッパを訪れているときだった。

3　自分たちが農民だと示そうとしているときだった。

4　屋外で余暇活動を楽しんでいるときだった。

解説　第3段落第3文にはOrdinary people began to imitate them by wearing tweed for outdoor hobbiesとあり，一般人は屋外で余暇活動を楽しんでいるときにツイードを着たことがわかる。outdoor hobbiesが選択肢ではleisure activities outsideと言い換えられていることに注意。

(33)―解答　3　　正答率 ★75%以上

質問の訳　ツイードが環境にほとんど害を及ぼさない1つの理由は何か。

選択肢の訳

1　それが燃やされるときに有害な煙を出さないから。

2　それは簡単には汚れず，ほとんど洗う必要がないから。

3　それは人々が長年着られるほどに丈夫だから。

4　それは家族で経営される小さな工場で手作りされているから。

解説　第4段落第4文にit is strong enough to last for a very long time, so people do not often need to buy new clothesとあり，ツイードが丈夫で，長期間着ることができるので環境に優しいことがわかる。

C　全文訳　遠い過去からの手掛かり

農業の発達以前に生きていた人類は多くの石で作られた物を残した。これらの物はたいてい道具や武器の一部であり，これらの人々がどのようにして食料を得ていたかを私たちに示してくれる。しかし，彼らの文化のほかの部分についてはあまり知られていない。この期間について私たちが得ているほかの情報源は，洞穴の中の壁画である。これらはほとんどが狩猟の場面なので，初期の人類が集団で生活していたことを示しているけれども，彼らが宗教的な儀式のようなほかの社会的活動に参加していたことは示していない。

証拠不足によって多くの歴史学者は人類が農園を作って村に住むようになるまで，宗教は発達しなかったと信じるようになった。しかし最近の発見は宗教的な信仰がこれ以前に存在したかもしれないということを示唆している。シギルの偶像は顔と紋様が刻み込まれた背の高い木製の彫像である。これらの紋様は彼らが崇拝していた神についての宗教的な信仰を表している可能性がとても高いと専門家たちは言っている。

シギルの偶像は実際には1890年にロシアで発見された。長い間，それがどのくらい古いのか人々はわからなかったが，ここ数年の木材の分析によってそれがおよそ1万2,500年前に作られたということが明らかにされた。それは，その地域の人類が農業を始めるずっと以前のことである。それを所有していた人間があちこち移動したため，その彫像は，解体され，別の場所で再び組み立てられるように，いくつかの部分に分けられて作られた。残念なことに，いくつかの部分は20世紀初頭に失われ，それらの絵のみが残っている。

歴史のどこかの時点でシギルの偶像は泥のようなものの中に落ち，それが何千年間もその彫像を安全に保護してきた。それが発見された状況はきわめてまれである。実際，同時代の木製の彫像はほかに何一つ発見されていない。シギルの偶像の品質から判断すると，初期の人類は木から物を作ることに長けていた。しかし，木製の物のほとんどは残らなかった。これにもかかわらず，シギルの偶像は，人々がかつて考えていたよりも進歩した文化を初期の人類は持っており，おそらく宗教も持っていただろうということを歴史学者に示した。

(34)―解答 2

質問の訳 初期の人類によって残された石で作られた物から何が学べるか。

選択肢の訳
1 彼らが洞穴で住んでいたかどうか。
2 彼らがどのようにして食べ物を得ることができたか。
3 彼らの集団がもともとどこから来たか。
4 どのような種類の動物を彼らが狩っていたか。

解説 第 1 段落第 2 文の後半に they show us how these people obtained their food とあり，初期の人類がどのように食べ物を得ていたかについての手掛かりを石の遺物が私たちに与えてくれることがわかる。

(35)―解答 2

質問の訳 シギルの偶像は木製の彫像であり，

選択肢の訳
1 有名な歴史的指導者の顔がそれに刻み込まれている。
2 初期の人類が神の存在を信じていたことを示しているのかもしれない。
3 初期の人類にとっての農業の重要性の象徴である。
4 最初に人類が作った村の 1 つの中心におそらくあった。

解説 第 2 段落第 3 文と最終文にシギルの偶像に顔と紋様が刻み込まれており，これらが神についての宗教的信仰を表しているかもしれないと述べられている。

(36)―解答 4

質問の訳 シギルの偶像について最近発見された 1 つのことは何か。

選択肢の訳
1 それを所有していた人間はどのようにそれを組み立てるかを示す絵を描いていた。
2 その彫像を構成する部分のいくつかは決して発見されることはなかった。
3 その彫像はいくつかの異なる方法で組み立てることができる。
4 それは自分たちの食料をまだ栽培し始めていなかった人々によって作られた。

解説 第 3 段落第 2 文後半に it was made around 12,500 years ago—long before humans in the area began farming という記述があり，人類が農業を始めるずっと以前にシギルの偶像が作られていたことがわかる。before began farming が選択肢では had not yet begun growing their own food と言い換えられていることに注意。

(37)—解答 4

質問の訳　なぜシギルの偶像の発見はおそらく唯一無二の出来事なのか。

選択肢の訳
1 それが発見された場所の泥の種類が発掘を難しくしているから。
2 初期の人類はほかの集団によって作られた宗教的な彫像をしばしば破壊したから。
3 シギルの偶像のような何かを作る技術をほとんどの初期の人類は持っていなかったから。
4 木材は非常に特別な状況でしか何千年も残らないから。

解説　第4段落第1文と第2文に着目すると，シギルの偶像は泥のようなものの中に落ちて何千年もその中で保護されてきており，それは非常にまれなことであると述べられている。また第3文でほかにこの時代の木製の彫像は一つも発見されていないということも補足されているので，正解は **4**。

(38)—解答 4

質問の訳　以下の記述のうち正しいのはどれか。

選択肢の訳
1 シギルの偶像は，初期の人類の集団間で文化的な交流があったことを示している。
2 洞穴の壁画は，宗教的な儀式に参加している初期の人類を描いている。
3 人類はいつの時代も宗教を持っていたと長い間歴史学者は信じていた。
4 シギルの偶像の古さはそれが発見された後，長年未解明であった。

解説　第3段落第2文に For a long time, people did not know how old it was とあることから，シギルの偶像の作られた年代が長年解明されていなかったとわかる。

一次試験・筆記　4　問題編 p.58

トピックの訳　人々が歴史をより良く理解するためには重要な史跡に行くことが必要だと言う人がいます。あなたはこの意見に同意しますか。

ポイントの訳　経験　動機付け　技術

解答例　I agree that it is necessary for people to go to important historical sites to understand history better. First, people can experience the actual scale of historical sites, such as the pyramids in Egypt. They cannot experience this by seeing these sites online, even with today's advanced technology. Second, visitors will have the opportunity to talk to local people. These people have stories about local history which include important information that is not in books. Such stories can make people want to learn more about history. For these reasons, I think people should visit historical sites.

解答例の訳 人々が歴史をより良く理解するためには重要な史跡に行くことが必要だということに同意します。第1に，人々はエジプトのピラミッドのように，史跡の実際の大きさを経験することができます。今日の発達した技術をもってしても，オンラインでこれらの場所を見てもこれを経験することはできません。第2に，訪問者は地域の人々と話す機会を得るでしょう。これらの人々は，本の中にはない重要な情報を含む地域の歴史についての話を持っています。そのような話は，もっと歴史について学びたいと人々に思わせることができます。これらの理由から，私は人々は史跡を訪れるべきだと思います。

解説 まず冒頭で与えられたトピックについて自分が同意するか否かを明確に述べる。この文を主題文という。I agree または I disagree の後にトピックの文をそのままつなげればよい。その後に自分の意見をサポートする理由を2つ挙げる。理由を列挙するときは，First，Second といった標識になるようなつなぎ言葉を使うと論旨が明確になる。このほかにも to begin with「最初に」，in addition「さらに」，moreover「そのうえ」なども使える。そして最後にもう一度自分の意見を繰り返す。この際，For these reasons 以外にも in conclusion「結論として」，therefore「したがって，それゆえに」などもあわせて使えるようになっておくとよい。解答例では同意する例が挙げられているが，同意しない場合には，本やインターネットで歴史を学ぶことができる（We can learn about history by reading books or using the Internet.）や私たちは忙しいのでその場所に行く十分な時間がない（We are so busy that we do not have sufficient time to visit the historical sites.）などを理由として挙げてもよいだろう。

No.1 −解答 1

正答率 ★75%以上

放送英文 ☆：Livingstone Hotel.

★：This is Ben Bryson in Room 707. I'll be meeting some clients for dinner near City Station, and I'd like to take the train back here afterwards. Do you know what time the last train leaves?

☆：I can check for you. Let's see. The last train from City Station is at 12:15.

★：Excellent. Thanks a lot.

Question: What does the man want to know?

全文訳 ☆：リビングストン・ホテルです。

★：707号室のベン・ブライソンです。シティ・ステーションの近くで何人かの顧客と会って夕食を食べた後，列車でここに戻ってきたいんです。最終列車が何時に出るかわかりますか。

☆：お調べいたします。そうですね。シティ・ステーションからの最終列車は12時15分です。

★：よかった。どうもありがとう。

Q：男性は何を知りたいのか。

選択肢の訳
1 最終列車がいつなのか。
2 シティ・ステーションへの行き方。
3 彼が部屋を変更できるかどうか。
4 彼の顧客がどの部屋にいるか。

解説 男性は彼の最初の発言の中でDo you know what time the last train leaves? と尋ねていることから，彼が最終列車の時間を知りたがっているとわかる。

No.2 −解答 3

正答率 ★75%以上

放送英文 ☆：Bernard, how did you get that scar on your knee?

★：Haven't you noticed it before, Cathy? I've had it for most of my life. I fell off my bicycle when I was a kid.

☆：Really? That must have hurt.

★：Yeah, it did. My knee was bleeding a lot, and my mother had to take me to the hospital.

Question: What was Bernard doing when he got hurt?

全文訳 ☆：バーナード，膝のその傷はどうしてついたの？

★：今まで気づかなかったのかい，キャシー。僕の人生のほとんどの期間その傷はあったんだよ。子どものころ，自転車から落ちたんだ。

☆：本当？　痛かったでしょう。
★：ああ，痛かったよ。膝からたくさん血が出ていたし，母が僕を病院に連れていかなければならなかったんだ。
Q：バーナードはけがをしたとき，何をしていたか。

選択肢の訳
1　友だちとスポーツをしていた。
2　母親とドライブをしていた。
3　自転車に乗っていた。
4　キャシーと話していた。

解説　膝の傷について尋ねられて，男性は子どものころ自転車から落ちたと答えているので，正解は **3**。

No.3 ‒ 解答　4

正答率 ★75％以上

放送英文
★：What's the matter, Doris? You look very tired.
☆：My cat ran away last night, and I went looking for her. I didn't go to bed until after 3 a.m.
★：I'm sorry to hear that. Did you find her and bring her home?
☆：No, but when I woke up this morning, she was waiting outside. I have no idea where she went last night.
Question: Why is the woman tired?

全文訳
★：どうしたんだい，ドリス。とても疲れているようだね。
☆：私の猫が昨晩逃げてしまって，彼女を捜しに行ったの。午前 3 時過ぎまで寝なかったわ。
★：それはお気の毒に。彼女を見つけて家に連れ帰ったのかい？
☆：いいえ，でも今朝起きたら，彼女が外で待っていたの。昨晩彼女がどこに行ったのかわからないわ。
Q：なぜ女性は疲れているのか。

選択肢の訳
1　彼女は彼女の猫を病院へ連れていったから。
2　彼女は今朝，職場までの道をずっと走ったから。
3　彼女はキッチンを掃除するために早く起きたから。
4　彼女は昨晩彼女の猫を捜さなければならなかったから。

解説　疲れているようだけど，どうしたんだい，という男性の問いかけに，女性は逃げた猫を捜さなければならず，午前 3 時過ぎまで寝なかったと答えている。

No.4 ‒ 解答　3

放送英文
☆：Is that a new pencil case, David? I thought you liked your old one with the shark on it.
★：I still do. My dad bought that one at the aquarium, but I needed to get a bigger one because I need to take a lot of colored pencils to art class.

☆： Have you drawn any pictures yet?

★： Yeah, lots. I'll show them to you sometime.

Question: Why did the boy get a new pencil case?

全文訳 ☆： それは新しい筆箱なの，デービッド？　あなたはサメの絵が描かれた古いものがお気に入りだったと思ったのだけれど。

★： 今でも好きだよ。お父さんが水族館でそれを買ってくれたんだ。でもたくさんの色鉛筆を美術の授業に持っていく必要があるから，より大きいものを手に入れる必要があったんだ。

☆： もう何か絵を描いたの？

★： ああ，たくさんね。いつか君にそれらを見せるよ。

Q：男の子はなぜ新しい筆箱を手に入れたのか。

選択肢の訳
1 彼は古い方をクラスの友だちにあげたから。
2 彼は水族館で古い方をなくしたから。
3 彼は美術の授業のためにより大きいものが必要だったから。
4 彼は違う絵が描かれたものが欲しかったから。

解説 男の子の最初の発言にI needed to get a bigger one because I need to take a lot of colored pencils to art class とあるので，彼が美術の授業のためにより大きな筆箱を必要としたことがわかる。

No.5 －解答 3

放送英文 ☆： George, could I have a tissue?

★： Sure, here you go. Do you have a cold?

☆： I don't think so. The air conditioners in my apartment are very old, and I think they need to be cleaned. The air in my room makes my nose run. I'm going to call the building manager later today.

★： Good idea. Air conditioners need to be cleaned often.

Question: How does the woman plan to solve her problem?

全文訳 ☆： ジョージ，ティッシュをもらえる？

★： もちろん。はい，どうぞ。風邪をひいたの？

☆： そうじゃないと思うわ。私のアパートのエアコンはとても古くて，清掃が必要だと思うの。私の部屋の空気のせいで鼻水が出るのよ。今日この後，ビルの管理人に電話をするつもりよ。

★： いい考えだね。エアコンはしばしば清掃される必要があるよね。

Q：女性はどのようにして彼女の問題を解決するつもりか。

選択肢の訳
1 彼女の部屋を掃除することによって。
2 より多くのティッシュを買うことによって。
3 ビルの管理人と話すことによって。
4 彼女の友だちに助けを求めることによって。

解説 女性は彼女の2番目の発言で部屋のエアコンが古く清掃してもらう必要があるので，ビルの管理人に電話をするつもりだと言っている。call the building managerが選択肢ではtalking to the building managerと言い換えられているので注意。

No.6 –解答 ②

放送英文 ☆：Good morning. I'm looking for a new desk for my room.

★：Would you like a metal one or a wooden one?

☆：Well, the rest of the furniture in my room is wooden, so I'd like to find a matching desk.

★：I think we may have just the thing you're looking for. There's a sale on all of our desks, chairs, and shelves today.

Question: What is the customer looking for?

全文訳 ☆：おはようございます。私の部屋用の新しい机を探しているのですが。

★：金属製がよろしいですか，それとも木製がよろしいですか。

☆：そうですね，私の部屋のほかの家具は木製だから，それに合うような机を見つけたいんです。

★：ちょうどお探しのものがあるのではないかと思います。本日は，全ての机，いす，棚がセール中です。

Q：客は何を探しているのか。

選択肢の訳
1 彼女の机に合ういす。
2 彼女の部屋用の新しい机。
3 彼女の本のための木製の棚。
4 彼女の部屋用の金属製の家具。

解説 女性の最初の発言にI'm looking for a new desk for my room.とあり，女性が部屋に置く新しい机を探していることがわかる。

No.7 –解答 ④

放送英文 ★：Excuse me. I got this postcard in my mailbox yesterday. It says I have a package to pick up at this post office.

☆：Yes, sir. May I see an ID card, please?

★：Of course. Here's my driver's license.

☆：Thank you. Now, just sign your name on this line.

Question: What is the man doing at the post office?

全文訳 ★：すみません。昨日，私の郵便受けにこのはがきが入っていたんです。この郵便局に私が受け取る荷物があると書いてあります。

☆：承知いたしました，お客様。身分証明書を見せていただけますか。

★：もちろん。これが私の運転免許証です。

☆：ありがとうございます。それではこの線上にお名前をお書きください。

Q：男性は郵便局で何をしているのか。

選択肢の訳　1　郵便を配達している。
2　彼の郵便受けを確認している。
3　彼の新しい免許証を受け取っている。
4　荷物を受け取っている。

解説　男性は彼の最初の発言で，彼が受け取るべき荷物があるので郵便局に来たと言っているので，正解は **4**。男性の発言の中の mailbox に引っ張られて **2** を選ばないように注意。

No.8 －解答　②

放送英文 ☆：So, how are the wedding preparations going, Gordon? Have you and your fiancée finished planning everything?
★：We've done a lot, but there's still so much left to do.
☆：Well, you still have six weeks left. Have you decided where to go on your honeymoon?
★：Actually, we've both been so busy that we haven't had time to think about it yet.
Question: What is one thing the man says?

全文訳 ☆：それで，結婚式の準備はどうなの，ゴードン？　あなたとあなたの婚約者は全て計画を終えたの？
★：たくさんやったけど，まだやるべきことがとても多く残っているんだ。
☆：そうねえ，まだ6週間あるわ。新婚旅行でどこに行くかは決めたの？
★：実は，僕たち両方ともとても忙しくて，まだそれについて考えている時間がなかったんだ。
Q：男性が言っている1つのことは何か。

選択肢の訳　1　結婚式の時間が変わった。
2　結婚式の計画はまだ終わっていない。
3　新婚旅行は楽しくなかった。
4　新婚旅行の計画は6週間前に作られた。

解説　結婚式の準備は終わったのかと聞かれて男性は，there's still so much left to do と答えている。つまりまだやるべきことがたくさん残っているということであり，正解は **2**。

No.9 －解答　①

放送英文 ☆：Honey, we haven't seen Gloria at our town meetings recently. I guess she must be busy.
★：Actually, I forgot to tell you—I ran into her on the street last week. She said she's started going to a business class in the evening.
☆：Really? I hope I can get a chance to see her again soon.
★：Well, she said she'd definitely be at the next meeting.

Question: What is one thing the man says about Gloria?

全文訳 ☆：あなた，タウンミーティングで最近グロリアを見かけないわね。彼女はきっと忙しいのね。

★：実は君に言うのを忘れていたよ。先週，道でばったり彼女に会ったんだ。彼女は夕方にビジネスの授業に行き始めたと言っていたよ。

☆：本当？　すぐにまた彼女と会える機会があるといいのだけど。

★：そうだね，彼女は次のミーティングには間違いなく出席すると言っていたよ。

Q：男性がグロリアについて言っている１つのことは何か。

選択肢の訳
1　彼女は授業を取っている。
2　彼女は自分自身のビジネスを始めた。
3　彼女はその女性に電話をするだろう。
4　彼女は違う通りに引っ越した。

解説 男性の最初の発言に she's started going to a business class in the evening とあり，グロリアがビジネスの授業を取り始めたことがわかる。start, business といった語に引っ張られて **2** を選ばないように注意。

No.10 解答 ④

放送英文 ★：Working overtime again tonight, Debbie?

☆：I think so, Bob. I'm still working on this presentation for Mr. Donaldson.

★：You've been working on it all week. Let me know if you need help with anything.

☆：OK, thanks. I will be done with it soon, though. After that, my work schedule should go back to normal.

Question: What is one thing the woman says?

全文訳 ★：また今夜も残業かい，デビー？

☆：そうだと思うわ，ボブ。ドナルドソンさんのためのこのプレゼンテーションにまだ取り組んでいるの。

★：今週ずっとそれに取り組んでいるね。何か助けが必要なら知らせてくれよ。

☆：わかった，ありがとう。でもまもなくそれを終えるわ。その後，私の仕事のスケジュールは正常に戻るはず。

Q：女性が言っている１つのことは何か。

選択肢の訳
1　彼女は来月まで残業するだろう。
2　彼女はドナルドソンさんと話をしないだろう。
3　彼女はこれまでにプレゼンテーションをしたことが全くなかった。
4　彼女はプレゼンテーションをほとんど書き終えた。

解説 女性の２番目の発言に I will be done with it soon とあり，プレゼンテーションの準備がまもなく終わるであろうことがわかる。be done で

have done と同じく動作の完了を表すことがある。この部分が選択肢では has almost finished と言い換えられている。

No.11 解答 2

放送英文 ☆： Hello.

★： Hi, this is Stefan calling. Is Lorie there?

☆： She's just gone to the store to get something for dinner. She shouldn't be too long. I'll have her call you when she gets home.

★： That's OK. I'm going out with my parents, so I'll call her when I get back.

Question: What will Stefan do when he gets back?

全文訳 ☆： もしもし。

★： もしもし，ステファンです。ローリーはいますか。

☆： 彼女は夕食のための買い物にちょうど店に行ったところなの。それほど長くはかからないはず。彼女が帰ったら，あなたに電話させるわね。

★： 大丈夫です。私は両親と出かけますから，私が戻ったら，彼女に電話をします。

Q：ステファンは帰宅したら何をするか。

選択肢の訳
1 ローリーが電話するのを待つ。
2 再びローリーに電話をする。
3 家で夕食を食べる。
4 彼の両親と出かける。

解説 男性の2番目の発言に I'll call her when I get back とあり，彼は帰宅したら再びローリーに電話をするつもりであることがわかる。

No.12 解答 2

放送英文 ☆： Excuse me. Where can I find the special exhibition of modern art?

★： It's on the third floor, next to the museum shop. But you'd better hurry. The museum is closing in half an hour.

☆： All right. Do I have to pay extra to go in?

★： Yes. Special exhibition tickets are five dollars. It's our most popular event this year.

Question: Why does the man say the woman should hurry?

全文訳 ☆： すみません。現代美術の特別展はどこですか。

★： 3階のミュージアムショップの隣です。でも急いだ方がいいですよ。当館は30分後に閉館します。

☆： わかりました。入場するためには追加料金を払わなければなりませんか。

★： はい。特別展のチケットは5ドルです。それは今年当館で最も人気のある催し物です。

Q：なぜ男性は女性が急ぐべきだと言っているのか。

選択肢の訳 1 その展示の最終日だから。
2 閉館時間が迫っているから。
3 展示のチケットがすぐに売り切れるだろうから。
4 ミュージアムショップが特別セールを行っているから。

解説 男性の最初の発言に But you'd better hurry. The museum is closing in half an hour. とあり，閉館時間がもうすぐだとわかる。

No.13 解答 2

正答率 ★75%以上

放送英文 ★：Hey, Anne. I've got two tickets to the Fire Queens concert in Highdale Park this Friday night. Do you want to go? It starts at 6 p.m.

☆：Well, I love the Fire Queens, but I promised to look after my sister's baby that night. My sister has to work late.

★：I see. That's too bad.

☆：I wish I could go. Maybe next time, I guess.

Question: Why will the woman not go to the concert?

全文訳 ★：やあ，アン。今週の金曜日の夜にハイデール公園で行われるファイヤー・クイーンズのコンサートチケットが2枚あるんだ。行かないかい？　午後6時に始まるんだ。

☆：そうねえ，ファイヤー・クイーンズは大好きなんだけど，その日の夜は，姉［妹］の赤ちゃんの世話をするって約束しちゃったの。姉［妹］は遅くまで働かなければならないのよ。

★：わかったよ。それは残念だね。

☆：行ければいいんだけど。また今度ね。

Q：女性はなぜコンサートに行かないのか。

選択肢の訳 1 彼女はその夜，夕食を作らなければならないから。
2 彼女は赤ちゃんの世話をしなければならないから。
3 彼女は姉［妹］と外出するつもりだから。
4 彼女は残業をするだろうから。

解説 コンサートに誘っている男性に対して，女性は彼女の最初の発言でその日の夜，姉［妹］の赤ちゃんの世話をすることになっている，と言っている。放送文の中の look after「世話をする」が選択肢では take care of に言い換えられていることに注意。

No.14 解答 3

放送英文 ☆：Donnie, I'm happy you did well on your science test this time, but you failed your math test again.

★：I know, Mom. I find it hard to concentrate in Ms. Wilson's class.

☆：Well, if you don't get a better score next time, maybe you should start seeing a tutor after school.

★： No, please don't make me do that. I'll do my best to study harder.

Question: What does the boy say he will do?

全文訳 ☆： ドニー，今回科学のテストでよくできたことはうれしいけれど，また数学のテストで失敗したわね。

★： わかっているよ，お母さん。ウィルソン先生の授業に集中することは難しいんだ。

☆： でも，もしもっと良い成績を次回取らなかったら，放課後，家庭教師に見てもらい始めるべきかもしれないわね。

★： やめて，僕にそんなことをさせないで。もっと熱心に勉強するように最善を尽くすよ。

Q：男の子は何をすると言っているか。

選択肢の訳 **1** 科学の授業でもっと注意を払う。

2 放課後ウィルソン先生に会う。

3 数学の授業でもっと熱心に取り組む。

4 新しい数学の家庭教師を見つけようとする。

解説 男の子の最後の発言に I'll do my best to study harder. とあり，男の子が数学の授業でベストを尽くすと言っていることがわかる。選択肢ではこの部分が Work harder in his math class. と言い換えられている。

No.15 解答 4

放送英文 ☆： Excuse me, sir. Do you live in this neighborhood?

★： I do. Do you need some help finding something?

☆： Yes, if you don't mind. I'm looking for a good place for lunch. Do you have any recommendations?

★： Hmm. Well, there's a nice German restaurant up on the hill. It's called Heidi's.

Question: What does the woman want to do?

全文訳 ☆： すみません。このご近所にお住まいですか。

★： ええ。何かお探しですか。

☆： はい，もしよろしければ。ランチを食べるのに良い場所を探しているんです。何かお薦めはありますか。

★： うーん。ええと，丘の上に素敵なドイツレストランがありますよ。ハイディズと呼ばれています。

Q：女性は何をしたいのか。

選択肢の訳 **1** ドイツに引っ越す。

2 その男性とランチを食べる。

3 その男性がどこに行くか突き止める。

4 良いレストランでランチを食べる。

解説 何かお探しですか，という男性の問いかけに女性はI'm looking for a good place for lunch. と答えている。つまり女性は良いレストランでランチを食べたいと思っているということ。placeが選択肢ではrestaurantに言い換えられている。

一次試験・リスニング 第2部 問題編 p.61～63

▶MP3 ▶アプリ ▶CD 1 58～73

No.16 解答 3

放送英文 Sandra hurt her left foot playing soccer. She could not play for a long time, so she joined a fitness center to stay active. The instructor there was very friendly and showed her how to use the training machines. However, after a few months, Sandra stopped going because the fitness center became very crowded. She is looking forward to playing soccer again soon.

Question: Why did Sandra stop going to the fitness center?

全文訳 サンドラはサッカーをしているときに左足を痛めた。彼女は長期間サッカーをすることができなかったので，活動的なままでいるためにフィットネスセンターに加入した。そこのインストラクターはとても気さくで，トレーニングマシーンの使い方を彼女に教えてくれた。しかし，数か月後，そのフィットネスセンターがとても混雑してきたので，サンドラは行くのをやめた。彼女はまもなく再びサッカーをすることを楽しみにしている。

Q：なぜサンドラはフィットネスセンターに行くのをやめたのか。

選択肢の訳
1 彼女はもはや体を動かしたいと感じなかったから。
2 彼女の足が良くならなかったから。
3 そこにはあまりに多くの人々がいたから。
4 そこのインストラクターはあまりに厳し過ぎたから。

解説 第4文にSandra stopped going because the fitness center became very crowdedとあることから，フィットネスセンターが混んできたのでサンドラはそこに行くのをやめたとわかる。

No.17 解答 1

放送英文 Robert's work schedule will change at the beginning of next month. He will still work from home twice a week, but his boss said that weekly reports will be due on Fridays—not on Wednesdays as before. In addition, the staff meeting will be on Mondays instead of Tuesdays. What Robert is most happy about is that he will have more time to make and check his weekly report during the week.

Question: What is one way in which Robert's schedule will change?

全文訳 ロバートの仕事のスケジュールは来月の初めに変わることになっている。彼は依然として週に２度自宅で働くが，彼の上司は週間報告の締め切りがかつてのように水曜日ではなく，金曜日になると言った。さらに，スタッフミーティングは火曜日の代わりに月曜日になる。ロバートが最もうれしく思っていることは，その週のうちに彼の週間報告を作成し，確認するのにもっと時間をかけられるということである。

Q：ロバートのスケジュールの変更点の１つは何か。

選択肢の訳 **1** 彼は金曜日に報告書を提出するだろう。

2 彼は自宅で仕事をするのをやめるだろう。

3 報告書を作成する時間が少なくなるだろう。

4 スタッフミーティングが水曜日に移動するだろう。

解説 第２文に週間報告の締め切りが金曜日になると述べられていることから，ロバートが金曜日にそれを提出するようになると予想される。

No.18 解答 4

放送英文 Most puddings around the world are sweet. However, in England, there is a pudding made from things that are not sweet, such as animal blood and fat. It is called black pudding, or blood pudding, and it looks like a black sausage. It was first made long ago because people did not want to waste any parts of the animals that they cooked. Today, some types of black pudding are very expensive.

Question: Why did people start making black pudding long ago?

全文訳 世界中のほとんどのプディングは甘い。しかしイギリスには動物の血や脂肪のような甘くないものから作られるプディングがある。それはブラックプディングまたはブラッドプディングと呼ばれ，ブラックソーセージのように見える。人々は料理に使った動物のいかなる部位も無駄にしたくなかったので，それはずっと昔に初めて作られた。今日，ブラックプディングの何種類かはとても高価である。

Q：なぜ人々はずっと昔にブラックプディングを作り始めたのか。

選択肢の訳 **1** 彼らはそれを動物に食べさせたかったから。

2 彼らは何か甘い食べ物を必要としたから。

3 彼らは十分なソーセージを見つけることができなかったから。

4 彼らは動物の部位を無駄にしたくなかったから。

解説 第４文に people did not want to waste any parts of the animals that they cooked とあるので，動物のいかなる部位も無駄にしたくなかったのでブラックプディングが作られたことがわかる。

No.19 解答 ②

放送英文 Trevor went camping with two friends. The campsite was very crowded, so they had to put up their tents a long way from the bathroom. During the night, Trevor had to get up to go to the bathroom. It took him a long time to find it in the dark, and then he could not find his tent again. He had to call one of his friends on his smartphone to ask for help.

Question: What happened to Trevor while he was camping?

全文訳 トレバーは２人の友だちとキャンプに行った。キャンプ場はとても混んでいたので，お手洗いから遠く離れた場所に彼らはテントを張らなければならなかった。夜に，トレバーはお手洗いに行くために起きなければならなかった。暗闇でお手洗いを見つけるのに長い時間がかかり，それから彼は自分のテントを再び見つけることができなかった。助けを求めるために彼はスマートフォンで彼の友だちの１人に電話をしなければならなかった。

Q：キャンプをしている間，トレバーに何が起きたか。

選択肢の訳
1 彼はスマートフォンを壊した。
2 彼は夜に迷子になった。
3 彼はテントを張る場所がなかった。
4 彼は彼の友だちを助けることができなかった。

解説 第３文から第４文にかけて，トレバーが夜にお手洗いに行ったとき，暗闇でそれを見つけることに苦労し，帰り道がわからなくなってしまったと述べられている。つまり He got lost at night.「彼は夜に迷子になった」ということ。

No.20 解答 ③

放送英文 In Panama and other warm countries, people often wear hats to keep cool. In fact, a famous light-colored hat called the Panama hat was named after this country. However, Panama hats do not originally come from Panama. They were first made in Ecuador, in the town of Montecristi. The finest hats from Montecristi cost a lot of money because it takes skilled craftspeople several months to make each one.

Question: Why are fine Panama hats from Montecristi expensive?

全文訳 パナマやほかの暖かい国々では，人々はしばしば涼しくいるために帽子をかぶる。実際，パナマ帽と呼ばれる有名な淡い色の帽子はこの国にちなんで名づけられた。しかし，パナマ帽はもともとパナマから来たものではない。それらは最初エクアドルのモンテクリスティという町で作られた。モンテクリスティで作られた最も品質の良い帽子は，腕の良い職人が１つ１つを作るのに数か月を要するので，とても高価である。
Q：モンテクリスティで作られた品質の良いパナマ帽はなぜ高価なのか。

選択肢の訳
1 パナマの人々はそれらにちなんで自分たちの国を名づけたから。
2 それらは冬の間，人々の頭を暖かくしておくことができるから。
3 １つ１つを作るのに長い時間と特別な技術が必要だから。
4 選ぶことができる多くの色があるから。

解説 最終文に腕の良い職人が１つ１つを作るのに数か月を要するという説明があるので，正解は**3**。

No.21 解答 4

放送英文 Natalie goes to college and works part time at a bakery. Her final exams are starting soon, so she needs more time to study. She does not want to quit her job, so she talked to her manager about it. He recommended that she continue to work on weekends but stop working during the week. Natalie thought it was a good idea and took his advice.
Question: How did Natalie solve her problem?

全文訳 ナタリーは大学に通い，パン屋でアルバイトをしている。彼女の期末試験がまもなく始まるので，彼女は勉強の時間をもっと必要としている。彼女は仕事を辞めたくないので，そのことについて店長と話をした。彼は，彼女が週末に働くことを継続し，平日は働かないことを勧めた。ナタリーはそれが良い考えだと思い，彼の助言を受け入れた。
Q：ナタリーはどのようにして彼女の問題を解決したか。

選択肢の訳
1 ほかの仕事を探すことによって。
2 週末により短い時間働くことによって。
3 パンをより少なく買うことによって。
4 店長と話すことによって。

解説 第３文から最終文にかけて，ナタリーが店長に相談し，彼の助言を受け入れたことが述べられているので正解は**4**。放送文中のどこか一部分が答えとなるのではなく，数文にわたって述べられていることが答えとなる場合は，全体を聞き取ることが重要である。単に放送文中のweekendsに引っ張られて**2**を選ばないように注意が必要である。

No.22 解答 2

放送英文 Mr. Ogawa has a two-year-old daughter called Shiho. His wife had stayed home to take care of Shiho, but last month, she started working again. She wanted to buy a car to take Shiho to day care. However, Mr. Ogawa suggested buying an electric bicycle instead because it would be easier to take care of and would take up less space than a car.

Question: What is one reason Mr. Ogawa recommended buying an electric bicycle?

全文訳 オガワさんにはシホという名の2歳の娘がいる。彼の妻はシホの世話をするために家に留まっていたが，先月彼女は再び働き始めた。彼女はシホを保育所に連れていくために車を買いたかった。しかしオガワさんは，維持するのが車より簡単で，車よりスペースを取らないので，代わりに電動自転車を買うことを提案した。

Q：オガワさんが電動自転車を買うことを勧めた1つの理由は何か。

選択肢の訳
1 それは車より売るのが簡単だろうから。
2 それは車よりもスペースを必要としないだろうから。
3 彼の妻が彼女の車の中に保管できるものを望んだから。
4 彼の娘が車よりもそれが好きだったから。

解説 最終文後半に it would be easier to take care of and would take up less space than a car とあり，電動自転車が車よりスペースを取らないことが1つの理由だとわかる。

No.23 解答 2

放送英文 Welcome to Silverton Books. There are some new computers in our Internet café on the third floor. Please feel free to come and try them out. Remember that every Silverton member who introduces a new member gets a $5 discount ticket. Also, we would like to remind you that the store now opens early on Saturdays, at 7:30 a.m., and closes at 5 p.m.

Question: How can Silverton Books members get a discount?

全文訳 シルバートン・ブックスへようこそ。3階のインターネットカフェには最新のコンピューターがございます。どうぞご自由にお越しいただき，お試しください。新しい会員を紹介してくださったシルバートンの会員はどなたでも5ドルの割引チケットを獲得できることをお忘れになりませんよう。また，当店は現在，土曜日は午前7時30分と朝早くに開店し，午後5時に閉店しておりますことをお知らせいたします。

Q：シルバートン・ブックスの会員はどのようにして割引を得ることができるか。

選択肢の訳
1 店に早く来ることによって。
2 新しい会員を紹介することによって。
3 新しいコンピューターを使うことによって。
4 コーヒーを買うことによって。

解説 第4文に every Silverton member who introduces a new member gets a $5 discount ticket とあり，新しい会員を紹介することで割引を得られるとわかる。

No.24 解答 3

放送英文 Patricia is a busy lawyer with little free time. She feels stressed at work, and she is looking for a way to relax. She read an article about a woman who does yoga before work. Patricia thought she would have time to exercise for about 15 minutes every morning, so she ordered a yoga mat online to get started.

Question: Why does Patricia want to do yoga?

全文訳 パトリシアはほとんど自由時間のない忙しい弁護士である。彼女は仕事でストレスを感じており，リラックスする方法を探している。彼女は仕事の前にヨガをする女性についての記事を読んだ。パトリシアは毎朝およそ15分間運動する時間があると思ったので，手始めにオンラインでヨガマットを注文した。

Q：なぜパトリシアはヨガをしたいのか。

選択肢の訳
1 彼女は弁護士から助言を得たから。
2 彼女は友だちからヨガマットをもらったから。
3 彼女はずっとストレスに苦しんでいるから。
4 彼女はそれについての記事を書く計画だから。

解説 第2文から最終文にかけてパトリシアがストレスを抱えリラックスの方法を探しているときにヨガについての記事を読み，それに興味を持ったことが述べられている。ゆえに正解は**3**となる。

No.25 解答 1

放送英文 In 1943, after the United States entered World War II, there were fights in Los Angeles, California, between soldiers and other young men. The fights started because the young men wore zoot suits. Zoot suits were like business suits, but they were loose and were made from a lot of cloth. The military needed cloth for uniforms, so the soldiers thought that zoot suits were a waste of material.

Question: Why were there fights in Los Angeles?

全文訳 アメリカが第2次世界大戦に参戦した後，1943年に，カリフォルニアのロサンゼルスで兵士たちとほかの若者たちとの間で争いがあった。その争いが始まったのは，若者たちがズートスーツを着ていたためだ。ズートスーツはビジネススーツのようであったが，それらはダブダブで多くの布地からできていた。軍隊は制服のために布地を必要としていたので，兵士たちはズートスーツは材料の浪費だと考えた。

Q：なぜロサンゼルスで争いがあったのか。

選択肢の訳
1 ズートスーツはあまりに多くの材料を使っていると兵士たちが考えたから。
2 軍隊は飛行機で飛行する際にズートスーツを使用したから。
3 若者たちはスーツの店で働きたくなかったから。
4 ビジネスマンはもはやスーツを着ることができなかったから。

解説
第2文から最終文にかけて，布地を多く使うダブダブのズートスーツは，軍隊の制服を作るための布地を必要としていた兵士たちからは布地の浪費だと考えられたため，ズートスーツを着ている若者たちと兵士たちの間に争いがあったことが述べられている。

No.26 解答 3

放送英文
Maki is a first-year high school student from Japan and she has decided to study abroad. She saw some online videos of students having a lot of fun in high schools in the United States. Her teacher said it would be better for her to graduate before she goes abroad, but Maki wanted to have the same experience as the ones she saw on the Internet.
Question: Why did Maki decide to study abroad?

全文訳
マキは日本の高校1年生で，彼女は留学することを決心した。彼女はアメリカの高校で学生たちがとても楽しんでいるビデオをいくつかオンラインで見た。彼女の先生は，外国へ行く前に卒業した方がよいだろうと言ったが，マキはインターネットで見たものと同じ経験をしたかった。
Q：マキはなぜ留学する決心をしたのか。

選択肢の訳
1 彼女の学校で宣伝があったから。
2 先生が彼女にあるコースについて話したから。
3 彼女は海外で高校生活を経験したかったから。
4 彼女のクラスメートがそれは楽しいだろうと言ったから。

解説
第2文にマキがアメリカの高校生活をインターネットで見たことが，最終文後半にマキがそれと同じ経験をしたいと思っていることがそれぞれ述べられている。ゆえに正解は**3**に絞られる。

No.27 解答 2

放送英文
In Guam, there is a traditional drink called *tuba*. To get *tuba*, a farmer climbs a coconut tree and then cuts open a part of the tree. After a while, *tuba* comes out. *Tuba* is sometimes called the "water of life" because it is an important part of the culture of Guam. It can also be used to make alcoholic drinks. In fact, *tuba* is a popular drink at parties and festivals in Guam.
Question: How do farmers in Guam get *tuba*?

全文訳 グアムにはトゥバと呼ばれる伝統的な飲み物がある。トゥバを得るために，農民はココナッツの木に登り，そしてその木の一部分を切り開く。しばらくすると，トゥバが流れ出てくる。トゥバはグアムの文化の重要な一部なので，時に「生命の水」と呼ばれる。それはアルコール飲料を作るためにも使われ得る。実際，トゥバはグアムではパーティーや祭りで人気のある飲み物である。

Q：どのようにしてグアムの農民たちはトゥバを得るのか。

選択肢の訳
1 彼らはそれとアルコール飲料を交換する。
2 彼らは木の一部分を切り開く。
3 彼らは都市の店でそれを買う。
4 彼らはココナッツの葉を水と混ぜる。

解説 第2文に To get *tuba*, a farmer climbs a coconut tree and then cuts open a part of the tree. とあり，トゥバを得るために木の一部を切り開くことがわかる。

No.28 解答 3

放送英文 Welcome to tonight's performance of *Swan Lake*. The ballet will be in four parts, and the main role will be played by Wakako Takizawa. There will be a 20-minute break after the second part. Flowers can be given to the dancers in the lobby after the performance. Please do not take any food or drinks with you to your seats. We hope you enjoy the performance.

Question: What can people do after the performance?

全文訳 今夜の『白鳥の湖』の公演にようこそおいでくださいました。バレエは4つのパートから成り立っており，主役を務めますのはワカコ・タキザワでございます。2つ目のパートの後に20分間の休憩がございます。公演後，ロビーにおいてダンサーたちにお花を渡すことができます。お席には食べ物や飲み物をお持ちにならないでください。どうか公演をお楽しみください。

Q：公演後，人々は何をすることができるか。

選択肢の訳
1 ロビーでのパーティーに参加する。
2 無料の食べ物と飲み物を楽しむ。
3 花をダンサーに贈る。
4 バレエに関する20分間の話を聞く。

解説 第4文に Flowers can be given to the dancers in the lobby after the performance. とあり，公演後ダンサーたちに花を渡すことができるとわかる。放送文では受動態だが，選択肢では能動態になっていることに注意。

No.29 解答 2

放送英文 Nicole wants to make it easier to cook in her small kitchen. There is a large cabinet next to the fridge. Nicole plans to take it out so that she can have more space to move around in when she cooks. She has asked her brother to help her remove it because he is big and strong enough to carry it.

Question: How does Nicole plan to change her kitchen?

全文訳 ニコルは彼女の小さなキッチンで料理をすることをもっと簡単にしたいと思っている。冷蔵庫の横に大きな戸棚がある。料理をする際に動き回るスペースをもっと確保できるようにニコルはその戸棚を運び出す計画を立てている。彼女は兄［弟］にそれを移動させるのを手助けしてほしいと頼んだ。なぜなら彼はそれを運ぶのに十分なほど体が大きく，力が強いからだ。

Q：ニコルは彼女のキッチンをどのように変えようと計画しているか。

選択肢の訳
1 彼女は壁を塗るつもりだ。
2 彼女は戸棚を移動させるつもりだ。
3 彼女は冷蔵庫を動かすつもりだ。
4 彼女はより大きなオーブンを手に入れるつもりだ。

解説 第3文にNicole plans to take it out so that she can have more space to move aroundとあり，itは前文のa large cabinetを指すので，ニコルが戸棚を運び出そうとしていることがわかる。take outが最終文や選択肢ではremoveと言い換えられている。

No.30 解答 3

放送英文 Your attention, please. One of our staff members has found a bag near Entrance B2. It can be collected at the main office on the first floor. If you have lost a bag, please come to the main office. We would like to remind passengers to keep an eye on their baggage at all times. Please do not leave baggage behind on the platform.

Question: Why is this announcement being made?

全文訳 お客様にお知らせいたします。私たちのスタッフの1人が入場口B2の近くでバッグを見つけました。1階のメインオフィスで受け取ることができます。もしバッグを紛失された方がいらっしゃいましたら，メインオフィスまでお越しください。乗客の皆様には，お荷物から常に目を離されませんよう改めてお知らせいたします。プラットホームにはお荷物を置き忘れないでください。

Q：なぜこのアナウンスは流されているのか。

選択肢の訳
1 駅に新しいプラットホームができたから。

2　入場口 B2 は修繕のために閉鎖されているから。

3　バッグがスタッフによって見つけられたから。

4　1 階が清掃中だから。

解説　第 2 文と第 3 文に One of our staff members has found a bag near Entrance B2. It can be collected at the main office on the first floor. とあるので，このアナウンスがスタッフによって見つけられたバッグがメインオフィスに保管されていることを知らせるものだとわかる。

全文訳 **食品についての学び**

最近，多くの人々が食品の安全性により注意を払っている。このため，日本中の食品会社は自社の製品についてより多くのことを顧客に知ってもらおうとしている。これらの会社の多くは，食品がどのように作られているかについての情報を提供するためにウェブサイトを使っている。顧客はそのような情報を確認し，そしてそうすることで彼らは自分たちが購入する食品についてより多くのことを学ぶ。

質問の訳 No. 1 文章によれば，顧客は自分たちが購入する食品についてどのようにしてより多くのことを学ぶのか。

No. 2 では，絵を見てその状況を説明してください。20 秒間，準備する時間があります。話はカードにある文で始めてください。
〈20 秒後〉始めてください。

では，～さん（受験生の氏名），カードを裏返して置いてください。

No. 3 人々はあまりに簡単にインターネット上の情報を信じてしまうと言う人がいます。あなたはそれについてどう思いますか。

No. 4 今日，外国には日本食レストランがいくらかあります。これらのレストランの数は将来増えるとあなたは思いますか。
Yes. →なぜですか。　No. →なぜですか。

No.1

解答例 By checking information about how food is produced.

解答例の訳 「食品がどのように作られているかについての情報を確認することによって」

解説 最終文に Customers check such information, and by doing so they learn more about the food products they purchase. とあり，such information「そのような情報」を確認することで顧客は自分たちが購入する食品についてより多くのことを学んでいるとわかる。such information とはその直前の文で information about how food is produced と説明されているので，such information をその説明部分と入れ替える。質問は how「どのように」なので，By checking で始めて答えるとよい。

No.2

解答例 One day, Miki was talking to her father in the kitchen. She said to him, "I want to get a cookbook about pies." Later at a library, Miki was taking a book from the shelf. Her father was thinking of borrowing the book. The next day, Miki was cutting a pie.

Her father was thinking of setting the table.

解答例の訳 「ある日，ミキはキッチンで彼女の父親と話をしていました。彼女は彼に『パイについての料理の本を手に入れたい』と言いました。その後図書館で，ミキは本棚から 1 冊の本を取り出していました。彼女の父親はその本を借りることを考えていました。次の日，ミキはパイを切っていました。彼女の父親はテーブルを整えることを考えていました」

解説 1 コマ目は，指示された文で説明を始め，その後にミキのせりふを She said to him, の後に続ける。2 コマ目は，まずミキの行動を過去進行形で描写し，次に吹き出しの中に描かれているミキの父親の考えを説明する。3 コマ目は，まずミキがパイを切っていることを説明し，次に吹き出しの中に描かれている父親の考えを描写する。

No.3

解答例 I agree. Many people think that all online information is true. They sometimes share false information with their friends.

解答例の訳 「私もそう思います。多くの人がオンライン上の全ての情報が正しいと考えています。彼らは時々誤った情報を友だちと共有します」

解答例 I disagree. Most people look carefully for websites they can trust. They know that some information on the Internet isn't true.

解答例の訳 「私はそうは思いません。ほとんどの人は信じることができるウェブサイトを注意深く探します。彼らはインターネット上の情報には正しくないものがあるということを知っています」

解説 まず冒頭で賛成（I agree）か反対（I disagree）かを明確にし，その後にそれをサポートする理由や具体例を 2 文程度で述べるとよい。解答例のように実際に見聞きした具体例を添えると説得力が増す。

No.4

解答例 （Yes. と答えた場合）

I think more people want to try Japanese dishes. They think that Japanese food is good for their health.

解答例の訳 「もっと多くの人が日本食を試してみたいと考えていると思います。日本食は健康に良いと彼らは考えています」

解答例 （No. と答えた場合）

There are already many Japanese restaurants abroad. Also, many people think that Japanese food is too expensive.

解答例の訳 「すでに多くの日本食レストランが海外にはあります。また，日本食は高過ぎると多くの人が考えています」

解説 ここでも Yes か No かの立場をまず初めに明確にし，その立場を支持する理由を 2 文程度で説明することが重要である。解答例以外でも Yes

の場合は，具体的に寿司やてんぷらなどの人気を指摘してもよいだろう。Noの場合は，日本食には調理が難しいものもあること（Some Japanese foods are difficult to cook.）などを指摘してもよいだろう。

二次試験・面接　問題カード B 日程　問題編 p.66～67　▶MP3 ▶アプリ ▶CD 1 79～82

全文訳　**重要な場所を守ること**

今日，世界遺産としてリストに載せられる場所が増えている。しかし，世界中で多くの自然災害が起きている。それらによって深刻な損害を被ったため，修復に多くの労力を必要としている世界遺産がある。世界遺産を良い状態に保つために地域社会が協力していく必要がある。未来の世代のためにそのような場所を管理していくことは重要である。

質問の訳　No. 1　文章によれば，なぜいくつかの世界遺産は修復に多くの労力を必要としているのか。

No. 2　では，絵を見てその状況を説明してください。20 秒間，準備する時間があります。話はカードにある文で始めてください。
〈20 秒後〉始めてください。

では，～さん（受験生の氏名），カードを裏返して置いてください。

No. 3　自然の中の美しい場所を訪れる観光客の数を規制するべきだと言う人がいます。あなたはそれについてどう思いますか。

No. 4　今日，多くの学校がボランティア活動をする時間を生徒に与えています。学校は生徒にボランティア活動をする時間を与えるべきだとあなたは思いますか。
Yes. →なぜですか。　　　No. →なぜですか。

No.1

解答例　Because they have been seriously damaged by natural disasters.

解答例の訳　「なぜならそれらは自然災害によって深刻な損害を被ったからです」

解説　第 3 文に Some World Heritage sites have been seriously damaged by them, so they require a lot of work to repair. とあり，them「それら」によっていくつかの世界遺産が深刻な損害を被ったため修復に多くの労力を必要としていることがわかる。them は，その直前の文の natural disasters を指しているので，them を natural disasters に直す。質問は why「なぜ」なので，Because で始め，主語の some World Heritage sites は繰り返しを避けるために they にするとよい。

No.2

解答例　One day, Mr. and Mrs. Ito were talking about their trip. Mr. Ito said to his wife, "I'd like to go to see an old castle." On the morning of the trip, Mrs. Ito was making sandwiches. Mr. Ito was thinking of putting their bags in the car. Later at the castle, Mr. Ito was looking at a map. Mrs. Ito was asking a man to take a picture of her and her husband.

解答例の訳 「ある日，イトウ夫妻は彼らの旅行について話をしていました。イトウさんは彼の妻に『私は古い城を見に行きたい』と言いました。その旅行の日の朝，イトウさんの妻はサンドイッチを作っていました。イトウさんは彼らのかばんを車の中に入れることを考えていました。その後城で，イトウさんは地図を見ていました。イトウさんの妻は男性に彼女と夫の写真を撮ってくれるように頼んでいました」

解説 1コマ目は指示された英文で始め，その後にイトウさんのせりふを Mr. Ito said to his wife, の後に続ける。2コマ目は On the morning of the trip, で始め，イトウさんの妻の動作を過去進行形で描写し，次に吹き出しの中に描かれているイトウさんの考えを説明する。3コマ目は Later at the castle, で始め，イトウさんが地図を見ている様子を描写し，次に吹き出しの中のイトウさんの妻の発言内容を説明する。

No.3

解答例 I agree. Some of these areas are damaged by many visitors. They leave a lot of trash at these areas.

解答例の訳 「私もそう思います。多くの訪問者によって損害を被った地域があります。彼らはこれらの場所で多くのゴミを残していきます」

解答例 I disagree. People should be allowed to visit these places at any time. Most people are careful not to damage such places.

解答例の訳 「私はそうは思いません。これらの場所をいつでも訪れることを人々は許されるべきです。ほとんどの人はそのような場所を傷つけないように注意を払っています」

解説 賛成か反対かを明確に述べた後，それを支持する理由を2文程度で説明する。解答例以外にも賛成の場合は，多くの人が訪れたため，水質が低下したビーチもある（On some beaches, water quality has worsened because of too many visitors.）としてもよいだろう。また反対の場合は，日焼け止めを禁止して，水質を落とさないようにしているビーチもある（Some types of sunscreen are not allowed on some beaches to keep the water clean.）などの具体例を出すとよいだろう。何か具体例を1つ添えると説得力が増す。

No.4

解答例 （Yes. と答えた場合）

These activities give students chances to help their communities.

Also, they can learn important skills from volunteer activities.

解答例の訳 「これらの活動は生徒に彼らの地域社会を助ける機会を与えます。また，彼らはボランティア活動から大切なスキルを学ぶことができます」

解答例 （No. と答えた場合）

Students need to focus on studying for their classes. This is more important for their future.

解答例の訳 「生徒は授業のための勉強に集中する必要があります。これは彼らの将来にとってより重要です」

解説 ここでも Yes か No か，自分の立場を明確にして，それを支持する理由を 2 文程度で述べるとよい。解答例以外にも賛成の場合は，これらの活動はほかの人への思いやりを育てる（These activities nurture a sense of caring for others.）と答えてもよいだろう。また反対の場合は，生徒はボランティア活動を強制されるべきではない（Students should not be forced to do volunteer activities.）と述べてもよいだろう。

2021-3

解答一覧

一次試験・筆記

1

(1)	3	(8)	2	(15)	2
(2)	3	(9)	2	(16)	1
(3)	1	(10)	1	(17)	1
(4)	3	(11)	1	(18)	3
(5)	3	(12)	4	(19)	3
(6)	3	(13)	1	(20)	2
(7)	1	(14)	2		

2 A

(21)	1
(22)	2
(23)	3

2 B

(24)	3
(25)	4
(26)	2

3 A

(27)	4
(28)	4
(29)	2

3 B

(30)	3
(31)	2
(32)	1
(33)	4

3 C

(34)	1	(36)	3	(38)	2
(35)	2	(37)	2		

4　解答例は本文参照

一次試験・リスニング

第1部

No. 1	3	No. 6	4	No.11	2
No. 2	4	No. 7	4	No.12	1
No. 3	1	No. 8	2	No.13	3
No. 4	3	No. 9	2	No.14	4
No. 5	3	No.10	4	No.15	2

第2部

No.16	1	No.21	1	No.26	2
No.17	3	No.22	4	No.27	4
No.18	3	No.23	2	No.28	1
No.19	2	No.24	3	No.29	2
No.20	3	No.25	1	No.30	4

一次試験・筆記 1

問題編 p.70〜72

(1) ―解答 3

訳　先週，稀少な鳥が動物園から逃げた。それは本日ついに**捕獲され**，動物園へ連れ戻された。

解説　空所後で逃げた鳥が動物園に連れ戻されたことが述べられていることから，その鳥がcaptured「捕獲された」ことがわかる。prove「～を証明する」，accuse「～を非難する」，neglect「～を無視する」

(2) ―解答 3　正答率 ★75%以上

訳　A：私たちが旅行へ出かける前に，母に電話をすることを私**に思い出させ**てくれないかな。忘れてはならないんだ。

B：ええ，もちろん。

解説　空所後でAは「忘れてはならない」と発言している。このことから，remind「～に思い出させる」が最も自然である。expect「～を期待する」，distract「～の気を散らす」，disturb「～の邪魔をする」

(3) ―解答 1

訳　ビルは，新しく入ってきた女の子が彼に興味を持っているかどうか確信がなかった。彼は**ためらいがちに**彼女をデートに誘い，彼女が「イエス」と言ったときには喜んだ。

解説　空所前で，ビルはその女の子が彼に興味があるかどうか確信がないと述べられていることから，彼はhesitantly「ためらいがちに」彼女をデートに誘ったと考えられる。academically「学問的に」，spiritually「精神的に」，terribly「ひどく」

(4) ―解答 3

訳　A：去年よりもおよそ20パーセント売り上げが増加したとルークは私に話してくれた。ウェンディ，その**正確な**量を私に教えてくれないか。

B：私たちの売り上げは正確には21.8パーセント増加しました。

解説　Bが正確な割合をAに知らせていることから，Aがprecise「正確な」量を知りたかったことが推測される。intense「強烈な」，endless「終わりのない」，frequent「頻繁な」

(5) ―解答 3

訳　良い教師は生徒に勉強させるために，脅しよりも**説得**という手段をいつも用いる。

解説　生徒に勉強させるための手段としてthreat「脅し」と対比されるものとしては，persuasion「説得」が選択肢の中では最も自然である。immigration「移住」，organization「組織」，admission「入場」

(6) —解答 3

訳 シルビアはカナダへ旅行に行く前に，彼女や彼女の荷物に何かが起きた場合に備えて，確実に海外旅行のための良い保険に入るようにした。

解説 何かが起こる場合に備えて旅行前に加入するものは insurance「保険」しかない。violence「暴力」，affection「愛情」，punishment「罰」

(7) —解答 1

訳 A：ボブはあなたの科学の宿題を手伝うことができた？

B：実は，彼は私を混乱させただけなんだ。私には彼の複雑な説明が理解できなかったよ。

解説 空所後に B はボブの複雑な説明が理解できなかったと述べていることから，ボブが B を confused「～を混乱させた」ことがわかる。promote「～を促進する」，arrest「～を逮捕する」，locate「～の位置を突き止める」

(8) —解答 2

訳 その美術館はすぐにその絵画を展示したかったのだが，それを展示できる前に，所有者が許可を与えるまで待たなければならなかった。

解説 the art gallery「美術館」，the painting「絵画」という単語を結びつける動詞として最も自然なのは exhibit「～を展示する」である。combine「～を結びつける」，imitate「～をまねる」，overcome「～を克服する」

(9) —解答 2

訳 A：ホールデン先生，授業に遅れてすみません。言い訳のしようもありません。今朝寝坊してしまっただけです。

B：そうですね，スティーブン，たぶんあなたはもっと早く寝るようにすべきですよ。

解説 A は先生に対して，寝坊して遅刻したことを正直に報告している。このことから A には遅れたことに正当な excuse「言い訳」がないことがわかる。device「装置」，applause「拍手」，resource「資源」

(10)—解答 1 正答率 ★75%以上

訳 カナダの幹線道路 401 号線は，北アメリカで最も交通量の多い道路である。毎日，およそ 42 万台の車両がそこを通る。

解説 第 1 文で幹線道路 401 号線の話をしている。そこを通るのは vehicles「車両」である。tube「管」，rival「競争相手」，desert「砂漠」

(11)—解答 1

訳 特大サイズの飲み物を注文する客はほんの少しだったので，そのファストフードレストランは，それらを廃止した。現在，飲み物はより小さくなり，食べ物と一緒に飲み物を注文する客が増えている。

解説 空所後で飲み物のサイズが小さくなったことが述べられているので，そのレストランは特大サイズを did away with「～を廃止した」ことがわかる。keep on「～し続ける」, go in「～に入る」, get on「～に乗る」

(12)—解答 4

訳 A：京都を訪れた後，明日は仙台の観光に行かない？

B：地図を見てみなよ！　その２つの場所はお互いに遠く離れ過ぎているよ。それはうまくいかないよ。

解説 京都と仙台は遠く離れているので２つの都市を１日で観光する計画は work out「うまくいく」とは考えられない。live on「生き続ける」, account for「～を説明する」, cope with「～に対処する」

(13)—解答 1

訳 グレッグの父親はグレッグに魚釣りのやり方を教えた。そしてグレッグは，今度は彼の息子に教えるつもりである。

解説 文の前半は過去の事実を表し，後半は未来の計画を述べているので，その２つを結びつけるものは，in turn「今度は」が適切である。in touch「接触して」, by chance「偶然に」, by heart「暗記して」

(14)—解答 2

訳 アレックスはコンピューターとインターネットに非常に興味があったので，大学で法律を学んだ後，オンライン犯罪を専門とすることにした。

解説 studying law「法律を学ぶこと」, online crime「オンライン犯罪」などの語句から specialize in「～を専門とする」を選ぶのが自然である。complain of「～について不満を言う」, differ from「～と異なる」, bound for「～行きの」

(15)—解答 2

訳 リチャードの先生はリチャードに，ほかの生徒の邪魔をするのをやめるように言った。もし彼が好ましくない行動をあくまで続けるのならば，彼を校長室に送ると彼女は告げた。

解説 校長室に送られるということは，好ましくない行動を persist in「～をあくまで続ける」場合と考えられる。wear out「～を疲れさせる」, rely on「～を頼りにする」, make for「～に向かって進む」

(16)—解答 1

訳 電力会社は，ネズミが停電の原因であると言った。その動物は，家々と電力供給網をつないでいるワイヤーを食いちぎってしまっていた。

解説 第２文でネズミが電力供給網をつないでいるワイヤーを食いちぎってしまったことが述べられているので，停電についてはネズミが be to blame for「～に対して責任がある，～の原因である」と考えるのが自然である。begin at「～から始まる」, add to「～を増加させる」, act on「～に基づいて行動する」。blackout「停電」という語にも注意。

(17)—解答 1

訳 アーノルドは，彼の娘が彼に似ていると思っている。彼らの目は同じ色であり，彼女の鼻も彼のものと同じ形をしている。

解説 第2文で目の色と鼻の形が同じであると述べられていることから，彼の娘が彼に takes after「～に似ている」ことがわかる。fall down「落ちる」，lie off「（船が）（陸地などから）離れた所に位置する」，see in「（新年）を迎える」

(18)—解答 3

訳 ミサキの家族は，彼女が少女だったときに，アメリカに引っ越した。来年には，ミサキは彼女の人生の半分以上をそこで暮らしていることになるだろう。

解説 〈will have＋過去分詞〉は未来完了形で，未来のある時までの動作の継続，経験，完了を表す。ここでは，未来のある時（来年）までの動作の継続（ずっと暮らしていることになるだろう）を表す。

(19)—解答 3

訳 その手紙は，ハンフリーズ氏のクレジットカードの申請が受理されなかったことを当銀行は残念ながらお知らせしますと告げていた。

解説 regret to *do* で「残念ながら～する」という意味になる。I regret to inform you that ...「残念ながら…をお知らせします」という定型表現でよく使われる。

(20)—解答 2 正答率 ★75%以上

訳 クリスはその街のサッカー選手権のためにこれまで一生懸命に訓練をしてきている。彼は毎日5キロもの距離を走り，ジムでのトレーニングに1時間以上を費やしている。

解説 no less than ～「～ほど多くの」が適切。as many as ～で書き換えることができる。not less than ～になると「少なくとも～」という意味になる。

一次試験・筆記 2 問題編 p.74～77

A 全文訳 音楽に対する感受性

ドイツの作曲家，ルートヴィヒ・ファン・ベートーベンの音楽は，何世代にもわたる聴衆に幸福を与えてきた。しかしながら，よく知られているように，ベートーベンは20代後半に自身の聴力を失い始めた。彼が44歳になるときまでには，耳が不自由になり，どんな音もほとんど聞こえなくなった。たとえそうだとしても，彼は作曲することをやめなかった。そして彼の最も有名な作品のいくつかは彼が聴力を失った後に作曲された。

ベートーベン生誕250周年を祝うために，ハンガリーのオーケストラの指揮者マテ・

ハモリは，いくつかの特別なコンサートを開催した。彼はベートーベンの音楽を楽しんでもらえるように耳の聞こえない人々のグループをコンサートに招いた。その音楽を「聞く」ために，聴衆の何人かは演奏家の隣に座り，手を楽器の上に置いた。こうすることによって，耳の聞こえない人々は演奏されているときに楽器によって作られる振動を感じることができた。ほかの聴衆は空気中の音楽の振動を感じることを可能にする風船を手に持っていた。彼らは音楽を経験するために触覚を使うことができた。

そのコンサートは成功した。赤ちゃんのときから耳が聞こえなかった67歳の女性，ジュジャンナ・フォルディはこのようにしてベートーベンの交響曲第5番を「聞く」ことができたとき，喜びの涙を流した。ハモリのアイデアは独特ではあったが，それは彼自身が考えたものではなかった。ベートーベンは耳が聞こえなくなりかけていたとき，作曲をする際にピアノを使った。彼は，その楽器が指先を通して彼に音楽を感じさせることに気づいた。ハモリはベートーベンのアイデアを採用し，同じ困難に直面している人々がその作曲家の音楽を楽しむことができるように，それを利用した。

(21)—解答 1

解説 空所前では44歳までにベートーベンはほとんど耳が聞こえなくなっていたことが，空所後では彼は作曲することをやめなかったことがそれぞれ述べられている。この2つの事実を結びつける接続語句としてはEven so「たとえそうだとしても」が最も適切である。

(22)—解答 2 正答率 ★75%以上

解説 空所前では，耳の聞こえない聴衆が楽器を手で触ってその振動を感じたり，風船を手に持って空気中の音楽の振動を感じたりしたことが述べられている。つまり彼らはtheir sense of touch「彼らの触覚」を使って音楽を楽しんだということである。

(23)—解答 3

解説 第2段落と第3段落では，聴覚を失ったベートーベンが使った方法をハモリが採用して，耳の聞こえない聴衆にコンサートで音楽を感じてもらったことが述べられている。空所前のpeopleは耳の聞こえない聴衆のことを指しており，彼らをface the same challenge「(ベートーベンと) 同じ困難に直面している」と言い換えた**3**が正解となる。

B 全文訳 食塩水

寒い冬が訪れる場所では，雪と氷は交通事故を引き起こす可能性がある。それらを防ぐために，冬には塩がしばしば道路上にまかれる。これが行われるのは，塩が，0℃よりも低い温度で氷が溶けるのを可能にするからだ。例えば，10%の食塩水は氷の融解温度を0℃からマイナス6℃まで下げる。20%の食塩水はこの温度をさらにマイナス16℃まで下げる。しかし，このように塩を使うことは望ましくない結果をもたらす。車，道路，そして自然環境さえも塩によって損害を受ける可能性がある。

研究によって，塩が道路上で使われるとそれはただ消え去るわけではないことが示されている。そうではなく，それは溶けた氷によって地中へと運ばれる。その塩の多くは最終的には湖や川に至り，そこの水生植物や魚，ほかの生物に害を与える可能性がある。例えば，高濃度の塩は稚魚のサイズを最大で３分の１にまで減少させることがある。さらに塩は，水中の生物種に害を与えるだけでなく，人々が飲む水にも影響を与えるバクテリアの増加を引き起こす可能性がある。

これらの問題を避けるために，塩の代わりになる自然のものが試されている。１つの考えは，氷を溶かすためにビートと呼ばれる野菜からとれるしぼり汁を使うことである。しかしながら，ビートのしぼり汁は自然ではあるけれども，それは湖や川の酸素量を減少させ，そのために植物や魚は生存するのが難しくなる。これは解決するのが簡単な問題ではないが，研究者たちは氷を溶かすための異なる方法を試し続けている。運が良ければ，彼らは交通事故防止に役立つが環境に損害を与えない物質を見つけることができるだろう。

(24)―解答 3 　正答率 ★75%以上

解説　空所直後の文で，車，道路，そして自然環境さえも塩によって損害を受ける可能性があることが述べられている。このことから塩の使用は has unwanted effects「望ましくない結果をもたらす」ということが推察される。

(25)―解答 4

解説　空所直後で，塩の行方について，溶けた氷によって地中へと運ばれるという記述がある。つまり塩は does not just disappear「ただ消え去るわけではない」ということがわかる。

(26)―解答 2

解説　空所の直前では研究者たちが氷を溶かす異なる方法を試し続けていることが，空所直後では研究者たちが環境に損害を与えない物質を見つけることができるだろうということが，それぞれ述べられている。この２つの事柄を結びつけるのに最適な接続語句は With luck「運が良ければ」しかない。In reality「実際には」，Like before「以前のように」，By then「そのときまでには」。空所直後の will に引っ張られて，By then を選ばないように注意。

一次試験・筆記　3　問題編 p.78～84

A　全文訳

発信人：エイミー・ゴードン <a.gordon@g-kelectronics.com>
宛先：顧客サービス部の職員一同 <customerservicestaff@g-kelectronics.com>
日付：1月23日
件名：人事異動

顧客サービス部の職員の皆様

先週の金曜日に行われた会社のパーティーを皆さんは楽しんだことと思います。私は本当に楽しい時を過ごしました。グランドホテルはパーティーをするには完璧な場所だったと私は思います。皆さんの何人かは，私たちが行ったビンゴゲームで賞品を勝ち取っていることを忘れないでください。販売部のスティーブ・ミラーが言うには，彼が賞品を持っているそうですから，ビンゴゲームに勝った人は，彼のもとへ行って賞品を受け取ってください。

本日はほかにもいくつかお知らせがあります。6人の新人が来月私たちの会社に入社します。彼らの全員が最近大学を卒業したばかりで，そのうちの2人が顧客サービス部に来て私たちと一緒に働くことになります。ケント・ガーディナーも同時期に私たちの部門に移動してくるので，合わせて3人の新しい同僚が加わることになります。彼は，G&Kエレクトロニクスのデザイン部で10年間働いてきていますから，あなた方の多くがすでに彼を知っていることと思います。

ほかに2つの人事異動もあります。経理部部長のピーター・スミスが来月末で退職します。ピーターはG&Kエレクトロニクスで40年以上働いてきました。2月28日の午後5時に会議室Aで彼の引退セレモニーが短時間行われます。また，来週より，まもなく赤ちゃんが生まれるので，レイチェル・マーティンが6か月間休職します。

以上，よろしくお願いします。

エイミー・ゴードン

顧客サービス部部長

(27)— 解答 4

質問の訳　エイミー・ゴードンは最近の会社のパーティーについてどのように考えていたか。

選択肢の訳
1 もし販売部がそこにいたら，もっと良かっただろう。
2 ビンゴゲームを何回か行えば楽しかっただろう。
3 今年の賞品は昨年のものよりも良かった。
4 場所の選択がそのパーティーにとってまさにぴったりだった。

解説　第1段落第3文にthe Grand Hotel was the perfect place to have itとあり，エイミーはパーティーの場所の選択が完璧だったと考えていたことがわかるので，正解は**4**となる。選択肢のjust right for itのitはthe recent company partyを指す。

(28)— 解答 4

質問の訳　来月何が起こるか。

選択肢の訳
1 何人かの大学生がその会社でボランティアとして働くだろう。
2 ケント・ガーディナーはデザイン部に異動するだろう。
3 その会社の社員は10年間で初めてのボーナスを得るだろう。
4 3人が顧客サービス部に加入するだろう。

解説　第2段落第2文～第4文に，来月2人の新卒が配属になり，デザイン部からは1人が異動してきて，合計3人の新しい同僚が加わることが述べられている。よって正解は**4**となる。

(29)— 解答 2 正答率 ★75%以上

質問の訳 来週，レイチェル・マーティンは

選択肢の訳
1 40年以上働いた後，その会社を退職するだろう。
2 子どもが生まれるので，しばらく仕事を離れるだろう。
3 その会社の経理部の部長になるだろう。
4 ピーター・スミスのための特別なイベントの企画を担当するだろう。

解説 第3段落最終文にRachel Martin will take six months offとあり，レイチェルがしばらく休職することがわかるので，正解は**2**。選択肢ではtake six months offがleave work for a whileと言い換えられている。

B 全文訳 最初の歩み

動物には2つの主要なグループがある。背骨を持つものと持たないものである。背骨を持つ動物は脊椎動物として知られている。最初に発生した脊椎動物は魚類であり，長い間それらは唯一の脊椎動物であった。そして，およそ3億7,400万年前，これらの魚類のいくつかが海から出て，陸で生息し始めた。これらが最初の「四肢動物」となった。四肢動物とは，四肢――動物の種類によるが，脚と翼または腕――と背骨を持つ生物である。四肢動物の例には，爬(は)虫類，鳥類，そして人類のような哺乳類が含まれる。

脊椎動物の海から陸への移動は，地球上の生命の歴史において最も重要な出来事の1つであると考えられている。もっとも今日でさえ，これがどのように起きたかについては正確にはほとんどわかっていない。この理由の1つは，魚が四肢動物へと進化しつつあった時代の化石が，比較的少数しか残っていないからである。しかしながら，カナダにおいて古代魚の完全な化石が最近になって発見されたことが，この変化がどのように起きた可能性があるかについての新しいヒントを与えることとなった。

その化石はエルピストステガリアンと呼ばれる，長さ1.6メートルの魚のものである。見た目が少しワニに似ていて海岸近くに生息していたのだが，科学者たちはかねてから，これらの魚が四肢動物の先祖の1つであると考えていた。その魚は前に2つ，後ろに2つ，合わせて4つのひれを持っており，これらが四肢動物の四肢に発達したのかもしれない。カナダのケベック州にあるミグアシャ国立公園で完全な化石が発見されたことで，科学者たちはエルピストステガリアンの前ひれをまさに初めて調べることができるようになった。

この古代魚の前ひれには陸上動物の手の骨のようなものがあることを科学者たちは発見した。普通，ひれには骨が全く含まれない。科学者たちは，魚が浅瀬にいたときに体を支えられるようにこれらの骨が発達したと考えている。言い換えれば，海を離れる前でさえ，魚は手と足を発生させ始めていたのである。これにより，エルピストステガリアンが魚と四肢動物の間を結ぶものの1つである可能性は，より高まっている。

(30)—解答 3

質問の訳 「四肢動物」は

選択肢の訳
1 最初期の魚類へと発達した動物のグループである。
2 腕と脚を発達させた背骨を持たない唯一の動物である。
3 背骨と，歩くことや飛ぶことを可能にする四肢を持った動物である。
4 およそ3億7,400万年前に海と陸上の両方に生息していた動物である。

解説 第1段落第6文にA tetrapod is a creature which has four limbs—legs and either wings or arms, depending on the kind of animal—and a backbone. とあり，四肢動物とは背骨と四肢を持った動物のことを指すということがわかる。

(31)—解答 2

質問の訳 なぜ人々は，どのようにして脊椎動物が最初に陸上に住み始めたかについて確信が持てないのか。

選択肢の訳
1 そのころ陸上がどのような状態だったかについての手掛かりがほとんど見つかっていないから。
2 この変化が起きた時期の化石の証拠があまり多くないから。
3 いくつかの異なる方法でそれが起きたことを古代魚の化石が示しているから。
4 この重要な出来事が正確にいつ起きた可能性があるのかについて専門家は確信を持てていないから。

解説 第2段落第3文にOne reason for this is that relatively few fossils remain from the time when fish were evolving into tetrapods. という記述があり，この進化が起きた時期の動物の化石が少数しか残っていないということがわかる。

(32)—解答 1

質問の訳 エルピストステガリアンと呼ばれる動物は

選択肢の訳
1 陸地に近いところに生息していた大型動物の一種であった。
2 ワニを食べることを好む初期の四肢動物であった。
3 ひれと脚の両方を持った四肢動物から発達した。
4 カナダで1匹が見つかるまでは科学者たちには知られていなかった。

解説 第3段落第1文にその大きさが1.6メートルという記述が，第2文のwhichから始まる節にその生息場所が海岸の近くであるという説明がそれぞれあることから，正解は**1**に絞られる。

(33)—解答 4

質問の訳 エルピストステガリアンの化石を調べたとき，科学者たちは何を発見したか。

選択肢の訳
1 エルピストステガリアンの骨は深海で生き抜くのに十分なほど強く

なかった。

2　エルピストステガリアンの手と脚はそれが海を出た後しばらくして発達したに違いない。

3　エルピストステガリアンは水生動物と陸上動物の間を結ぶものの1つであったはずがない。

4　エルピストステガリアンはそのひれに骨があったので，ほかの魚とは異なっていた。

解説　第4段落第1文にこの古代魚の前ひれには骨があることが，そして第2文に通常の魚のひれには骨が含まれないことがそれぞれ述べられている。つまりエルピストステガリアンのひれに骨があることがこの魚と他の魚を決定的に分けている要因であることがわかる。

C　全文訳　絶品の果物

今日，パイナップルは世界中で最も人気のある果物の1つである。しかし長い間，世界のほとんどの場所で，それらはとても珍しいものであった。パイナップルは南アメリカ原産である。初めは，現在ブラジルとパラグアイの一部である地域で自生していた。自然な甘みによって，それらは先住民のお気に入りとなった。それらは南アメリカの沿岸部とカリブ諸島に住んでいたカリブ人に，特に人気だった。

パイナップルを見つけた最初のヨーロッパ人の1人は探検家のクリストファー・コロンブスであった。1493年の，2回目のアメリカへの航海のときに，彼はカリブ海のグアドループ島でいくつかのパイナップルを見つけた。彼はそれらをスペインへ持ち帰り，フェルディナンド王に献上した。その当時ヨーロッパでは，砂糖はほとんどなく，果物は1年の短い間だけしか手に入らなかった。王はパイナップルを味わい，それが全ての果物の中で最も美味なものであると宣言した。以前は知られていなかったこの果物のニュースは，またたく間にヨーロッパ中に広まった。

残念ながら，当時，南アメリカからヨーロッパへの旅は1カ月以上かかったため，パイナップルは目的地に着く前にたいていは腐ってしまった。ヨーロッパ人は，代わりに，ヨーロッパでパイナップルを栽培する方法を見つけようとした。オランダ人とイギリス人は，パイナップルが生長できるよう温められた温室を建てた。温室を温かい状態に保つためには大量の燃料が必要とされ，また，1つのパイナップルが食べられるようになるまでには4年もの歳月がかかった。パイナップルを栽培することは，大金持ちの人々の趣味となり，パイナップルは地位の象徴となった。それらは，食用というよりは，装飾用にしばしば使われた。

その独特な形状と地位のために，パイナップルは美術とデザインの世界においても人気のある表現対象となった。今日でさえ，イギリスの大きな古い邸宅の庭で，たくさんのパイナップルの石像を見つけることができる。蒸気船が発明された後，南アメリカからヨーロパへ航海をするのはとても速くなった。パイナップルの輸入が増え，一般人でも買えるくらいに値段が下がった。結果として，パイナップルはそのぜいたくなイメージを失い，世界中で親しまれるありふれた果物となった。

(34)—解答 1

質問の訳　もともとパイナップルは

選択肢の訳
1　わずかな場所でしか自生していなかったので，多くの人にとっては手に入れるのが難しかった。
2　南アメリカの先住民によって甘過ぎると考えられていた。
3　カリブの人々によってブラジルやパラグアイのような国々に持ち込まれた。
4　家畜のエサとしてカリブ諸島の人々に使われていた。

解説　第1段落第2文にFor a long time, though, in most parts of the world, they were extremely rare.とあり，世界のほとんどの地域でパイナップルがとても手に入りにくかったということがわかる。よって正解は**1**となる。

(35)—解答 2

質問の訳　フェルディナンド王がパイナップルを試食した後，何が起きたか。

選択肢の訳
1　彼はクリストファー・コロンブスに，アメリカに戻ってもっとパイナップルを持ち帰るように命令した。
2　この馴染みがないがおいしい果物についての話がヨーロッパ中で聞かれた。
3　ヨーロッパの探検家たちはさらにもっとおいしい果物を求めて世界中を探し始めた。
4　王は，人々がもっと果物を食べれば，もっと健康になることに気づいた。

解説　第2段落第5文と第6文に，王がパイナップルを試食し，それが最も美味な果物であることを宣言したことがヨーロッパ中にまたたく間に広まったという記述があることから正解は**2**となる。

(36)—解答 3

質問の訳　なぜヨーロッパ人はヨーロッパでパイナップルを栽培する方法を探したのか。

選択肢の訳
1　南アメリカでパイナップルを栽培した人々と同じくらい裕福になるため。
2　海賊が彼らの船を攻撃し，彼らの貴重な果物を奪い取ることを止めるため。
3　ヨーロッパに到着したとき，パイナップルの多くがもはや新鮮ではなかったため。
4　南アメリカからパイナップルを輸送するために，非常に多くの燃料が必要とされたため。

解説　第3段落第1文から第2文にかけて，当時，南アメリカからヨーロッパまで航海するのは1カ月以上かかり，その間にパイナップルはたいてい腐ってしまったので，ヨーロッパ人はヨーロッパでパイナップルを育てる方法を探したということが述べられている。

(37)—解答 2

質問の訳　何がヨーロッパのパイナップルの値段を引き下げたのか。

選択肢の訳
1 南アメリカよりもヨーロッパに近い場所にパイナップル農園が作られた。
2 南アメリカからヨーロッパへ航行するのにより短い時間で行ける船が発明された。
3 それらはとても普及したので，一般の人々はそれらを食べることに飽きてしまった。
4 人々が庭でそれらを育てることができるようにイギリスの天候が変化した。

解説　第4段落第3文から第4文にかけて，蒸気船の発明により，南アメリカからヨーロッパへの航海にかかる時間が短縮され，パイナップルの輸入が増えたことによってその値段が下がったことが説明されている。

(38)—解答 2

質問の訳　以下の記述のうち正しいのはどれか。

選択肢の訳
1 パイナップルの外見が独特であったので，それらを食べたくない人たちもいた。
2 パイナップルはかつて，人々がどれだけ裕福かを示す1つの手段であった。
3 南アメリカの地域で自生していたパイナップルは甘くなかった。
4 クリストファー・コロンブスの時代では，砂糖はヨーロッパで広く手に入れることができた。

解説　第3段落第5文にGrowing pineapples became a hobby for very rich people, and pineapples became a status symbol. という記述があり，パイナップル栽培は，かつてはお金持ちの趣味であり，地位の象徴であったことがわかる。

一次試験・筆記　4　問題編 p.84

トピックの訳　今日，日本ではクリスマスの間に使われる電飾のような装飾のための多くの照明が，たくさんの建物や公共の場所で使われています。これは良い考えだとあなたは思いますか。

ポイントの訳　安全　環境　観光業

解答例　I think it is a good idea that buildings and public areas have lights for decoration. First of all, these lights are a good way to increase the number of tourists. If many people come to see the decorations, they may buy souvenirs from shops and eat at the restaurants in the area. Second, bright lights will help prevent crimes at nighttime. In a bright area, it is easy to see people's faces and other things clearly. For these reasons, I think it is good for buildings and public areas to have lights for decoration.

解答例の訳 建物や公共の場所に装飾用の照明があることは良い考えだと私は思います。最初に，これらの照明は観光客の数を増やす良い方法です。もし多くの人々がその装飾を見に来れば，彼らは店で土産物を買い，その地域のレストランで食事をするかもしれません。2番目に，明るい照明は夜間の犯罪を防ぐことに役立ちます。明るい場所では，人々の顔やほかの物がはっきりと見えやすいです。これらの理由から，建物や公共の場所に装飾用の照明があることは良いことだと私は思います。

解説 まずは冒頭で賛成か反対か，自分の意見を明示することが重要である。I think / I don't think it is a good idea that 以下に TOPIC の表現をそのまま用いれば，主題文を簡単に作ることができる。次に POINTS の観点から自分がそのように考える具体的な理由を挙げていく。その際，First of all（または，First），Second といった標識になるつなぎ言葉を使うと構成が明確になる。そして最後に For these reasons で始めて，もう一度自分の意見を結論として述べる。冒頭で使った I think / I don't think の代わりに，I agree / I disagree や I believe / I don't believe などの異なる表現を使うと効果的である。解答例では，同意する例が挙げられているが，同意しない場合には，装飾用の照明は電気の無駄使いになる（Lights for decorations are a waste of electricity.）ことや，その電飾を見に来た観光客がごみを捨てて帰るので，近隣の人々が迷惑している（Visitors who come to see the lights leave their trash behind, and this causes trouble for the neighbors.）ことなどを理由として挙げるとよいであろう。

No.1 －解答 3
正答率 ★75%以上

放送英文 ☆：I heard that you moved into a new house last weekend, John.
★：Yeah, but I still have a lot of unpacking to do, Donna. And I really need to decide where to put all of my furniture by next week.
☆：Would you like some help? I have a lot of experience arranging furniture.
★：That'd be great. Thanks for offering.
Question: What does Donna offer to do for John?

全文訳 ☆：ジョン，先週末に新しい家へ引っ越したと聞いたわ。
★：ああ，でもまだやらなければならない荷ほどきがたくさんあるんだ，ドナ。それから来週までに全ての家具をどこに置くべきかを決める必要が本当にあるんだ。
☆：助けが必要かしら？　私は家具の配置をした多くの経験があるわ。
★：それは素晴らしい。助けを申し出てくれてありがとう。
Q：ドナはジョンのために何をすると申し出ているか。

選択肢の訳
1　彼を買い物に連れていく。
2　彼の箱に荷物を詰める。
3　彼が家具を配置するのを手伝う。
4　彼の新しい家を掃除する。

解説 女性の2番目の発言にWould you like some help? I have a lot of experience arranging furniture. とあり，女性には家具を配置した多くの経験があって，彼を助けようとしていることがわかる。

No.2 －解答 4
正答率 ★75%以上

放送英文 ☆：Hello?
★：Hi. I'd like to make an appointment to see the dentist this afternoon.
☆：OK. What seems to be the problem?
★：Well, one of my teeth really hurts, so I'd like to have it checked.
☆：All right. Dr. Campbell can see you at three o'clock.
Question: Why is the man calling Dr. Campbell's office?

全文訳 ☆：もしもし。
★：もしもし。今日の午後に歯医者の診察の予約をしたいのですが。
☆：承知いたしました。お加減の悪いのはどこでしょうか。
★：ええと，歯の1つが本当に痛むので，それを検査してもらいたいのです。

☆： かしこまりました。キャンベル医師が３時にあなたを診ることができます。
Q：男性はなぜキャンベル医師の診療室に電話をかけているのか。

選択肢の訳 **1** 薬をもらうため。
2 彼の歯医者を変えるため。
3 電話で助言をもらうため。
4 予約を取るため。

解説 男性の最初の発言にI'd like to make an appointment to see the dentist this afternoon. とあり，男性が歯医者の診察予約のために電話をしていることがわかるので，正解は**4**となる。

No.3 －解答 1 　正答率 ★75%以上

放送英文 ★： Hello.
☆： Hello, David. Traffic is very heavy right now and I'm going to be about 15 minutes late for lunch. Can you order a chicken sandwich for me?
★： Sure. I'm already here. Do you want the grilled chicken or the fried chicken? And do you want french fries? Or a salad?
☆： I want the grilled chicken with an order of french fries.
★： OK. I'll see you inside the restaurant. Drive safely.
Question: What will the man do for the woman?

全文訳 ★： もしもし。
☆： もしもし，デイビッド。今，道がとても混んでいるので，15分くらいランチに遅れると思うわ。私のためにチキンサンドイッチを注文してもらえるかしら。
★： もちろん。僕はもう着いているよ。グリルドチキンがいい？　それともフライドチキン？　フレンチフライは欲しい？　サラダは？
☆： グリルドチキンとフレンチフライがいいわ。
★： 了解。レストランの中で待っているよ。安全運転でね。
Q：男性は女性のために何をするか。

選択肢の訳 **1** 彼は彼女が食べたいものを注文するだろう。
2 彼は彼女の予約の時間を変更するだろう。
3 彼は早くレストランに行くだろう。
4 彼は彼女をレストランに車で連れていくだろう。

解説 女性が少し着くのが遅れるのであらかじめチキンサンドイッチを注文しておいてくれないか，と言っているのに対して男性はSure「もちろん」と答え，その後女性の欲しいものをさらに聞いている。ゆえに正解は**1**となる。

No.4 －解答 3

放送英文 ★： Excuse me, I lost my library card, and I'd like a new one.

☆： I can make you a new card, but I need to see your ID. Also, if you have any books checked out, you need to return them.

★： Well, I have my ID. I do have two books checked out for school, though.

☆： Sorry, but you have to bring them in. I can't make a new card before then.

Question: What does the woman tell the boy?

全文訳 ★： すみません，図書館のカードをなくしてしまったので，新しいものが欲しいのですが。

☆： 新しいものをお作りできますが，身分証明書を見せていただく必要があります。また，もしあなたが本を借りている場合は，それらを返却してもらう必要があります。

★： ええと，身分証明書ならあります。でも，2冊の本を学校のために借りています。

☆： 申し訳ありませんが，それらの本をお持ちいただかなければなりません。その前に新しいカードを作ることはできません。

Q：女性は少年に何と言っているか。

選択肢の訳 **1**　彼は新しい身分証明書を作るべきだ。

2　彼は学校のために本が必要だ。

3　彼は何冊か本を返す必要がある。

4　彼は図書館のカードを使うことができない。

解説 少年が2冊本を借りていると言ったのに対して，女性は新しい図書カードを作る前にその本を返却する必要がある，と少年に話している。会話の中の you have to bring them in が選択肢では He needs to return some books. と言い換えられている。

No.5 －解答 ③

(放送英文) ★： Excuse me. Is this your purse? I think you left it on the bus when you got off.

☆： Oh, it is! Thank you so much! I was in such a hurry to get to work that I must have left it behind.

★： It's lucky I saw it as I was getting off.

☆： Thanks again, I'm so happy you found it.

Question: What is one thing the woman tells the man?

全文訳 ★： すみません，これはあなたのハンドバッグですか。バスを降りるときに，それを置き忘れたんじゃないかと思うのですが。

☆： ええ，私のです！　本当にどうもありがとう！　仕事に行くのにあまりにも急いでいたので，置き忘れたに違いないわ。

★： 幸い，私がバスを降りるときにそれを見かけたんです。

☆：本当にありがとうございます。見つけていただき本当にうれしいです。
Q：女性が男性に話している１つのことは何か。

選択肢の訳
1　彼女は時間がわからない。
2　彼女はたいていバスには乗らない。
3　彼女はすぐに仕事に行く必要がある。
4　彼女はバスで彼を見かけた。

解説　女性の最初の発言に I was in such a hurry to get to work とあり，女性が仕事に行くのに急いでいたことがわかる。この部分が選択肢では She needs to be at work soon. と言い換えられている。

No.6 –解答　4

放送英文
★：Liz, can you help me with my computer?
☆：What's wrong? Are you having problems connecting to the Internet again?
★：No, it's worse than that. The computer won't even start up! It just beeps loudly when I press the power button, and then nothing happens.
☆：I don't think I can fix that. You'd better take it to a repair shop.
Question: What is one thing the man says about his computer?

全文訳
★：リズ，コンピューターのことで助けてくれないかな？
☆：どうしたの？　またインターネットの接続で問題があるの？
★：いや，それよりも悪いことなんだ。コンピューターが起動さえしないんだ！　電源ボタンを押すとビーっという音がやかましく鳴って，そしてその後何も起きないんだ。
☆：私が直せるとは思えないわ。修理店にそれを持っていった方がいいわ。
Q：男性が彼のコンピューターについて言っている１つのことは何か。

選択肢の訳
1　それはまだ修理店にある。
2　それはインターネットに接続されている。
3　それはうるさい音を発するのをやめた。
4　それはずっと正常に作動していない。

解説　男性の２番目の発言に The computer won't even start up! It just beeps loudly when I press the power button, and then nothing happens. とあり，彼のコンピューターがきちんと動いていないことがわかる。

No.7 –解答　4

放送英文
☆：Colin, I just heard that I'm being transferred to the Beijing office next year.
★：Wow, that's exciting, Anne. The culture there is so different.
☆：Yeah, but I don't speak the language. In fact, I don't know

anything about China.

★：Well, you have plenty of time to prepare. And I'm sure the people in the Beijing office will be happy to help you once you get there.

Question: What do we learn about Anne?

全文訳 ☆：コリン，来年私は北京のオフィスに転勤になると，たった今聞いたわ。

★：おお，それはわくわくするね，アン。そこの文化はとても異なっているからね。

☆：ええ，でも私は現地の言語は話せないわ。実際，中国について私は何も知らないのよ。

★：まあ準備する時間はたくさんあるよ。それにそこに着任したら，北京のオフィスの人たちは，喜んで君のことを助けてくれると思うよ。

Q：アンについて何がわかるか。

選択肢の訳
1 彼女は転勤の準備を完了した。
2 彼女は中国の文化についてたくさん知っている。
3 彼女はたくさんの言語を話すことができる。
4 彼女は中国で働くことになる。

解説 女性の最初の発言にI'm being transferred to the Beijing office next yearとあり，彼女が北京のオフィスに転勤になることがわかる。この部分が選択肢ではShe is going to work in China.と言い換えられている。be transferred to ～「～に配置転換される，～に転勤する」

No.8－解答 2

放送英文 ☆：What do you think we should get Mom for her birthday this year?

★：Well, we could go look for something at Redwood Mall. There's a big sale there this weekend.

☆：I was thinking it would be more special if we made something ourselves, like a birdhouse for the garden.

★：A birdhouse? That sounds like a great idea! Mom loved the present we made her for Christmas.

Question: What will the boy and the girl do for their mother's birthday?

全文訳 ☆：今年の誕生日にお母さんに何をあげたらよいと思う？

★：そうだね，レッドウッド･モールに行って何かを探すのはどうだろう。今週末，大きなセールがそこであるよ。

☆：もし私たちが，庭に置く鳥の巣箱のようなものを自分たちで作ったら，それはもっと特別なものになるんじゃないかと考えていたの。

★：鳥の巣箱？　それは素晴らしい考えだね！　お母さんは僕たちが彼女のた

めに作ったクリスマスプレゼントを気に入っていたよね。
Q：少年と少女は彼らの母親の誕生日のために何をするか。

選択肢の訳
1　彼らはモールで彼女のために何かを買うだろう。
2　彼らは彼女に何かを作るだろう。
3　彼らは彼女を夕食に連れていくだろう。
4　彼らは彼女に庭の花をあげるだろう。

解説 何か鳥の巣箱のようなものを自分たちで作ったらお母さんは喜ぶのではないかと少女が言ったのに対して，それは素晴らしい考えだと少年も同意している。このことから正解は**2**に絞られる。放送される会話中の mall や garden に引っ張られて，**1**や**4**を選択しないように注意。

No.9 －解答 2

放送英文
☆：Welcome to the White Horse Ranch Resort. You must be the Carters.
★：That’s right. We’re excited about staying here this weekend.
☆：Well, we’re happy to have you. You’ll be in Room 302. Why don’t you put your things in your room? Then, I’ll show you the horses. We can take a morning ride and then come back here for lunch.
★：That sounds great. We’ll be back in a minute.
Question: What will the couple do first?

全文訳
☆：ホワイト·ホース·ランチ·リゾートへようこそ。カーターご夫妻ですね。
★：そうです。今週末ここに滞在するのでとてもわくわくしています。
☆：お客様をお迎えできて大変うれしく思います。お部屋は302号室です。荷物をお部屋に置いてきてはどうでしょう？　そうしましたらお客様に馬をお見せいたします。朝の乗馬を楽しんで，お昼にここに戻ってくるのはどうでしょう。
★：それは素晴らしい。すぐに戻ります。
Q：夫妻は最初に何をするか。

選択肢の訳
1　乗馬をする。
2　彼らの荷物を部屋に置く。
3　牧場で昼食をとる。
4　部屋からチェックアウトする。

解説 女性が「荷物をお部屋に置いてきてはどうでしょうか。その後に馬をお見せします」と言ったのに対して，男性は「それは素晴らしい」と答えている。ゆえに正解は**2**となるが，間違って**1**を選ばないように注意が必要である。乗馬は荷物を置いてきた後である。

No.10 解答 4

放送英文
☆：Excuse me. Could you move your truck, please? It’s in front of

my office, and I have a customer coming who needs to park there.

★：I'm sorry. I was just picking up some things from the shop next door. I'll be out of your way in a second.

☆：Thank you. Could you use the parking lot across the street next time?

★：Yes, I'll be sure to do that.

Question: Why is the woman complaining?

全文訳 ☆：すみません。あなたのトラックを移動してもらえますか。私のオフィスの前に止まっていて，そこに駐車する必要のあるお客様が来ることになっているのです。

★：ごめんなさい。隣のお店からちょっと荷物を受け取ろうとしていたんです。すぐにどきます。

☆：ありがとう。次回は通りの向かいにある駐車場を使ってもらえますか。

★：ええ，必ずそうします。

Q：なぜ女性は不平を言っているのか。

選択肢の訳 **1** 彼女の店の近くにある駐車場が閉まっているから。

2 隣の店がうるさ過ぎるから。

3 男性が彼女のオフィスに彼の荷物を置いていったから。

4 男性のトラックが彼女のオフィスの前に止まっているから。

解説 女性の最初の発言にCould you move your truck, please? It's in front of my office とあるので，女性は彼女のオフィスの前に止まっているトラックを動かしてほしいことがわかる。

No.11 解答 ②

放送英文 ☆：Guess what? I'm thinking of going to France for my summer vacation! I've always wanted to see Paris.

★：That's great! But you should buy your plane ticket soon. If you wait, the tickets may get too expensive.

☆：You're right. I'd better start looking for tickets right away.

★：That's why I always stay at home for vacation. I can relax and take it easy.

Question: Why does the man say the woman should hurry?

全文訳 ☆：ねえ，聞いてよ。夏休みにフランスに行くことを考えているの！　パリをこの目で見たいとずっと思ってきたの。

★：それは素晴らしいね！　でもすぐに飛行機のチケットを買った方がいいよ。もし待っていると，チケットはとても高くなってしまうかもしれないよ。

☆：そうね。すぐにチケットを探した方がいいわね。

★：だから僕は休みにはいつも家にいるんだ。リラックスして気楽でいられるから。

Q：男性はなぜ女性が急いだ方がよいと言っているのか。

選択肢の訳
1　パリの多くのホテルはすでに予約でいっぱいだから。
2　フランスへの旅行代金はより高くなるかもしれないから。
3　たくさんの人々がこの夏にパリに行くだろうから。
4　フランスへ行く飛行機の席は売り切れになるかもしれないから。

解説　男性の最初の発言に you should buy your plane tickets soon. If you wait, the tickets may get too expensive. とあるので，フランスへの旅行代金が高くなることを男性が心配していることがわかる。

No.12 解答 1

放送英文
★：I just saw a news report about the new hospital. It said it will have the latest medical technology.

☆：That's fantastic. I hope that means doctors can help people get better faster.

★：Me, too. It said some of the machines are so big that they need their own rooms. That's why the hospital is so large.

☆：I see. And a bigger hospital could also help more patients.

Question: Why is the hospital so big?

全文訳
★：ちょうど今新しい病院についてのニュースを見たんだ。それによるとその病院には最新の医療技術が導入されるらしいね。

☆：それは素晴らしいわね。それによって医者が，より早く患者が回復するのを手助けできるようになるといいわね。

★：僕もそう思うよ。報道によると，いくつかの機械はとても大きいので，それ専用の部屋が必要になるらしい。だからその病院はとても大きいんだね。

☆：なるほど。より大きい病院は，より多くの患者を助けることもできるわね。

Q：なぜその病院はとても大きいのか。

選択肢の訳
1　多くの場所を必要とする機械があるから。
2　患者が個室を要求しているから。
3　全ての部屋に専用の機械がなければならないから。
4　多くの新しい医者がそこで働くことになるから。

解説　男性の2番目の発言に some of the machines are so big that they need their own rooms. That's why the hospital is so large. とあるので，その機械が大きなスペースを必要としているのがわかる。

No.13 解答 3

放送英文
★：Welcome to Fun Soccer Club for Kids. Today is our first practice of the summer.

☆： Excuse me, Coach, but when will practice be over? I need to tell my parents so they know when to come and get me.

★： We'll finish in about an hour.

☆： Thanks. I'll just go tell them. They're standing over there.

Question: What does the man tell the girl?

全文訳 ★： 子どものためのファン・サッカー・クラブへようこそ。今日は私たちの夏練習の初日です。

☆： すみません，コーチ，練習はいつ終わりますか。両親がいつ私を迎えに来たらよいかわかるよう，両親に知らせる必要があるんです。

★： およそ 1 時間後に終わります。

☆： ありがとうございます。両親に話しに行ってきます。あそこに立っているんです。

Q：男性は少女に何を伝えているか。

選択肢の訳 **1** そのサッカークラブは大人専用である。

2 夏の間練習があるだろう。

3 練習はおよそ 1 時間続くだろう。

4 両親はそこにいて，練習を見ることができる。

解説 男性の 2 番目の発言に We'll finish in about an hour. とあるので正解は **3** となる。この部分が選択肢では Practice will last for about an hour. と言い換えられている。

No.14 解答 4

(放送英文) ☆： Honey, did you take a look at the stereo?

★： Yes, I did. It's definitely broken, and I can't seem to fix it. We'll have to take it to the electronics shop for repairs.

☆： OK. We can stop there on the way to the shopping mall this afternoon.

★： Good idea. I'll go and put it in the trunk of the car.

Question: What does the man tell the woman?

全文訳 ☆： ねえあなた，ステレオを見てくれた？

★： ああ，見たよ。完全に壊れていて，僕では直せそうにないよ。修理のために電気屋に持っていかなければならないね。

☆： わかったわ。今日の午後，ショッピングモールに行く途中にそこに立ち寄るのはどうかしら。

★： いい考えだね。車のトランクにステレオを入れに行ってくるよ。

Q：男性は女性に何を伝えているか。

選択肢の訳 **1** 彼はショッピングモールに行った。

2 彼らの車は壊れてしまった。

3 彼らは今日の午後外出するべきではない。

4　彼はステレオを直すことができない。

解説　男性の最初の発言に It's definitely broken, and I can't seem to fix it. とあるので，男性がステレオを直せそうにないと言っていることがわかる。

No.15 解答 ②

放送英文
☆：You went to see the doctor today, didn't you, honey?
★：Yeah. He gave me the medicine I needed, so that's good. But I had to wait a really long time to see him.
☆：I'm not surprised. That clinic is always busy.
★：Today, it was even more crowded than usual.
Question: What was the man's problem?

全文訳
☆：あなた，今日は医者に行ったのよね？
★：ああ。僕が必要としている薬を処方してくれたからよかった。でも彼に診てもらうために本当に長時間待たなければならなかったよ。
☆：私は驚かないわ。あのクリニックはいつも混んでいるもの。
★：今日はいつもよりもっと混んでいたよ。
Q：男性の問題は何か。

選択肢の訳
1　彼は間違った種類の薬をもらった。
2　彼はクリニックで長時間待たなければならなかった。
3　彼は新しい医者に診てもらいに行った。
4　彼はクリニック行くのを忘れた。

解説　男性の最初の発言に I had to wait a really long time to see him. とあるので，彼の問題は長時間クリニックで待たなければならなかったことだとわかる。

一次試験・リスニング　第2部　問題編 p.87～89

▶MP3 ▶アプリ ▶CD 2 17～32

No.16 解答 ①

正答率 ★75%以上

放送英文　John teaches computer classes at a high school. In recent years, he has been surprised because some of his new students do not know how to use a computer. Many of them have only ever used smartphones. They do not know how a computer works or how to type on a regular keyboard. Because of this, he has to teach more basic skills than he expected.
Question: What surprised John about some of his students?

全文訳　ジョンは高校でコンピューターの授業を教えている。近年，新しい生徒の中にはコンピューターの使い方を知らない者がいることに彼は驚いている。彼らの多くはこれまでにスマートフォンしか使ったことがない。彼らはどのようにコンピューターが機能するのか，またどのように通常のキーボードを使ってタイプするのかを知らない。このために，彼は予想以上に基礎的な技能を教えなければならない。

Q：生徒の何人かについてジョンを驚かせたことは何か。

選択肢の訳
1 彼らはコンピューターを一度も使ったことがない。
2 彼らはとても素早くタイプすることができる。
3 彼らはスマートフォンが欲しくない。
4 彼らは先生になることを望んでいる。

解説 第2文から第3文にかけて，最近の新しい生徒はスマートフォンしか使ったことがないため，コンピューターの使い方を知らないことにジョンが驚いていることが述べられている。Many of them have only ever used smartphones. が選択肢では They have never used a computer. と言い換えられている。

No.17 解答 3

放送英文 The yellow-legged buttonquail is a bird that lives in India and China. Although yellow-legged buttonquails are small, their sounds can be heard up to 100 meters away. In fact, in 2020, thousands of people in a village in China ran out of their homes because they thought there was a tiger. Later, they found out that the noise they heard had come from these small birds.

Question: What is one thing we learn about yellow-legged buttonquails?

全文訳 チョウセンミフウズラはインドと中国に生息している鳥である。チョウセンミフウズラは小さいけれども，それらの鳴き声は最大100メートル離れても聞こえる。実際，2020年に，中国の村に住む何千人もの人々が，トラがいると思って家から外に走り出た。後に，彼らが聞いた音はこれらの小さな鳥によるものだということがわかった。

Q：チョウセンミフウズラについてわかる1つのことは何か。

選択肢の訳
1 それらは最大時速100キロで飛ぶことができる。
2 それらは人間よりも速く走ることができる。
3 それらはとても大きな音を立てる。
4 それらは身を守るためにトラの近くに巣を作る。

解説 第2文後半に their sounds can be heard up to 100 meters away とあるので，この鳥がとても騒がしい音を立てることがわかる。後半に出てくる tiger に引っ張られて **4** を選ばないように注意。

No.18 解答 3

放送英文 Richard bought an apartment in a large building last year. He was happy because it was not expensive to live there. Last week, the building manager talked to him. She said that everyone in the building would have to pay an extra fee for some construction work to make the building safer during earthquakes. Richard is upset, and he thinks new residents should not have to pay so much.

Question: What did the building manager tell Richard?

全文訳 リチャードは昨年，大きなビルの中の１室を購入した。そこに住むのにかかる費用は高くなかったので，彼は幸せだった。先週，そのビルの管理人が彼に話をした。彼女は，そのビルの全ての人は地震の際にビルをより安全にするための建設工事に追加料金を支払わなければならないだろうと言った。リチャードは当惑しており，新しい住人はそれほど多く支払う必要はないと考えている。

Q：ビルの管理人はリチャードに何を伝えたか。

選択肢の訳
1 家賃が安くなるだろう。
2 そのビルは建設のために閉鎖されるだろう。
3 彼は追加料金を支払わなければならないだろう。
4 彼は地震の間，別のビルに行くべきである。

解説 第４文に everyone in the building would have to pay an extra fee とあるので，彼が追加料金を支払わなければならないことがわかる。an extra fee が選択肢では an additional charge と言い換えられている。

No.19 解答 ②

放送英文 Sally has been playing soccer in a small, local league for several years. The matches are very casual, and she has many friends on her own team and other teams. From next year, the league announced that it will join a larger league, and Sally's team will be playing against a lot of different teams with good players. She is looking forward to the challenge, but she is also a little nervous.

Question: Why is Sally a little nervous?

全文訳 サリーは数年間，地域の小さなリーグでサッカーをしてきた。試合はとてもざっくばらんなもので，彼女は自分のチームとほかのチームに多くの友人がいる。来年からそのリーグはより大きなリーグに加わるとの発表があり，サリーのチームは良い選手のいる多くの異なるチームと試合をすることになるだろう。彼女はその挑戦を楽しみにしているが，彼女は少し緊張もしている。

Q：サリーはなぜ少し緊張しているのか。

選択肢の訳
1 彼女は自分のチームに知り合いがほとんどいないから。

2　彼女はより大きなリーグでサッカーをするから。

3　彼女は彼女のお気に入りのサッカー選手に会うから。

4　彼女は明日大きなサッカーの試合があるから。

解説　第3文に the league announced that it will join a larger league とあるので，彼女はより大きなリーグでサッカーをすることになることがわかる。そして最終文に she is also a little nervous とあるので正解は **2**。

No.20 解答 ③

放送英文　In Scotland, there is a traditional skirt called a kilt. It is usually worn by men and it has a pattern on it. The most special pattern for kilts is called Balmoral Tartan. It is special because only the king or queen of the United Kingdom can decide who may wear this pattern. Balmoral Tartan is grey, black, and red. The colors were chosen to match rock found in Scotland.

Question: Why is Balmoral Tartan special?

全文訳　スコットランドには，キルトと呼ばれる伝統的なスカートがある。それはたいてい男性によって着用され，その表面には模様がある。キルトの最も特別な模様はバルモラル・タータンと呼ばれる。英国の王または女王のみが，誰がこの模様を着用してよいかを決めることができるので，それはとても特別である。バルモラル・タータンは灰色，黒そして赤から成る。その色はスコットランドで見つかる岩に合わせて選ばれた。

Q：なぜバルモラル・タータンは特別なのか。

選択肢の訳　1　その表面には城の絵があしらわれているから。

2　人々は色彩に富んだ絵画を描くためにそれを使うから。

3　王または女王が，誰がそれを着用できるかを決めるから。

4　男性は女性に彼らの技量を示すためにそれを作るから。

解説　第4文に It is special because only the king or queen of the United Kingdom can decide who may wear this pattern. とあるので，王または女王のみがその着用を許可することができるため特別であることがわかる。

No.21 解答 ①

放送英文　Suzie loves comic books and movies about superheroes. Recently, she has started writing stories about a girl who can fly. She sent her stories to a publisher, but they were not accepted. Then, she posted them on a website where writers can share their stories. Many people said they enjoyed her stories. Suzie is looking forward to writing more and being part of an online community.

Question: Why did Suzie post her stories online?

全文訳 スージーはスーパーヒーローについての漫画や映画が大好きである。最近，彼女は空を飛べる少女についての物語を書き始めた。彼女は物語を出版社に送ったが，それらは受け入れられなかった。それから，彼女は作家が自分たちの物語を共有できるウェブサイトに投稿した。多くの人たちが，彼女の物語を楽しんだと言ってくれた。スージーはもっと多くの作品を書いて，オンライン・コミュニティーの一員でいることを楽しみにしている。

Q：なぜスージーは物語をオンラインに投稿したのか。

選択肢の訳
1 それらは出版社に受け入れられなかったから。
2 彼女はそれらが映画になることを望んだから。
3 ウェブサイトが彼女に連絡を取り，彼女の作品を求めたから。
4 彼女の友だちはそれらを読む時間がなかったから。

解説 第3文から第4文にかけて，彼女は出版社に作品を送ったが，受け入れられず，ウェブサイトに投稿したといういきさつが述べられている。

No.22 解答 4

放送英文 There will be a big tennis tournament in Randy's city next month. Randy tried to buy tickets as soon as he heard about it, but they were already sold out. He learned, however, that he could sign up to be a volunteer at the tournament. He will volunteer for two days, and he will be able to get a better view of some events than if he had sat at the back.

Question: Why did Randy decide to volunteer at the tournament?

全文訳 来月，ランディの住む都市で大きなテニス大会がある。彼はそれを聞くやいなやチケットを買おうとしたが，すでに売り切れだった。しかし，彼は大会のボランティアの仕事に申し込むことができることを知った。彼は2日間ボランティアとして働くことになり，いくつかの試合では，観客席の後ろの方に座っていた場合よりも良い眺めを見ることができるだろう。

Q：ランディはなぜその大会でボランティアとして働くことにしたのか。

選択肢の訳
1 彼は試合のいくつかについて多くを知っているから。
2 彼は選手の何人かを知っているから。
3 彼は友だちに手伝うように頼まれたから。
4 彼は遅過ぎてチケットを買うことができなかったから。

解説 第2文に Randy tried to buy tickets as soon as he heard about it, but they were already sold out. とあり，買うのが遅過ぎてチケットがすでに売り切れていたことがわかる。チケットを買えなかったので，ボランティアの仕事をして大会を見物することにしたのである。

No.23 解答 2

(放送英文) Thank you for visiting Salston Library. Please remember to have a look at our classic novels on the third floor. We would also like to remind you that our regular hours are 8 a.m. to 9 p.m. from Tuesday to Sunday. However, because Monday is a public holiday, this week we will be open all day on Monday and closed on Tuesday instead.

Question: Why will the library be open on Monday?

全文訳 サルストン図書館にお越しいただきありがとうございます。3階にございます，当館の古典小説のコーナーを忘れずにご覧ください。また，当館の開館時間は，火曜日から日曜日の午前8時から午後9時となっておりますことも，あわせてご確認ください。しかしながら，今度の月曜日は祝日ですので，今週の月曜日は終日開館し，その代わりに火曜日に休館いたします。

Q：なぜ図書館は月曜日に開館するのか。

選択肢の訳
1 特別な小説が読まれるから。
2 今度の月曜日は祝日だから。
3 古い小説が販売されるから。
4 火曜日に床が清掃されるから。

解説 第4文に because Monday is a public holiday, this week we will be open all day on Monday とあり，今度の月曜日は祝日であるために開館することがわかる。

No.24 解答 3

(放送英文) Traditional fairy tales such as "Rapunzel," published by the Brothers Grimm in 1812, have changed a lot over the years. In the past, fairy tales contained more violence, and they scared young boys and girls. However, these days, most fairy tales are told with cute pictures, and they have happy endings that make children feel safe.

Question: How were traditional fairy tales different in the past?

全文訳 1812年にグリム兄弟によって出版された『ラプンツェル』のような伝統的なおとぎ話は，長い年月の間に大きく変わった。昔，おとぎ話にはもっと多くの暴力が描かれ，幼い少年少女を怖がらせた。しかし最近では，ほとんどのおとぎ話はかわいい絵とともに話され，子どもたちを安心させる幸せな結末を迎える。

Q：過去において伝統的なおとぎ話はどのように異なっていたか。

選択肢の訳
1 それらはより多くの絵とともに話された。
2 それらは少女より少年によって愛された。

3　それらは現在よりも恐ろしかった。

4　それらは主に子どもによって話された。

解説 第2文に，かつておとぎ話には多くの暴力が描かれ，子どもたちを怖がらせたという記述があるので正解は**3**。scare「～を怖がらせる」，scary「恐ろしい」。放送文中のboys and girlsに影響されて**2**を選ばないように注意。

No.25 解答 1

(放送英文) Miki has lived in her neighborhood since she was a child, and she is friends with many of her neighbors. Recently, the neighborhood has begun to change. More wealthy people have moved in and expensive shops and restaurants have opened. This makes the neighborhood nicer in some ways, but Miki is also worried that some of her neighbors will not be able to afford to live there anymore.

Question: Why is Miki worried?

全文訳 ミキは子どものころから彼女の家のある地域にずっと住んでおり，近所の多くの人たちと友だちである。最近，その地域は変わり始めた。よりお金持ちの人たちが引っ越してきて，高級な店やレストランが開店した。このことでその地域はいくつかの点ではより良くなっているが，ミキは，近所の人の中にはもはやそこに住む余裕がなくなる人がいるのではないかとも心配している。

Q：なぜミキは心配しているのか。

選択肢の訳

1　彼女の近所がより高価なものになりつつあるから。

2　彼女の近所の人たちが騒々しい子どもたちに関して問題を抱えているから。

3　彼女のお気に入りのレストランが閉店する予定だから。

4　彼女の店がまもなく新しいオーナーを迎えるから。

解説 第3文から第4文にかけて，裕福な人々が引っ越してきて高級なレストランや店が開店したことで，近所の人の中にはそこに住む余裕がなくなる人がいるのではないかとミキが心配している様子が述べられている。afford to *do*「～する余裕がある」

No.26 解答 2

(放送英文) Last year, Lucas joined a gym, and at first, he went there every day to exercise after work. Soon, though, he found that he was not going so often because he was busy with work. From this month, he has decided to start going to the gym early in the morning. He hopes this plan will allow him to exercise regularly.

Question: What has Lucas decided to start doing?

全文訳 昨年，ルーカスはスポーツジムに入会し，初めは毎日仕事の後に運動をしに行った。しかしすぐに，仕事で忙しいので，そんなに頻繁には行かないことがわかった。今月から，彼は朝早くにそのスポーツジムに行き始めることにした。彼は，この計画によって彼が定期的に運動できるようになることを望んでいる。

Q：ルーカスは何をし始めることにしたのか。

選択肢の訳
1 新しいスポーツジムを探すこと。
2 仕事の前に運動すること。
3 昼休みにスポーツジムに行くこと。
4 スポーツセンターで働くこと。

解説 第3文に he has decided to start going to the gym early in the morning とあり，彼は朝早くスポーツジムに行くことにしたことがわかる。この部分が選択肢では Exercising before work. と言い換えられている。

No.27 解答 4

放送英文 These days, a honeymoon is usually a short vacation after a wedding. However, in the past, "honeymoon" had a different meaning. It was originally two words—*hony*, which meant "sweet," and *moone*, which meant "month." *Hony moone* was used to tell newly married couples that the sweet feeling of marriage does not last forever, and that staying happy together takes hard work.

Question: How was the word "honeymoon" used in the past?

全文訳 最近では，ハネムーンはたいてい結婚式後の短い休暇のことを指す。しかし過去において，「ハネムーン」は異なる意味を持っていた。それは，もともとは2つの語であった──「甘い」を意味する hony と「月」を意味する moone である。Hony moone は新婚のカップルに，結婚の甘い気持ちは永遠には続かず，ともに幸せでいるには大変な労力が必要であることを語るために使われた。

Q：「ハネムーン」という言葉は過去においてどのように使われていたか。

選択肢の訳
1 女性が結婚することを公表するため。
2 短い休暇のための場所について人々に語るため。
3 結婚式で食べられる甘い料理を描写するため。
4 カップルに結婚生活について教えるため。

解説 第4文で，「ハネムーン」という言葉は結婚の甘い気持ちは永遠には続かず，ともに幸せでいるには大変な労力が必要であることを新婚のカップルに伝えるために使われたことが述べられている。つまり To teach couples about married life. ということである。

No.28 解答 1

放送英文 This is an announcement for all employees. As you all know, our company name changed at the beginning of this year. As a result, all employees need to pick up new business cards from the personnel department on the first floor before 5 p.m. today. Please do not leave the office today without going to the personnel department. Thank you.

Question: What do employees have to do before 5 p.m.?

全文訳 従業員全員へお知らせします。皆さんもご存じのように，私たちの会社の名前が今年の始めに変わりました。その結果，全ての従業員は本日午後５時前に１階にある人事部から，新しい名刺をもらう必要があります。本日は人事部へ行かずに退社することがないようにしてください。ご協力に感謝します。

Q：従業員は午後５時前に何をしなければならないか。

選択肢の訳
1　新しい名刺をもらう。
2　新しいオフィスに机を動かす。
3　新しいビジネスプランを作る。
4　新しい会社の名前を考える。

解説 第３文に all employees need to pick up new business cards from the personnel department on the first floor before 5 p.m. とあり，新しい名刺をもらう必要があることがわかる。

No.29 解答 2

放送英文 Louise started high school last year. When she was young, she did not like being outdoors because she did not like insects. For this reason, she was worried when her teacher said that her class would be going on a camping trip. However, when she went on the trip, she was surprised to find that she felt good being in nature. She did not worry because her friends were with her.

Question: Why was Louise surprised?

全文訳 昨年，ルイーズは高校に入学した。幼いころ，彼女は昆虫が好きではなかったので，屋外にいることが好きではなかった。このため，彼女のクラスがキャンプ旅行に出かけると彼女の先生が言ったとき，彼女は不安に思った。しかし旅行に行ってみると，彼女は自然の中にいると気持ちが良いということを知って驚いた。彼女の友だちが一緒にいたので，彼女は不安ではなかった。

Q：なぜルイーズは驚いたのか。

選択肢の訳 **1** 彼女の学校にたくさんの昆虫がいたから。
2 彼女は屋外にいることを楽しんだから。
3 彼女の友だちがキャンプに行くことを提案したから。
4 学校の旅行が中止になったから。

解説 第4文 she was surprised to find that she felt good being in nature とあり，自然の中で彼女は気持ち良く感じたことがわかる。この部分が選択肢では She enjoyed being outdoors. と表現されている。

No.30 解答 4

放送英文 Thank you for coming to Savers Palace. Customers who came by car today can get a 10 percent discount on parking. Just show your parking ticket to the staff when you pay. Also, hand towels and bathroom soaps are sold at half price this month. For more information on special offers, please come to the service counter.

Question: How can customers get a discount on parking?

全文訳 セイバーズパレスにお越しいただきありがとうございます。本日，車でお越しのお客様は，駐車料金の10%が割引されます。お支払いの際に，従業員に駐車券をお見せくださるだけで結構です。また，今月はハンドタオルと浴室の石けんが半額で販売されております。特価品についての情報をもっとお知りになりたい方は，サービスカウンターまでお越しください。

Q：駐車料金の割引を客はどのように手に入れられるか。

選択肢の訳 **1** 10枚のハンドタオルを買うことによって。
2 サービスカウンターに行くことによって。
3 毎月駐車料金を支払うことによって。
4 物を買う際に，駐車券を見せることによって。

解説 第3文に Just show your parking ticket to the staff when you pay. とあるので，正解は**4**となる。放送文では客に対して you で呼びかけているが，選択肢では主語は they になっているので注意。また最後に聞こえる come to the service counter に引っ張られて**2**を選ばないようにすることも重要。

全文訳 **健康な従業員**

日本では多くの人々が毎年，健康診断を受けている。いくつかの団体の中にはこのために役に立つサービスを提供しているものもある。これらの団体は，職場で健康診断を提供する特別なバスを派遣する。多くの企業はそのようなバスを利用しており，そうすることで，彼らは忙しい従業員が健康でいられるように手助けしている。人々が定期的に健康診断を受けるようにすることがとても大切である。

質問の訳 No. 1 文章によれば，多くの企業はどのように忙しい従業員が健康でいられるように手助けしていますか。

No. 2 では，絵を見てその状況を説明してください。20 秒間，準備する時間があります。話はカードにある文で始めてください。
〈20 秒後〉始めてください。

では，～さん（受験生の氏名），カードを裏返して置いてください。

No. 3 日本の電車やバスは夏にエアコンを使い過ぎていると言う人がいます。あなたはそれについてどう思いますか。

No. 4 日本にはたくさんの有名ブランドの店があります。そのような店で買い物をする人の数は将来増えると思いますか。
Yes. →なぜですか。　　　No. →なぜですか。

No.1

解答例 By using special buses that provide medical checkups at the workplace.

解答例の訳 「職場で健康診断を提供する特別なバスを利用することによって」

解説 第 4 文に Many companies use such buses, and by doing so they help busy workers to stay healthy. とあり，such buses「そのようなバス」を使うことで企業が従業員の健康維持を手助けしていることがわかる。such buses とは，その直前の文で special buses that provide medical checkups at the workplace と説明されているので，such buses をその説明部分と入れ替える。質問は how「どのように」なので By using で始めて答えるとよい。

No.2

解答例 <u>One morning, Mr. and Mrs. Mori were talking in their living room.</u> Mr. Mori said to his wife, “I stayed up late last night.” Thirty minutes later, Mr. Mori was asleep on the sofa. Mrs. Mori was thinking of putting a blanket on him. That afternoon, Mrs. Mori was making coffee. Mr. Mori suggested that they go for a walk together.

解答例の訳 「ある朝，モリ夫妻は居間で話をしていました。モリさんは妻に『昨晩は遅くまで起きていたんだ』と言いました。30分後，モリさんはソファで寝入っていました。モリさんの妻は彼に毛布をかけようと思っていました。その日の午後，モリさんの妻はコーヒーを淹(い)れていました。モリさんは一緒に散歩に行くことを提案しました」

解説 1コマ目は指示された文で説明を始め，その後にモリさんのせりふを Mr. Mori said to his wife, の後に続ける。2コマ目は Thirty minutes later, で始め，モリさんの寝ている様子と吹き出しの中のモリさんの妻の考えを描写する。3コマ目は That afternoon, で始め，モリさんの妻のコーヒーを淹れている動作と吹き出しの中のモリさんの考えを説明する。

No.3

解答例 I agree. Some trains and buses are very cold in summer. Also, it's bad for the environment to use so much electricity.

解答例の訳 「私もそう思います。電車やバスの中には夏にとても寒いものがあります。また，それほどたくさんの電気を使うことは環境にとってよくありません」

解答例 I disagree. Summer is getting hotter and hotter every year. It's important to keep trains and buses cool for people's health.

解答例の訳 「私はそうは思いません。夏は毎年ますます暑くなっています。人々の健康のために電車やバスを涼しく保つことは重要です」

解説 まず初めに賛成（I agree）か反対（I disagree）かを明確にし，その理由を具体的に述べていくことが重要である。賛成の場合は，解答例に加えて，寒過ぎる車内で体調を崩す人がいることを指摘してもよい。反対の場合は，車内を涼しく保つことは乗客の身体的健康だけでなく，精神的な安定も実現できるというようなことを述べてもよいだろう。

No.4

解答例 （Yes. と答えた場合）

More people want to give brand-name products as gifts. They think such gifts make events like birthdays special.

解答例の訳 「贈り物としてブランド製品を贈りたいと考える人が増えています。そのような人々は，それらの贈り物が誕生日のようなイベントを特別なものにしてくれると考えています」

解答例 （No. と答えた場合）

Most of the products at these stores are very expensive. Other stores sell good products at lower prices.

解答例の訳 「これらの店の製品のほとんどがとても高価です。より低価格で良い製品を売るほかの店もあります」

解説 ここでもまず冒頭で自分の立場を明確にし，その具体的な理由を 2 文程度で説明することが大切である。Yes の場合は，解答例に加えて，ブランド製品は精神的な満足を購入者に与える，という点を指摘してもよいだろう。No の場合は，日本では「価格」重視の人たちが多くいることを付け加えてもよいだろう。

二次試験・面接 問題カード B 日程 問題編 p.92～93

▶MP3 ▶アプリ ▶CD 2 38～41

全文訳 **珍しい海洋生物**

近ごろ，科学者たちは，世界の海の深くに生息している生物についてもっと知ることに関心を抱いている。しかしながら，深海の区域に到達することはとても危険である。今や，そのような区域にロボットを送り込む科学者がいて，そうすることで彼らは珍しい海洋生物について安全に知ることができる。これらのロボットは，おそらく将来ますます役に立つものになるだろう。

質問の訳

No. 1 文章によれば，科学者たちはどのようにして珍しい海洋生物について安全に知ることができますか。

No. 2 では，絵を見てその状況を説明してください。20 秒間，準備する時間があります。話はカードにある文で始めてください。
〈20 秒後〉始めてください。

では，～さん（受験生の氏名），カードを裏返して置いてください。

No. 3 たとえより高価でも，私たちは環境に優しい製品を買うべきだと言う人がいます。あなたはそれについてどう思いますか。

No. 4 今日，多くの映画には暴力的なシーンがあります。これらの映画を作ることをやめるべきだとあなたは思いますか。
Yes. →なぜですか。　　No. →なぜですか。

No. 1

解答例 By sending robots to areas that are deep in the ocean.

解答例の訳 「海の深い区域にロボットを送り込むことによって」

解説 第 3 文に Now, some scientists send robots to such areas, and by doing so they can learn about unusual sea life safely. とあり，such areas「そのような区域」にロボットを送り込むことによって科学者は珍しい海洋生物について安全に知ることができるということがわかる。such areas とはその直前の文で areas that are deep in the ocean と説明されているので，such areas をその説明部分と入れ替える。質問は how「どのように」なので By sending で始めて答えるとよい。

No.2

解答例 One day, Ken and his mother were talking in their living room. Ken said to his mother, "I want to see the sea turtles at the aquarium." The next month at the aquarium, Ken was looking at a sign that said taking pictures was not allowed. His mother told him to put his camera into her bag. Later at the gift shop, Ken was choosing a T-shirt. His mother was thinking of buying it for him.

解答例の訳 「ある日，ケンと彼の母親は居間で話をしていました。ケンは母親に『水族館でウミガメを見たい』と言いました。その翌月，ケンは水族館で写真撮影が許可されていないことを告げる貼り紙を見ていました。彼の母親は彼にカメラを彼女のバッグの中にしまうように言いました。その後，土産物店でケンはTシャツを選んでいました。彼の母親は彼にそれを買ってあげることを考えていました」

解説 1コマ目は指示された文で説明を始め，その後にケンのせりふを Ken said to his mother, の後に続ける。2コマ目は The next month at the aquarium, で始め，ケンの動作を過去進行形で描写するとともに，吹き出しの中の母親の指示を説明する。3コマ目は Later at the gift shop, で始め，ケンがTシャツを選んでいる様子を描写し，次に吹き出しの中の母親の考えを説明する。

No.3

解答例 I agree. People should do things to protect the environment. They need to work together to help the earth.

解答例の訳 「私もそう思います。人々は環境を守るために何かを行うべきです。地球を助けるために協力する必要があります」

解答例 I disagree. Buying such products doesn't help the environment. The government should make stricter laws to reduce pollution.

解答例の訳 「私はそうは思いません。そのような製品を買うことは環境を救うことにはなりません。汚染を減らすために政府はより厳しい法律を作るべきです」

解説 賛成の場合は，解答例に加えて，リサイクル商品を買うべきだと言ったようなより具体的な指摘をしてもよい。反対の場合は，個人ではなく，解答例のように政府のようなより大きなレベルで環境保護を行う必要があることを述べてもよい。

No.4

解答例 (Yes. と答えた場合)

Violent movies often have a bad influence on people. For example, some people may try to copy the actors in these movies.

解答例の訳 「暴力的な映画はしばしば人々に悪影響を及ぼします。例えば，中にはこれらの映画の中の俳優をまねようとする人々がいます」

解答例 （No. と答えた場合）

Many people think violent movies are exciting. They can enjoy watching them with friends.

解答例の訳 「暴力的な映画は刺激的だと多くの人が考えています。友だちとそれらの映画を見ることを楽しむことができます」

解説 Yes の場合は，解答例に加えて，特に子どもへの影響が深刻であることを強調してもよい。No の場合は，表現の自由があるので，映画製作に規制をかけるべきではない，と主張してもよいだろう。

2021-2

解答一覧

一次試験・筆記

1

(1)	3	(8)	2	(15)	4
(2)	3	(9)	4	(16)	3
(3)	1	(10)	1	(17)	1
(4)	2	(11)	1	(18)	2
(5)	1	(12)	4	(19)	2
(6)	3	(13)	4	(20)	1
(7)	1	(14)	3		

2 A

(21)	3
(22)	1
(23)	1

2 B

(24)	3
(25)	4
(26)	2

3 A

(27)	1
(28)	3
(29)	1

3 B

(30)	3
(31)	1
(32)	3
(33)	2

3 C

(34)	3	(36)	3	(38)	1
(35)	2	(37)	4		

4　解答例は本文参照

一次試験・リスニング

第1部

No. 1	2	No. 6	1	No.11	4
No. 2	1	No. 7	3	No.12	2
No. 3	2	No. 8	3	No.13	3
No. 4	4	No. 9	1	No.14	1
No. 5	2	No.10	2	No.15	4

第2部

No.16	3	No.21	2	No.26	3
No.17	2	No.22	1	No.27	4
No.18	2	No.23	2	No.28	3
No.19	3	No.24	4	No.29	2
No.20	1	No.25	1	No.30	4

一次試験・筆記	1	問題編 p.96~98

(1) —解答 3

訳 キャリーは自分の子どもたちにもっと礼儀正しく話してほしいので,「お願いします」と「ありがとう」をほかの人々に言うことを彼らにしばしば思い出させている。

解説 空所後で子どもたちに「please と thank you を言うことをしばしば思い出させている」という記述があることから,キャリーは子どもたちに politely「礼儀正しく」話してほしいと願っていることがわかる。luckily「幸運にも」,commonly「一般に」,silently「静かに」

(2) —解答 3

訳 アメリカの多くの人々は,アメリカの産業を支えるために外国のものではなく自国の製品を選ぶ。

解説 アメリカの産業を支えるためには domestic「自国の」製品を選ぶことが必要だと推測できる。manual「手動の」,routine「決まりきった」,formal「正式の」

(3) —解答 1

訳 A:来週私は不在なので,エドワーズ先生に課題を提出してください。
B:わかりました,クリフトン教授。終わり次第,彼女にそれを渡します。

解説 B の「終わり次第渡します」という発言から,A が求めているものは課題を submit「提出する」ことだとわかる。beat「~を打つ」,convert「~を変える」,imply「~をほのめかす」

(4) —解答 2 正答率 ★75%以上

訳 ジョーは彼の古い持ち物のいくつかを売るためにウェブページを作った。彼は写真をそのウェブページに載せ,それぞれの物について詳細な説明を書いた。

解説 物を売るためのウェブページに必要なものは,売る商品の詳細な description「説明」である。route「経路」,hammer「金づち」,symphony「交響曲」

(5) —解答 1 正答率 ★75%以上

訳 警察はその男が銀行を襲ったことを示す証拠を持っていた。彼の顔はその銀行の監視カメラで録画されたビデオで見ることができた。

解説 第 2 文でその男の顔が監視カメラに映っていたと述べられていることから,警察が持っていたものは evidence「証拠」である。harmony「調和」,rhythm「リズム」,praise「称賛」

(6) —解答 3

訳 ヨハンの趣味は曲を作ることである。彼は妻の誕生日のために美しい曲を書き，彼女の誕生日パーティーでピアノでそれを演奏した。

解説 第2文にヨハンは「美しい曲を書いた」とあるので，彼の趣味は曲をcomposing「作ること」だとわかる。rescue「～を救う」，flatter「～にお世辞を言う」，declare「～を宣言する」

(7) —解答 1

訳 アンディーは科学のレポートで進化に注目した。それは，ある鳥類が何百万年の間にどのように飛ぶ能力を失ったかについてであった。

解説 第2文にレポートは「ある鳥類がどのように飛ぶ能力を失ったかについてであった」とあるので，彼のレポートの内容はevolution「進化」についてである。landscape「景色」，humanity「人間性」，psychology「心理学」

(8) —解答 2

訳 リサと彼女の兄［弟］は，皿洗いが誰の番かについて口論をした。彼らはそれを最後にやったのは自分だとそれぞれ考えていた。

解説 彼らは皿洗いを最後にしたのは自分だとそれぞれ考えていたので，argument「口論」が起きたと考えるのが自然である。occasion「場合」，identity「身元，アイデンティティ」，expense「出費」

(9) —解答 4

正答率 ★75%以上

訳 A：インターネットが起動できないんだ。
B：コンピューターにあの青いケーブルをつなぐ必要があるよ。そうすれば起動するはずだよ。

解説 インターネットを使うためには，コンピューターにケーブルをconnect「つなぐ」必要がある，とすると文脈に合う。reflect「～を反射する」，define「～を定義する」，investigate「～を調査する」

(10)—解答 1

正答率 ★75%以上

訳 通りの工事の音が彼女をイライラさせていたので，ケイトは寝室の窓を閉めた。

解説 工事の音はケイトをirritating「イライラさせて」いたとすると自然。ほかの選択肢は文脈に合わない。judge「～を判断する」，detect「～を見つける」，exchange「～を交換する」

(11)—解答 1

訳 イケダさんは彼の赤ん坊の娘の世話をして，一晩中起きていたので，今朝彼は職場で疲れていた。

解説 「赤ん坊の世話」，「疲れていた」という記述から，彼が一晩中stayed up「起きていた」ということがわかる。speak up「大きな声で話す」，leave over「～を残しておく」，look over「～にざっと目を通す」

(12)—解答 4

訳 A：400ドルはニューヨークで3日間過ごすのに十分だとあなたは思いますか。

B：いいえ，少なくとも800ドルは必要だと思います。そこではホテルが高いです。

解説 Bの「800ドルは必要だ」という発言から，Bが400ドルはsufficient「十分な」金額だとは思っていないことがわかる。be obliged to *do*「～せざるを得ない」，be capable of「～の能力がある」，be particular about「～について好みのうるさい」

(13)—解答 4

訳 物理学の研究は言うまでもなく，その科学者は彼の生涯を通じて太陽系の研究にずば抜けた貢献をした。

解説 選択肢の中で意味のある熟語を形作るのは，nothingだけである。to say nothing ofで「～は言うまでもなく」という意味になる。

(14)—解答 3

訳 A：ジャネットはいつも仕事について不平を言っているね。

B：ああ，それにはうんざりしてきたよ。彼女が不平を言うのをやめてくれたらいいのに。

解説 選択肢の中で意味のある熟語になるのは，sickのみである。get sick ofで「～にうんざりする」。類義表現としてget bored with, get tired of「～に飽き飽きする，うんざりする」などがある。

(15)—解答 4

訳 ビクターは学業で忙し過ぎるので，もうバドミントン部のキャプテンを続けることはできない。マイケルがキャプテンを引き継ぐことになるだろう。

解説 ビクターはキャプテンを続けられないということから，マイケルがそれをtake over「引き継ぐ」と考えるのが自然である。drive off「車で走り去る」，make sure「確認する」，pull down「～を引き下ろす」

(16)—解答 3

訳 A：この車は素晴らしいけど，高過ぎるわね。

B：心配しないで，ハニー。もっと安い値段で買えるように，車の販売員を説得して値引きしてもらえるかやってみるよ。

解説 〈動詞＋目的語＋into *doing*〉の形を取れる選択肢はtalkのみである。talk O into *doing*で「Oを説得して～させる」という意味。

(17)—解答 1

訳 ジョージはマーケティング部のほかの全ての人に尊敬されている。彼の部の皆が，彼の素晴らしいアイデアと熱心な働きぶりから彼を尊敬している。

解説 全ての人にジョージは尊敬されているとは，言い換えれば皆が彼をlooks up to「尊敬している」ということである。move on with「～に対処する」，do away with「～を廃止する」，take away from「～の価値を落とす」

(18)—解答 2

訳 もしトムの祖父母が昨年コンピューターを買っていなかったならば，彼らはいまだに古いタイプライターを使っていることだろう。

解説 〈If＋主語＋had＋過去分詞，主語＋would＋動詞の原形〉で「もし（過去において）主語が～していたならば，（今）主語は…しているだろう」という意味。前半部は仮定法過去完了，後半部には仮定法過去が使われている例である。

(19)—解答 2

訳 モニカは州のテニス選手権のためにとても熱心にトレーニングをした。彼女の努力にもかかわらず，彼女は勝つことができなかった。

解説 「熱心にトレーニングをした」ことと「勝つことができなかった」ことを結びつけるのに最も適切なのはDespite「～にもかかわらず」である。above「～の上に」，outside「～の外側に」，within「～以内に」

(20)—解答 1

訳 シュンタロウはチェスクラブのほかの部員をいつも助けようとしてきた。今年の前半にクラブの会長になって以来，彼はなおさらそうしようと努めている。

解説 all the more「それだけいっそう，なおさら」が適切。手紙の結びとしてよく目にするall the best「ではご幸運を願って」を間違って選ばないように注意。

一次試験・筆記 2 問題編 p.100～103

A 全文訳 単純な解決策

イングランドのバーナム・オン・シーという町で，警察官のアシュリー・ジョーンズは，孤独な人がたくさんいることに気づいた。彼はこのような人々がほかの人と話をし始めることをもっと容易にする方法を見つけたかった。その問題について思いを巡らせた後，彼は地域の公園にあるベンチのいくつかを「おしゃべりベンチ」に変えるというアイデアを思いついた。もし誰かがそのベンチに座ったら，その人は見知らぬ人と会話をするのをいとわないということを示す貼り紙を彼はそれぞれのおしゃべりベンチにつけた。

おしゃべりベンチを設置したわずか2，3日後，ジョーンズは彼のアイデアがうまくいっていることを見つけてうれしかった。これまで一度も会ったことがなかった人々がベンチに座り，お互いに話をしていた。そのベンチは，お年寄りの生活には特に，大きな変化をもたらしている。彼らの多くは一人暮らしで，家族や友人たちのところを訪れるのは難しいと思っている。実際，数日間または数週間も会話をする機会がないというお年寄りもいる。

イギリスでは900万人以上の人々がしばしば孤独を感じているということを最近の調査は明らかにした。彼らの多くは知らない人に話しかけることを恐れているために，友人を作ることが難しいと思っている。ジョーンズの単純なアイデアは孤独という問題を解決するための簡単で魅力的な方法を提供している。実際，おしゃべりベンチはとても人気になりつつある。40以上のベンチがイギリス中に設置され，そのアイデアはオーストラリアやアメリカといったほかの国々に広まりつつある。

(21)—解答 3　正答率 ★75%以上

解説　空所前の文にジョーンズが「孤独な人がたくさんいることに気づいた」ということが，また空所後の文には彼が「おしゃべりベンチのアイデアを思いついた」ことがそれぞれ述べられている。このことから，孤独な人がstart talking to others「ほかの人と話をし始める」きっかけを作りたいと彼が思っていたことが推測できる。

(22)—解答 1　正答率 ★75%以上

解説　空所後の文ではMany of them「彼らの多く」は家族や友人に会いに行くのが難しいことが述べられている。そして続く文ではseniors「お年寄り」の中には何週間も話す機会がない人もいると付け加えられている。これらのことから空所のある文から高齢者の話が始まっていると推測できるので正解はthe lives of elderly people「お年寄りの生活」。seniorsがelderly peopleと言い換えられていることに注意。

(23)—解答 1

解説　空所前の文ではジョーンズの単純なアイデアは孤独という問題を解決するための方法を提供していると述べられている。そして空所後では，その具体的な方法である「おしゃべりベンチ」がとても人気だという事実が追加されている。このように前言に基づいてさらに情報を補足する表現としてはIndeed「実際」が最も適切である。Equally「同様に」，On the contrary「それどころか」，For one thing「一例を挙げると」

B　全文訳　乳牛は友だちを必要とする

牛乳の生産は大きなビジネスである。例えば，北アメリカでは，毎年1人の人が平均150キロ以上の牛乳を消費する。必要とされるその膨大な量を供給するために，大農場は自動的に乳牛にエサを与え，牛乳を搾る機械を使っている。必要とされる人がより少ないので，牛乳を生産する費用はより少なくなる。しかしそのような農場では，疫病が1匹の動物から別の動物へと広まるのは容易である。これは，1つの農場で多くの乳牛が死ぬことにつながり得る。結果として，乳牛はしばしば若いころから別々に飼育される。

カナダの科学者たちがこの方法で若い乳牛を飼育することの影響を調査した。彼らはそのような（別々に飼育された）乳牛と，もう1頭の乳牛と一緒に飼育されたものを比較した。研究者たちは，赤いプラスチックの容器をそれぞれの乳牛に何回か見せた。その容器は乳牛たちが今まで見たことがないものであった。ペアで飼育された乳牛は最初その容器に興味を持ったが，すぐにそれを無視するようになった。一方，単独で飼育された乳牛は，あたかもその容器を初めて見たかのように反応し続けた。単独で飼育された乳牛は新しいものにより敏感だと研究者たちは結論付けた。

これは農家にとって重要なニュースである。もし乳牛が給餌装置と搾乳装置に慣れることができないならば，牛乳の生産は減速する。もし乳牛が別々で（飼育される）よりも非常に小さなグループで飼育されるなら，農家は給餌と搾乳に関する問題を抱えることが少なくなるだろうと研究者たちは考えている。小さなグループにとって疫病はそれほど大きな問題ではないとも研究者たちは言っている。2，3頭だけが一緒に飼育されるならば，多くの動物を失うという危険性はほとんどないであろう。

(24)—解答 3

解説 空所前の文では自動給餌装置と自動搾乳装置を大農場で使っていることが述べられており，大農場ではfewer people are needed「必要とされる人がより少ない」と推測できる。

(25)—解答 4

解説 空所前では，ペアで飼育された乳牛のことが，空所後では単独で飼育された乳牛のことがそれぞれ対比されて述べられている。このように対照的な事実を述べる場合に最も適切な接続語句はOn the other hand「一方」である。Later on「後で」，At last「ついに」，In other words「言い換えれば」

(26)—解答 2

解説 空所前の文で小さなグループでは疫病はそれほど大きな問題ではないという記述があることから，2，3頭一緒に飼育しても，疫病などでlosing many animals「多くの動物を失う」危険性はほとんどないと推測できる。

一次試験・筆記 3 問題編 p.104～110

A 全文訳

発信人：ロバート・ミッチェル <r.mitchell@wmail.com>

宛先：メリッサ・ロビンソン <m-robinson@matlockpost.com>

日付：10月10日

件名：新聞記者の仕事への応募

ロビンソン様

『マットロック・ポスト』紙の新聞記者の仕事へ応募するために，私は今日このメールを書いています。私は最近，英語学の学位を取って大学を卒業し，そして新聞記者としての経歴をスタートしたいと思っています。先週の日曜日，私は貴社の新聞でその仕事に関する広告を見ました。それから貴社のウェブサイトを訪れ，そこでＥメールで応募するための説明を見ました。

卒業したばかりですので，私にはまだなんの職業経験もありません。しかし，私は３年間大学新聞である『キャンパス・デイリー』紙の記事を書いていました。そこでの３年目には，私はニュース編集者でもありました。『キャンパス・デイリー』紙は大学生によって運営されていますが，毎週高品質の新聞を発行していました。その間，私は週に少なくとも４つの記事をその新聞に書きました。それらのうちの１つをこのＥメールに添付します。加えて，英語学の教授であるオルソン博士の推薦状を添付します。

私はとても勤勉家で，ほかの人たちとうまくやっていくことができます。残業をしたり夜遅く働いたりすることも気にしません。もし面接の予定を組んでいただけるならば，(253) 555-6418 までお電話ください。木曜日の午前８時から午後３時までは英語の個人授業をしておりますが，ほかの時間でしたらいつでも大丈夫です。よろしくお願いいたします。

敬具

ロバート・ミッチェル

(27)—解答 1　正答率 ★75%以上

質問の訳　ロバート・ミッチェルは最初どのように新聞記者の仕事について知ったか。

選択肢の訳
1　彼は新聞でそれに関する広告を読んだ。
2　彼は大学で誰かからそれについて聞いた。
3　彼は『マットロック・ポスト』紙のウェブサイトでそれに関する投稿を見た。
4　彼は友だちからその仕事についてのＥメールを受け取った。

解説　第１段落第３文に I saw an advertisement for the job in your newspaper とあり，ミッチェルは最初新聞でその広告を見たことがわかる。

(28)—解答 3　正答率 ★75%以上

質問の訳　ロバート・ミッチェルは

選択肢の訳
1　３年間プロの新聞社で働いた。
2　４つの記事を彼の求職応募に添付している。
3　しばらくの間大学新聞のニュース編集者だった。
4　しばしば大学の教授の１人に手紙を書いている。

解説　第２段落第２文および第３文から，ミッチェルが大学新聞のニュース編集者を務めていたことがわかるので，正解は **3**。

(29)— 解答 1

質問の訳 ロバート・ミッチェルは今週の木曜日に何をしているだろうか。

選択肢の訳
1 昼間は学生たちが英語を学ぶのを手助けしている。
2 彼の仕事のために夜遅く残業している。
3 彼が知っている何人かと会っている。
4 その仕事のためにロビンソンさんと面接をしている。

解説 第3段落第4文にI teach English to private students from 8 a.m. until 3 p.m. on Thursdaysとあり，ミッチェルは毎週木曜日に英語の個人授業をしていることがわかる。正解の選択肢ではHelping students with Englishと言い換えられていることに注意。

B 全文訳 歴史におけるひげ

男性の顔に生える体毛はひげと呼ばれる。少年たちが10代になり，体がある化学物質を作り始めると彼らの顔にたいてい体毛が生え始める。科学者のチャールズ・ダーウィンは，男性は女性にとって魅力的であるためにひげを生やすと提言し，多くのほかの科学者たちはこの理論を支持してきた。しかしながら，歴史を見てみると，ひげに対する考え方は文化によって大いに変化してきたということは明らかだ。

多くの文化において，長いひげは英知の印とみなされてきた。例えばインドでは，宗教的指導者はしばしば長いひげを生やしてきた。古代イスラエルでは，男性がひげをそったり切ったりすることを防ぐ厳しい規則が存在していた。しかしイスラエル近隣の国々の男性の多くは，顔をそったりひげをとても短くしたりしていた。これらほかの国々の人々と見かけが異なるように，古代イスラエル人はひげを長くしていたと考える歴史学者もいる。

おそらくもっと驚くべきことは，ひげに対する考え方は，文化によって変化してきただけでなく，時代によっても変化してきたということだ。例えば，古代ローマ人は紀元前100年ごろまでは決して顔をそらなかった。その後ひげは不人気となり，およそ3世紀の間，重要な地位のローマ人は決してひげを生やさなかった。しかしひげは突然もう一度流行した。後にヨーロッパで同様のことが起きた。17世紀にはひげは不人気となり，19世紀の中ごろまで男性は顔をそっていた。そのころからヨーロッパの男性は再び長いひげを生やし始めた。

20世紀においても，ひげは1930年代に不人気となったが，結局1960年代に再び人気が戻った。最近，ヨーロッパと北アメリカの若者の間でひげは再び人気となっている。これが「ひげクラブ」の創設につながった。これらは，寄り集まって自分たちのひげを比べる男性のグループである。これらのクラブのいくつかは，世界ひげ選手権（WBMC）を始めることにし，それは2年に1度開催される。2017年にWBMCはテキサス州オースティンで開催され，33カ国から738人の出場者が参加した。そのイベントには女性が参加できる偽のひげの競技さえ含まれていた。

(30)—解答 3

質問の訳　科学者のチャールズ・ダーウィンは

選択肢の訳
1 ひげに対する考え方が時間経過に伴い異なる文化の中でどのように変化してきたかを研究した。
2 ある化学物質が10代の少年の顔に体毛を生やすことを発見した。
3 ひげは男性が女性にとってより魅力的であるための1つの方法であるという考えを持っていた。
4 科学者のグループによって提言されたひげについての理論を支持した。

解説　第1段落第3文にCharles Darwin suggested that men produce beards in order to be appealing to femalesとあり，男性は女性にとって魅力的であるためにひげを生やすとダーウィンが考えていたことがわかる。本文のappealing to femalesが正解の選択肢ではattractive to womenと言い換えられていることに注意。

(31)—解答 1

質問の訳　ある歴史学者たちによれば，古代イスラエルの男性が長いひげを生やした1つの理由は何か。

選択肢の訳
1 彼らは近隣諸国の男性と同じように見られたくなかったから。
2 彼らはひげをそることについての規則に賛成していなかったから。
3 彼らは彼らのコミュニティーでほかの人々よりも賢く見られたかったから。
4 彼らはインドの宗教的指導者に対して敬意を示していたから。

解説　第2段落第4文で古代イスラエル近隣の国々の男性はひげをそるか短くしていたことが述べられている。それを受け，最終文ではそれらのひげをそるか短くしていた近隣の国々の人と見かけが異なるようにイスラエル人はひげを伸ばしたと考える歴史学者がいることが記述されているので，正解は**1**となる。

(32)—解答 3

質問の訳　古代ローマ人のひげに対する考え方に関して驚くべきことは何だったか。

選択肢の訳
1 重要な地位の人々はひげを生やすことを許されるべきではないとローマ人たちは考えた。
2 ローマの少年たちは長いひげを生やすまでは決して顔をそろうとしなかった。
3 ひげは再び人気になる以前，およそ300年間不人気であった。
4 17世紀の間，彼らの考え方はヨーロッパのファッションに影響を与えた。

解説　第3段落第3文と第4文に，ローマではひげは不人気となり，およそ3世紀の間重要な地位にあるローマ人はひげを生やしていなかったが，その後ひげは突然もう一度流行になったという説明がある。本文の three centuries が正解の選択肢では 300 years と言い換えられている。

(33)—解答 2

質問の訳　世界ひげ選手権は

選択肢の訳
1　多くのひげクラブの創設につながった。
2　女性が参加することを可能にする特別な部門がある。
3　テキサス州のオースティンという都市で毎年開催される。
4　1930 年代に取りやめになり 1960 年代に再開された。

解説　第 4 段落最終文に The event even included competitions for fake beards in which women could participate. という記述があり，ひげ選手権には女性が参加することができる特別な部門があるとわかる。

C 全文訳 海の宝

経済が成長するにつれて，より多くの物が製造され，そのため金属が絶え間なく必要とされている。技術の変化がさらにこの需要を増加させた。例えば，コンピューターやスマートフォンは金のような希少金属を必要とする。しかし地上で手に入る金属の量は限られている。採掘会社が金属を見つけるために地下深く掘り下げるのは高額である。これらの理由から採掘会社は今，海中で金属を探している。

かつて海中で金属を見つけることはあまりに難しい挑戦だと考えられていた。しかし過去数十年で，希少金属が見つかる場所が発見された。これらの場所は「熱水噴出孔」と呼ばれる。それらは，海水が地球内部深くの岩石がとても熱くなっているところを流れるときに形成される。その岩石は金属を含む物質から構成されている。（そこを流れる）水はこれらの物質を吸収する。水はより熱くなるにつれて上昇し，海底を押して通り抜け，海中に戻る。熱水が冷たい海水と混ざるとき，その中の物質は海底に落とされる。

熱水噴出孔は海の深いところにあるので，それらは 1970 年代まで発見されなかった。科学者たちが熱水噴出孔に興味を持っているのは，それらが含む金属のためだけでなく，その周辺に生息しているのが見つかった驚くべき生物のためでもある。噴出孔周辺の水はとても熱く，黒ずんでいて，強酸で満たされている。これらの厳しい環境にもかかわらず，バクテリアや動物はこれらの場所に生息するために順応してきた。地球上のほかのほとんど全ての生物と違い，これらの特別な生物は太陽からのエネルギーに依存していない。

噴出孔周辺の環境は，それらの周辺での採掘がとても難しいことを意味している。噴出孔近くで採掘する技術は現在存在しているが，依然としてとても高額である。深海での採掘にはほかの問題も存在する。科学者たちは，そのうちすぐに企業は海底から金属を採掘することができるようになるだろうと考えている。しかし，噴出孔周辺での採掘は，そこに生息する生物におそらく害を及ぼすであろう。それゆえ，金属を海底で採掘することは可能になるだろうが，政府と環境団体はそれに反対して戦い，もしかするとそれを禁止しようとさえするかもしれない。

(34)—解答 3

質問の訳 なぜより多くの企業が海から金属を得る方法を探しているのか。

選択肢の訳
1 技術の変化によりそれをすることが簡単で安くなったから。
2 物を製造するために必要とされる金属が地上では見つからないから。
3 見つけるのが難しいある種の金属への需要が高まっているから。
4 彼らは希少金属を見つけるためにこれ以上地中深く掘ることができないから。

解説 金属の需要が高まっていることが第1段落第2文で述べられた後，その具体例として続く第3文でコンピューターやスマートフォンなどで使われる金のような希少金属が紹介されている。よって正解は**3**。地中深く採掘するのは多額のお金がかかるが，不可能とまでは説明されていないので，選択肢**4**は当てはまらない。

(35)—解答 2

質問の訳 熱水噴出孔は

選択肢の訳
1 過去数十年の間に海底の岩石の中に出現し始めた。
2 海底下にある岩石によって熱せられた海水が外に出てくる場所だ。
3 金属を含む物質を吸収し，地球内部深くにそれらを留める。
4 地球内部深くから岩石を押し上げ，それらを海底に落とす。

解説 第2段落第4文から第7文にかけて，熱水噴出孔の形成過程が説明されている。それによると海底下を流れる水が地球内部の熱い岩石によって熱せられ，海底に噴出する場所が熱水噴出孔であるとわかるので，正解は**2**。

(36)—解答 3

質問の訳 熱水噴出孔に科学者たちが興味を持つ1つの理由は何か。

選択肢の訳
1 それらはつい最近発見された特別な金属を含んでいる。
2 それらは海では珍しい強酸で満たされている。
3 エネルギーを太陽に依存していない珍しい動物がそこに生息している。
4 それらが作り出す熱はエネルギー源として使われ得る。

解説 第3段落第2文で，科学者たちは熱水噴出孔周辺に生息する生物にも興味を持っていることが述べられている。そして最終文によってその生物は太陽からのエネルギーに依存していないことがわかる。よって正解は**3**。

(37)—解答 4

質問の訳 深海での採掘はおそらく将来どのような困難に直面するだろうか。

選択肢の訳
1 最良の深海採掘場所を巡って，政府が互いに争うかもしれない。
2 それに必要な技術を発明するために科学者たちは熱心に働かなければならないだろう。

3 噴出孔周辺に生息する生物を移動するために多額の費用がかかるだろう。

4 環境へ損害を与える可能性があるために人々はそれをやめさせようとするかもしれない。

解説 第4段落第5文で，熱水噴出孔近くの採掘はそこに生息している生物に害を及ぼす可能性があることが説明されている。続く最終文で，そのために政府や環境団体がそれに反対するかもしれないと述べられているので正解は**4**となる。

(38)―解答 1

質問の訳 以下の記述のうち正しいのはどれか。

選択肢の訳
1 過去においては海で金属を見つけることは難し過ぎてできないと考えられていた。

2 新しいコンピューターとスマートフォンは，古いものよりも使う希少金属の量が少ない。

3 科学者たちは1970年代に熱水噴出孔から金属を得る方法を発見した。

4 企業が深海採掘を行うことを違法にしている国もある。

解説 第2段落第1文にIn the past, finding metals under the sea was considered to be too much of a challenge.と述べられており，かつては海底で金属を見つけるのはあまりに難しい挑戦だと考えられていたことがわかる。considered to be too much of a challengeが正解の選択肢ではthought to be too difficult to doと言い換えられていることに注意。

一次試験・筆記 4

問題編 p.110

トピックの訳 全ての人が無料で博物館に入場できるべきだと時々言われます。あなたはこの意見に同意しますか。

ポイントの訳 寄付　学習環境　維持管理

解答例 I do not agree that all people should be able to enter museums for free. I have two reasons for this opinion. First, it costs money to preserve historical items and works of art. If such collections were not maintained properly, they would become damaged over time. Second, it is important to control the number of people entering a museum by charging a fee. People would not be satisfied at a crowded museum because they would not be able to take enough time to see the displays. For these two reasons, I do not agree with this opinion.

解答例の訳 全ての人が無料で博物館に入場できるべきだということに私は同意しません。この意見を支持する2つの理由があります。第1に，歴史的な物や芸術作品は保存するのに費用がかかります。もしそのような収蔵品が適切に維持管理されなければ，時間とともにそれらは傷んでしまうでしょう。第2に，入場料を取って，博物館に入場する人の数を規制することは大切です。展示を見るための十分な時間を取ることができないために人々は混雑した博物館に満足しないでしょう。これら2つの理由から，私はこの意見に同意しません。

解説 まずは解答例のように与えられたトピックについて自分が同意するのか否かを明確に述べることが重要である。これを主題文という。I agree またはI disagree の後にトピックの文をそのままつなげれば主題文を作ることができる。次に自分の意見を支持する具体的な理由を2つ程度挙げる。その際に構成を明確にするためにFirst, Second といった標識となるようなつなぎ言葉を使うとよい。そして最後に自分の意見をもう一度繰り返す。この際，I agree/disagree を使ってもよいが，think や believe など異なる動詞を使うと表現の幅が広がる。解答例では同意しない例が挙げられているが，同意する場合には，入場料を取らないことによってお金に余裕のない人も博物館で学ぶ機会を持てることや，より多くの人が博物館を利用でき，人々の全体的な教養が高まることなどを理由として挙げるとよいだろう。

No.1 －解答 ②

正答率 ★75%以上

放送英文 ☆：Hello. I've just arrived on Starfish Island, and I'd like some information about your scuba-diving tours.

★：Welcome to the island. We offer tours of several different diving spots. Do you have a scuba-diving license?

☆：A license? I didn't know I needed one. I'm only staying on the island for one week.

★：That's OK. You should take our beginners' course. You'll be able to get your license in two days.

Question: What does the man suggest the woman do?

全文訳 ☆：こんにちは。私は今ちょうどスターフィッシュ島に着いたばかりで，あなた方のスキューバダイビングのツアーについて情報が欲しいのです。

★：島へようこそ。私たちはいくつかの異なるダイビングスポットのツアーを提供しています。スキューバダイビングのライセンスはお持ちですか。

☆：ライセンス？　それが必要だとは知りませんでした。私は1週間この島に滞在するだけなんです。

★：それで大丈夫です。私たちの初心者講座を受けるとよいでしょう。2日間でライセンスを取ることができますよ。

Q：男性は女性に何をすることを提案しているか。

選択肢の訳
1 スキューバダイビングのツアーを取り消す。
2 スキューバダイビングの講座を受ける。
3 ダイビングをするための新しいスポットを見つける。
4 スターフィッシュ島へ旅行に行く。

解説 男性の2番目の発言に You should take our beginners' course. とあるので，男性が女性にスキューバダイビングの講座を受けるように言っていることがわかる。

No.2 －解答 ①

放送英文 ☆：Hello.

★：Hi, honey. I'm missing a folder that had some important documents in it. Have you seen it?

☆：Yes. It's right here on the kitchen table.

★：Thank goodness. I was worried I had left it on the train. Could you possibly bring it to me at my office? I need it for a meeting this afternoon.

☆：Sure. I'm going downtown for lunch anyway. I'll take it to you

then.
Question: What do we learn about the man?

全文訳 ☆：もしもし。
★：やあ, ハニー。重要な書類が入ったフォルダーが見当たらないんだ。それを見なかった？
☆：ええ。まさにここキッチンのテーブルの上にあるわ。
★：ああ, 助かった。電車に置き忘れたんじゃないかと心配だったんだ。なんとかオフィスの僕のところに持ってきてもらえないかな？　午後のミーティングに必要なんだ。
☆：いいわよ。どっちみち, 昼食を食べに中心街に行くつもりなの。そのときにあなたのところへ持っていくわ。
Q：男性について何がわかるか。

選択肢の訳
1 彼は何かを家に忘れた。
2 彼は電車に乗り遅れた。
3 彼は仕事に遅れた。
4 彼はミーティングを中止しなければならなかった。

解説 重要な書類が入ったフォルダーを見なかったかという男性の問いに対して, 女性はキッチンのテーブルの上にあると答えている。つまり彼はそれを家に忘れたということであり, 正解は **1** となる。

No.3 – 解答 2　正答率 ★75%以上

放送英文 ☆：Excuse me. I'm interested in getting some tropical fish.
★：Sure, ma'am. Is there any kind that you're interested in?
☆：Well, honestly, I don't know anything about fish. I'd like to get some that are easy to take care of, though.
★：How about these? They're from Brazil. Not only are they pretty, but they're also quite easy to look after.
Question: What is the woman interested in doing?

全文訳 ☆：すみません。熱帯魚を手に入れたいと思っているのですが。
★：かしこまりました, 奥様。ご興味をお持ちの種類はありますか。
☆：えっと, 正直に言うと, 魚について私は何も知らないんです。世話がしやすいものを手に入れたいんですけど。
★：これなどはいかがでしょうか。ブラジル産です。かわいいだけでなく, 非常に世話もしやすいんです。
Q：女性は何をすることに興味があるのか。

選択肢の訳
1 ブラジルについて学ぶこと。
2 熱帯魚を買うこと。
3 魚釣りの旅行に行くこと。
4 魚市場で働くこと。

解説 女性の最初の発言にI'm interested in getting some tropical fish. とあるので，女性は熱帯魚を手に入れることに興味があるとわかる。男性の最後の発言ではNot only are they pretty, ... と否定語が文頭に出て，主語と動詞の語順が倒置されている。

No.4－解答 4

放送英文 ☆：Excuse me. What time will this plane land in Tokyo?

★：Around 3 p.m., Japan time. We're about 30 minutes ahead of schedule because of the wind.

☆：I see. My watch is still set to New York time. What's the time in Japan now?

★：Let me see. It's one o'clock. We should be arriving in about two hours.

Question: What is one thing we learn about the woman's flight?

全文訳 ☆：すみません。この飛行機は何時に東京へ着陸しますか。

★：日本時間で午後3時ごろです。風の影響でおよそ30分予定が早まっています。

☆：わかりました。私の時計はまだニューヨーク時間に設定されています。今，日本は何時ですか。

★：ええと。1時です。およそ2時間後に到着予定です。

Q：女性のフライトについてわかる1つのことは何か。

選択肢の訳
1 それはニューヨークへ向かっている。
2 それはわずか1時間の長さである。
3 それは30分後に到着するだろう。
4 それはたぶん早く到着するだろう。

解説 男性の最初の発言からフライトの予定がおよそ30分早まっていることがわかる。これが正解の選択肢ではIt will probably arrive early. と言い換えられている。

No.5－解答 2

放送英文 ★：Carrie, didn't you have a baby just three months ago? How come you're back at work so soon?

☆：Well, I really like my job, and I want to keep working. Besides, I'm only working part time now.

★：Isn't it expensive to pay someone to watch the baby for you?

☆：Actually, my parents live nearby. They're helping to look after the baby while I'm at work.

Question: What is one thing the woman says?

全文訳 ★：キャリー，わずか3カ月前に赤ちゃんを産んだのではなかったっけ？　なぜそんなにすぐに仕事に復帰しているんだい？

☆： そうねえ，私は本当に自分の仕事が好きだし，働き続けたいの。それに，今はパートタイムで働いているだけだし。

★： 君のために赤ちゃんを見てくれる人を雇うのはお金がかかるんじゃない？

☆： 実は，近くに両親が住んでいるの。私の仕事中は赤ちゃんの世話を手伝ってくれているわ。

Q：女性が言っている１つのことは何か。

選択肢の訳
1 彼女は赤ちゃんをオフィスに連れてきている。
2 彼女は働き続けたい。
3 彼女はフルタイムで働きたい。
4 彼女は両親と一緒に住んでいる。

解説 女性の最初の発言に I want to keep working とあるので，彼女が働き続けたいと思っていることがわかる。

No.6 –解答 1

放送英文 ☆： Welcome to Seaside Bank. Can I help you?

★： Hi. I'm an exchange student here for a year, and I'd like to open an account at your bank. What do I need to do?

☆： You'll need to bring in your passport and some money to put into the account.

★： OK, great. I'll have to go home to get my passport, but I'll come back and do it this afternoon.

Question: What is the man going to do this afternoon?

全文訳 ☆： シーサイド銀行へようこそお越しくださいました。ご用件は何でしょうか。

★： こんにちは。私は１年間の交換留学生で，こちらの銀行で口座を開きたいのです。何をする必要がありますか。

☆： パスポートと口座に入れるいくらかのお金をお持ちいただく必要があります。

★： わかりました。パスポートを取りに家に帰らないといけないけれど，今日の午後に戻ってきて口座を開きます。

Q：男性はこの日の午後に何をするつもりか。

選択肢の訳
1 銀行口座を開く。
2 お金を両替する。
3 海外へ送金する。
4 新しいパスポートを取る。

解説 男性の２番目の発言から男性がパスポートを取りに帰り，その日の午後に口座を開くつもりだとわかる。その発言の中の do it は，彼の１つ前の発言中の open an account を指す。

No.7 –解答 3

放送英文 ☆： Why the big smile, Jack? Most people don't look happy when they come out of the boss's office.

★：I just got a promotion! The company is creating a new sales department, and I've been asked to be the manager of it.

☆：Wow! That's wonderful news. Congratulations. We'll have to go out to lunch to celebrate.

★：Thanks a lot, Cindy. Lunch sounds great.

Question: Why is the man happy?

全文訳 ☆：どうして満面の笑みを浮かべているの，ジャック？　上司のオフィスから出てくるときは，たいていの人が幸せには見えないんだけど。

★：たった今昇進したんだよ！　会社が新しい営業部を創設するんだけど，それのマネージャーになるように要請されたんだ。

☆：わあ！　素晴らしいニュースだわ。おめでとう。お祝いにランチに出かけないとね。

★：ありがとう，シンディ。ランチはいいね。

Q：なぜ男性は幸せなのか。

選択肢の訳
1　彼の同僚の誕生日だから。
2　彼の上司が彼にランチをごちそうするから。
3　彼はたった今昇進したから。
4　彼は新しい都市に派遣されるから。

解説 どうして満面の笑みを浮かべているのかという女性の問いかけに男性は I just got a promotion! と答えている。つまり昇進したということであり，正解は **3**。

No.8 －解答 3

放送英文 ☆：What are you doing with all of these stamps, John? Are you writing letters or something?

★：No. These are actually from my grandfather's stamp collection. I'm thinking of trying stamp collecting as a hobby.

☆：Are any of them really old?

★：Yeah. This one is over 100 years old. It's from England.

Question: What do we learn about the boy?

全文訳 ☆：これら全ての切手で何をしているの，ジョン？　手紙を書いているか何かなの？

★：いいや。これらは実は僕のおじいさんの切手コレクションなんだ。趣味として切手収集を試してみようと考えているんだ。

☆：それらのいくつかは本当に古いものなの？

★：ああ。これは100年以上前のものだよ。イングランドのものなんだ。

Q：男の子について何がわかるか。

選択肢の訳
1　彼は長い間切手を収集してきた。

2　彼は郵送する手紙が何通かある。

3　彼は新しい趣味を始めるかもしれない。

4　彼はまもなくイングランドに行く。

解説　男の子の最初の発言に I'm thinking of trying stamp collecting as a hobby. とあり，彼が切手収集を趣味として始めることを考えているとわかる。

No.9 －解答　1

放送英文 ☆：Honey, we always eat the same things. We should start eating different foods.

★：But I love your cooking, dear. And what's wrong with meat and potatoes? It's what everyone has for dinner.

☆：Maybe 50 years ago, Don. Come on, it'll be fun. Plus, you never know, you might like other foods.

★：You're right. I guess we could try that little Thai café down the street.

Question: What does the woman say to the man?

全文訳 ☆：ハニー，私たちはいつも同じ物を食べているわ。違う食べ物を食べ始めるべきよ。

★：でも僕は君の料理が大好きだよ。それに肉とジャガイモの何が悪いの？それはみんなが夕食に食べているものだよ。

☆：たぶん 50 年前はね，ドン。ねえ，きっと楽しいわ。それに，どうなるかわからないわよ，ひょっとするとほかの食べ物を気に入るかもしれないわ。

★：そうだね。この通りの先にある小さなタイのカフェを試してみようか。

Q：女性は男性に何と言っているか。

選択肢の訳　1　彼らは何か新しいものを食べてみるべきだ。

2　彼らは夕食にタイの食べ物を料理すべきだ。

3　肉とジャガイモは彼女のお気に入りの食事だ。

4　彼女の夫は台所で手伝いをするべきだ。

解説　女性の最初の発言に We should start eating different foods. とあり，いつもと違う食事を試してみるべきだと女性が男性に言っていることがわかる。この部分が正解の選択肢では They should try eating something new. と言い換えられている。

No.10 解答　2

放送英文 ☆：Welcome to Getaway Travel. May I help you?

★：Yes. I signed up for a tour to Vietnam with your travel agency last week. I was told I have to get a visa, but I forgot what I need for that.

☆： Take your passport, a copy of your plane ticket, and one photo to the Vietnamese embassy. There is a $30 fee.

★： OK. Thank you very much.

Question: What does the man need to do?

全文訳 ☆： ゲットアウェイ・トラベルへようこそ。ご用件をお伺いします。

★： はい。先週，こちらの旅行代理店でベトナムへのツアーの申し込みをしたのです。ビザを取らなければならないと言われたのですが，そのために何が必要なのかを忘れてしまいました。

☆： パスポート，搭乗券のコピー，そして写真 1 枚をベトナム大使館へお持ちください。30 ドルの手数料がかかります。

★： わかりました。どうもありがとうございます。

Q：男性は何をする必要があるか。

選択肢の訳 **1** 彼のツアーの支払いをする。

2 ビザを取る。

3 旅行代理店に行く。

4 パスポートの申請をする。

解説 男性の最初の発言に I was told I have to get a visa とあり，彼はビザを取る必要があるとわかるので，正解は **2**。

No.11 解答 4 正答率 ★75%以上

放送英文 ★： Hello?

☆： Hi, Charlie. This is Jennifer. Do you have today's *Daily Post* newspaper at your house?

★： No. My family doesn't have a newspaper delivered. I read the news on the Internet. Why?

☆： I heard it has an article about choosing a college. I want to read it.

★： Well, you could go to the library. They have all of the local newspapers.

Question: What does the boy suggest that the girl do?

全文訳 ★： もしもし？

☆： こんにちは，チャーリー。ジェニファーよ。あなたの家には今日の『デイリー・ポスト』紙はある？

★： いいや。僕の家族は新聞を配達してもらってないんだ。僕はインターネットでニュースを読むし。なぜ？

☆： 大学の選択についての記事が載っていると聞いたの。それが読みたいんだ。

★： それなら，図書館に行ってみたら。全ての地方紙がそこにはそろっているよ。

Q：男の子は女の子に何をすることを提案しているか。

選択肢の訳 **1** 大学の選択について書く。

2　新聞を購読し始める。
3　インターネットでニュースを確認する。
4　図書館でその記事を読む。

解説　今日の新聞が読みたいという女の子に対して，男の子は you could go to the library と提案している。ここで使われている could は「～したらどうですか」という意味で，丁寧な提案をするときに使われる。

No.12 解答 ②

放送英文 ☆：Hi, Bill. I just got back from my trip. Did you water my plants while I was gone?

★：Welcome back, Angie. Well, actually, I've been so busy with work that I forgot to do it. Are they OK?

☆：Well, one plant died. The rest are still alive.

★：I'm really sorry. Let me buy you a new plant.

Question: What did Bill forget to do?

全文訳 ☆：ねえ，ビル。今旅行から帰ってきたところよ。私がいない間，私の植物に水をあげてくれた？

★：お帰り，アンジー。えっと，実は仕事がとても忙しくてそれをするのを忘れてしまったんだ。植物は大丈夫かな？

☆：うーん，１つは枯れてしまったわ。残りはまだ生きているわ。

★：本当にごめんね。僕に新しい植物を買わせてくれるかな。

Q：ビルは何をし忘れたのか。

選択肢の訳 1　アンジーに新しい植物を買う。
2　アンジーの植物に水をあげる。
3　職場のアンジーに電話をする。
4　空港にアンジーを車で迎えに行く。

解説　自分の不在中に植物に水をあげてくれたかどうか尋ねる女性に対して，男性は I forgot to do it と答えている。この do it は女性の発言の中の water my plants を受けているので，正解は **2** となる。

No.13 解答 ③

放送英文 ☆：Fezzaro's Pizzeria.

★：Hello, my name's Fred Dawson. I ordered a cheese pizza about 30 minutes ago. Is it too late to cancel?

☆：Actually, the driver has left with your pizza already.

★：Oh no. Do you know when it will arrive? I have some unexpected business to attend to, and I have to leave in a minute.

☆：Yes, sir. It should be at your home soon.

Question: What do we learn about the man?

全文訳 ☆：フェッツァロズ・ピッツェリアです。

★：もしもし，私の名前はフレッド・ドーソンです。およそ 30 分前にチーズピザを注文しました。取り消すにはもう遅過ぎますか。

☆：実は，すでにピザを持って運転手が店を出ました。

★：うわあ，まいったな。いつ到着するかわかりますか。対応しなければならない予期せぬ仕事が入ってしまい，すぐに出かけなければならないのです。

☆：はい，お客様。すぐにお宅に到着するはずです。

Q：男性について何がわかるか。

選択肢の訳 1 彼はチーズが好きではない。

2 彼はしばしば家にいない。

3 彼はどこかに行く必要がある。

4 彼はもう 1 枚ピザを注文したい。

解説 男性の 2 番目の発言に I have to leave in a minute とあり，男性がすぐに出かけなければならないことがわかる。これが正解の選択肢では He needs to go somewhere. と言い換えられている。

No.14 解答 1 正答率 ★75%以上

放送英文 ☆：Honey, I know you wanted to try this noodle shop, but look at all the people waiting! The line is out the door.

★：That's because the food is so good here. My friend said it's the best in Tokyo.

☆：Well, I'm hungry. Let's go somewhere else. I don't feel like standing in line for an hour until we can eat.

★：Oh, don't worry. The line will move quickly.

Question: Why does the woman suggest eating somewhere else?

全文訳 ☆：ハニー，あなたがこのラーメン店を試してみたかったというのはわかるけど，これらの待っている人たちを見て！ 行列が扉の外に伸びているわ。

★：それはここの食べ物がとてもおいしいからだよ。僕の友だちはここが東京で一番良いと言っていたよ。

☆：あのね，私はお腹がすいているの。どこかほかの場所へ行きましょうよ。食べられるまでに 1 時間列に並ぶ気分じゃないわ。

★：ああ，心配しないで。列はすぐに動くよ。

Q：なぜ女性はどこかほかの場所で食べることを提案しているのか。

選択肢の訳 1 彼女は待ちたくないから。

2 彼女はめん類が好きではないから。

3 彼女はあまりお腹がすいていないから。

4 彼女は十分なお金を持っていないから。

解説 女性の 2 番目の発言に I don't feel like standing in line for an hour

とあり，女性が列に並んで待ちたくないと思っていることがわかる。

No.15 解答 ④ 正答率 ★75%以上

(放送英文) ☆： Oh, you didn't drive to work today, Greg?
★： No, I didn't. I've been taking the bus lately.
☆： Why? What's wrong with your car?
★： Oh, my car is fine. It's just that gas prices are so high that it's cheaper for me to take the bus.
Question: Why has the man been taking the bus?

全文訳 ☆： あら，今日は車で職場に行かなかったの，グレッグ？
★： いや，行ってないよ。最近バスを使っているんだ。
☆： なぜ？ 車の調子がおかしいの？
★： ああ，車は問題ないよ。ただガソリンの値段がとても高いので，バスを使う方が安上がりなんだ。
Q：なぜ男性はバスを使っているのか。

選択肢の訳
1 新しいバス停が家の近くにできたから。
2 彼の車の調子がおかしいから。
3 バスはいつも時間通りだから。
4 運転するよりも費用がかからないから。

解説 男性の2番目の発言に gas prices are so high that it's cheaper for me to take the bus とあり，ガソリンの値段の高騰で自家用車よりもバスを使った方が安上がりなのでバスを使っていることがわかる。

一次試験・リスニング 第2部

問題編 p.113～115 ▶MP3 ▶アプリ ▶CD 2 58～73

No.16 解答 ③

(放送英文) Walter hurt his left foot while he was climbing a mountain last week. He went to the doctor, and she told him that he should take it easy for two weeks. She said that running or walking a long way would not be good for his foot. He wanted to stay active, so he asked the doctor if he could swim at the gym once a week, and she said that it would be fine.
Question: What is Walter probably going to do once a week?

全文訳 ウォルターは先週山登りをしている間に左足を痛めた。彼が医者に行くと，彼女は彼に2週間のんびり過ごすべきだと言った。長距離を走ったり歩いたりすることは彼の足にとって良くないだろうと彼女は言った。彼は活動し続けたかったので，医者に週に1度ジムで泳いでよいかどうかを尋ねると，彼女はそれは大丈夫だと言った。

Q：ウォルターは週に１度，おそらく何をするつもりか。

選択肢の訳 1　医者にかかる。
2　長い散歩に出る。
3　ジムのプールを使う。
4　山登りをする。

解説 最終文でウォルターは医者に週に１度ジムで泳いでよいかを尋ね，それは大丈夫だと医者は肯定している。よってウォルターはジムのプールを使うだろうと予想できる。

No.17 解答 2

放送英文 In India, there is a city called Jaipur. It is famous for its many pink buildings. In 1876, an important guest, the Prince of Wales, visited Jaipur, and to welcome him, the gate of the city was painted pink. Jaipur's pink gate is one of the main attractions for tourists who travel around India. Many of them like to take pictures of it and to post them online.

Question: Why was the gate of the city of Jaipur painted pink?

全文訳 インドには，ジャイプルと呼ばれる都市がある。そこは多くのピンク色の建物で有名である。1876年に，重要な客人である英国皇太子がジャイプルを訪れ，そして彼を歓迎するために都市の門がピンク色に塗られた。インドを旅行する観光客にとってジャイプルのピンク色の門は主要な観光名所の１つである。彼らの多くは，その写真を撮り，オンライン上に投稿するのが好きだ。

Q：ジャイプルの都市の門はなぜピンク色に塗られたのか。

選択肢の訳 1　その都市の旗の主要な色を示すため。
2　その都市への重要な客人を歓迎するため。
3　その門の建造者がその色を好きだったため。
4　都市の周りに生息している花にそれが合うため。

解説 第３文に重要な客人である英国皇太子を歓迎するためにその都市の門がピンク色に塗られたと述べられている。Prince of Wales は英国皇太子に与えられる称号の１つ。

No.18 解答 2

放送英文 Attention, passengers. The last bus to North Hope City will arrive in five minutes as scheduled. Exit No. 3 of this bus station will close soon, at 11:30 p.m., so please use one of the other two exits. Passengers with small children, please be careful of buses coming into and going out of the station.

Question: What is one reason that this announcement is being made?

全文訳 お客様にお知らせいたします。ノース・ホープ・シティへの最終バスは予定通り5分後に到着いたします。このバス発着所の3番出口はもうすぐ，午後11時30分に閉まりますので，ほかの2つの出口の1つをお使いください。小さなお子様のいるお客様は発着所に出入りするバスにお気をつけください。

Q：このアナウンスがなされている理由の1つは何か。

選択肢の訳
1 バスが遅れて到着する。
2 1つの出口がもうすぐ閉じられる。
3 事故があった。
4 駅へ行く道筋を知らせるため。

解説 第3文にExit No.3 of this bus station will close soonとあり，1つの出口がまもなく閉まると客に伝えようとしていることがわかる。

No.19 解答 3

放送英文 Marisa lost the key to her apartment on her way home from work yesterday. Luckily, she remembered that she had given her father a spare key when she moved in. She called him and asked him if he could come and open her door for her. He was not happy because he had to drive over an hour to get to her apartment.

Question: Why did Marisa call her father?

全文訳 マリサは昨日仕事から帰宅途中でアパートのカギをなくした。幸運にも，彼女が入居したとき，スペアキーを彼女の父親に渡していたことを思い出した。彼女は彼に電話をかけ，彼が来て彼女のためにドアを開けられないか尋ねた。彼女のアパートに行くのに1時間以上運転しなければならなかったので，彼はうれしくなかった。

Q：なぜマリサは父親に電話をしたのか。

選択肢の訳
1 彼女は彼が助けてくれたことのお礼を言いたかったから。
2 彼女は帰宅途中に財布をなくしたから。
3 彼女は彼にドアを開けてもらう必要があったから。
4 彼女は引っ越しについて彼に伝えなければならなかったから。

解説 第3文にShe called him and asked him if he could come and open her door for her.とあり，マリサはスペアキーを持っている父親にドアを開けてもらう必要があったことがわかる。

No.20 解答 1

放送英文 In 2020, an airplane called the Super Scooper was built in Canada. Pilots could use the plane to pick up water from lakes and then drop the water on fires to put them out. The Super Scooper was considered special because although it was a big plane, it could change direction very quickly in the air. As a result, it could fight fires in dangerous places, such as mountains, where other big planes could not fly.

Question: Why was the Super Scooper considered special?

全文訳 2020年に，スーパースクーパーと呼ばれる飛行機がカナダで作られた。パイロットたちは，湖から水をくみ上げ，火事を消すためにその水を火の上にまくのにその飛行機を使うことができた。スーパースクーパーが特別だと考えられたのは，それが大型飛行機であったけれども，空中でとても素早く方向転換ができたからだ。結果として，それはほかの大型飛行機が飛ぶことができない，山岳地帯のような危険な場所で，火事に立ち向かうことができた。

Q：スーパースクーパーはなぜ特別だと考えられたのか。

選択肢の訳
1 それは空中で素早く方向を変えられたから。
2 それは空中で大型飛行機を引っ張ることができたから。
3 それは飛ぶためにガソリンを必要としなかったから。
4 それは飛ぶためにパイロットを必要としなかったから。

解説 第3文でその飛行機は大型だが，空中で素早く方向転換できたため特別だと考えられたと述べられているので正解は**1**である。

No.21 解答 2 正答率 ★75%以上

放送英文 Victor is a salesperson and he often meets customers in their offices to introduce new products. Last week, on his way to a customer, he realized that his smartphone had no more battery power. He needed to call one of his co-workers to let her know about the time of their meeting, so he had to buy a battery charger at a convenience store. It was expensive, so Victor was not happy.

Question: How did Victor solve his problem?

全文訳 ビクターは販売員であり，新しい製品を紹介するためにしばしば顧客と彼らのオフィスで会う。先週，顧客に会いに行く途中，彼はスマートフォンの電池残量がもうないことに気づいた。彼はミーティングの時間について彼の同僚の1人に知らせるために電話をかける必要があったので，コンビニエンスストアで充電器を買わなければならなかった。それは高価だったので，ビクターはうれしくなかった。

Q：ビクターはどのように彼の問題を解決したか。

選択肢の訳
1 彼はスマートフォンを借りた。
2 彼は充電器を買った。
3 彼は彼のオフィスまでタクシーに乗った。
4 彼は彼の顧客に電話をした。

解説 第2文と第3文にスマートフォンの電池残量がもうないが，同僚に電話する必要があるという問題が提示されている。これを受けて第3文後半で，ビクターはコンビニエンスストアで充電器を買わなければならなかったと述べられているので，正解は **2**。

No.22 解答 1

放送英文 Many young children like to play with dolls and they often put their dolls in small dollhouses. Some dollhouses look very realistic. One of the most famous dollhouses in the world is called the Astolat Dollhouse Castle. It was made by a group of artists and has realistic decorations as well as a tiny grand piano. Although each room is about the size of a person's head, the furniture inside looks real.

Question: What is one thing we learn about the Astolat Dollhouse Castle?

全文訳 多くの幼い子どもは人形で遊ぶのが好きで，しばしば自分の人形を小さなドールハウスに入れる。中には非常に本物そっくりに見えるドールハウスもある。世界で最も有名なドールハウスの１つはアストラット・ドールハウス・キャッスルと呼ばれている。それは芸術家のグループによって作られ，とても小さなグランドピアノがあるだけでなく，本物そっくりの装飾が施されている。それぞれの部屋は人の頭くらいの大きさではあるが，中の家具は本物のように見える。

Q：アストラット・ドールハウス・キャッスルについてわかることの１つは何か。

選択肢の訳
1 それは芸術家のグループによって作られた。
2 それは有名な芸術家の家の模型である。
3 それは全ての部屋にグランドピアノがある。
4 それは子どもが住むことができる。

解説 第4文に It was made by a group of artists とあり，それが芸術家のグループによって作られたことがわかる。

No.23 解答 2

放送英文 Nolan has three young daughters, and he wants them to go to university someday. He went to a bank to get some information about long-term savings plans. He decided to open a special account and to save 10 percent of his salary automatically each month. He is not sure if there will be enough money when his daughters finish high school, but he thinks it is a good start.

Question: What did Nolan decide to do?

全文訳 ノーランには３人の幼い娘がおり，彼はいつの日か彼女たちに大学へ行ってほしいと思っている。長期的な貯蓄計画について情報を得るために彼は銀行へ行った。彼は特別な口座を開き，毎月自動的に彼の給与の10%を貯蓄することに決めた。彼の娘たちが高校を終えるころに十分なお金があるかどうか彼は確信していないが，それは良いスタートだと彼は思っている。

Q：ノーランは何をすることに決めたか。

選択肢の訳
1 銀行からお金を借りる。
2 特別な預金口座を開く。
3 彼の娘たちが大学を見つけるのを手助けする。
4 事業を始めることについて情報を得る。

解説 第3文にHe decided to open a special accountと述べられており，ノーランは娘たちのために特別な口座を開くことにしたとわかる。

No.24 解答 4

放送英文 Rosanna and her friends had plans to go to a French restaurant for dinner on Friday night. However, both of her friends called on Wednesday and told her that they would not be able to join her. Rosanna canceled the reservation and now she plans to order a pizza for dinner and enjoy some online movies at home.

Question: How does Rosanna plan to spend Friday night?

全文訳 ロザンナと彼女の友人たちは金曜日の夜にフレンチレストランへ夕食を食べに行く計画をしていた。しかし，友人たちの両方が水曜日に電話をしてきて，彼らは彼女と一緒に行けないと彼女に伝えた。ロザンナは予約を取り消し，そして今，夕食にピザを注文して，家でオンラインの映画を楽しもうと計画している。

Q：ロザンナはどのように金曜日の夜を過ごす計画をしているか。

選択肢の訳
1 彼女は家でフランス料理を作るつもりである。
2 彼女は劇場で映画を見るつもりである。
3 彼女はレストランで夕食を食べるつもりである。
4 彼女はピザを注文し映画を見るつもりである。

解説 第2文と最終文前半に友人たちが一緒に夕食に行けなくなったのでロザンナはレストランの予約を取り消したことが述べられている。それを受けて最終文後半にロザンナはピザを注文し，家で映画を見ることにしたと述べられているので正解は**4**。

No.25 解答 1

放送英文 Kelly is a college student and she is looking for a part-time job. Although her professors give her a lot of homework, she has some free time on Sundays. A friend sent a message to her smartphone about a new café that is looking for someone to work on Sunday mornings. Kelly plans to talk to the manager of the café this weekend.

Question: How did Kelly find out about the part-time job?

全文訳 ケリーは大学生で，アルバイトを探している。彼女の教授たちは彼女にたくさんの宿題を出すけれども，彼女は日曜日にいくらか自由時間がある。友だちの１人が彼女のスマートフォンに日曜日の朝に働く人を探している新しいカフェについてメッセージを送ってくれた。ケリーは今週末にそのカフェの店長と話す予定だ。

Q：ケリーはどのようにアルバイトについて知ったか。

選択肢の訳
1 彼女は友だちからそれについてのメッセージを受け取った。
2 彼女はカフェでそれについての情報を見かけた。
3 彼女は彼女の教授の１人からそれについて聞いた。
4 彼女は大学でそれについて読んだ。

解説 第３文で A friend sent a message to her smartphone about a new café と述べられており，友だちがアルバイトについての情報を送ってくれたことがわかる。本文では A friend sent a message となっているが，正解の選択肢では主語が A friend から She（＝Kelly）に変わって，She got a message ... となっているので，注意が必要である。

No.26 解答 3

放送英文 Tony loves gardening, but he finds it difficult to make the grass grow under a big tree in his garden. His neighbor, Ms. Smith, gave him some advice. She said that he should cut some of the tree's branches to make it smaller. That way, more sunlight would reach the grass. Tony has decided to try it, and he will go to the gardening store this weekend to look for cutting equipment.

Question: What advice did Tony's neighbor give him?

全文訳 トニーは園芸が大好きだが，彼の庭の大きな木の下で芝生を育てることが難しいと感じている。彼の隣人のスミスさんが彼に助言をくれた。木をより小さくするためにその枝のいくつかを切るべきだと彼女は言った。そうすると，より多くの日光が芝生に届くことになる。トニーはそれを試すことにして，今週末，剪定用具を探しに園芸店へ行く予定である。

Q：トニーの隣人は彼にどんな助言をくれたか。

選択肢の訳
1 毎週末，庭に水やりをすること。
2 いくつか小さな花を育てること。
3 木のいくつかの部分を取り除くこと。
4 木の下にもっと芝生を植えること。

解説 第３文に木の枝のいくつかを切るべきだと述べられている。本文の cut

some of the tree's branches が正解の選択肢では，remove some parts of a tree と言い換えられているので注意が必要である。

No.27 解答 4

放送英文 Buttons are very useful because they keep shirts closed and keep pants from falling down. However, researchers say that the first buttons had different uses. The oldest buttons are around 5,000 years old. They were made from animal shells and were very pretty, so they were probably used as decorations on clothes. Buttonholes that were strong enough to keep buttons from slipping out were invented much later, in the 13th century.

Question: How were the first buttons probably used?

全文訳 ボタンはシャツを閉じ，ズボンがずり落ちるのを防ぐのでとても役に立つ。しかし，最初のボタンは異なる用途を持っていたと研究者たちは言っている。最も古いボタンはおよそ5千年前のものである。それらは動物の殻から作られ，とてもきれいだったので，おそらく服の飾りとして使われていた。ボタンが滑って外れるのを防ぐのに十分な強さを持ったボタン穴はかなり後の13世紀に発明された。

Q：最初のボタンはおそらくどのように使われたか。

選択肢の訳
1 シャツを閉じるため。
2 ズボンがずり落ちるのを防ぐため。
3 動物のためのおもちゃとして。
4 服のための飾りとして。

解説 第4文後半に they were probably used as decorations on clothes とあるので，最初のボタンはおそらく服の飾りとして使われていたとわかる。

No.28 解答 3

放送英文 Here at Bundy Supermarket, we have the best prices on everyday items for your home. Apply now for a Bundy membership card and get 10 percent off the next time you shop at our store. Also, for this month only, we are giving away some free gifts. Take a ticket with a number at the exit, and if your number is chosen, you could win a set of six imported wine glasses.

Question: How can customers get a 10 percent discount?

全文訳 ここバンディ・スーパーマーケットでは，お客様のご自宅で使う日用品に最良の価格を付けております。バンディ会員カードに今お申し込みいただければ，次回当店でお買い物する際に10％の割引を得ることができます。また，今月のみ，無料のギフトを差し上げています。出口で番号付きの券をお取りいただき，もしあなたの番号が選ばれましたら，輸入ワイングラス６個セットを獲得できます。
Q：客はどのようにして10%の割引を得ることができるか。

選択肢の訳
1 毎月そのスーパーマーケットで買い物をすることによって。
2 ワイングラスを１セット買うことによって。
3 会員カードに申し込むことによって。
4 その店で60ドルより多く使うことによって。

解説 第２文にApply now for a Bundy membership card and get 10 percent off the next time you shop at our store. とあるので，正解は**3**。本文中のapply forが正解の選択肢ではsign up forと言い換えられている。

No.29 解答 2

放送英文 Rie's grandfather lives outside the city, and she often helps him around the house. Yesterday, while she was helping him with his laundry, she noticed that he looked tired. She asked him why, and he said that he had walked for 45 minutes to a store to buy vegetables for dinner. Rie plans to show him how to use the Internet to order things and have them delivered to his home instead.
Question: How does Rie plan to help her grandfather?

全文訳 リエの祖父は街の郊外に住んでおり，彼女はしばしば彼の身の回りのことについて手助けをしている。昨日，彼女が彼の洗濯を手伝っていたとき，彼が疲れているようだと彼女は気づいた。彼女が彼に理由を尋ねると，彼は夕食用の野菜を買うために店まで45分間歩いたのだと言った。リエは，その代わりにインターネットを使って物を注文し，家まで届けてもらう方法を彼に教えるつもりである。
Q：リエはどのように祖父を助けるつもりか。

選択肢の訳
1 毎週彼の洗濯をすることによって。
2 オンラインで物を注文する方法を彼に教えることによって。
3 彼が疲れているときに家の掃除をすることによって。
4 彼女の家で彼のために料理することによって。

解説 最終文にRie plans to show him how to use the Internet to order things とあり，リエが祖父にオンラインで物を注文する方法を教えるつもりだとわかる。

No.30 解答 4

放送英文 You're listening to WVXT Radio, and here is tomorrow's weather forecast. It will be cold and rainy tonight, but tomorrow morning will be much warmer. In fact, weather stations forecast that the temperature will rise more than 15 degrees. It will be much warmer than expected. There will be some clouds, but no rain. The rest of the week will also be cloudy, with skies clearing around Friday for a sunny weekend.

Question: How will the weather be tomorrow morning?

全文訳 お聞きの放送は WVXT ラジオで，ここで明日の天気予報です。今夜は寒く雨模様となりますが，明日の朝にはずっと暖かくなるでしょう。実際，気象観測所は気温が 15 度以上上がると予報しています。予想よりずっと暖かくなるでしょう。雲が少し出ますが，雨は降らないでしょう。週の残りの間も曇りで，金曜日ごろに空が晴れ上がってきて，晴天の週末となるでしょう。

Q：明日の朝，天気はどうなるだろうか。

選択肢の訳
1 いつもより風が強くなるだろう。
2 寒く雨模様となるだろう。
3 空が晴れ上がり晴天となるだろう。
4 予想より暖かくなるだろう。

解説 第 2 文後半から明日の朝の予報が述べられている。第 4 文の It will be much warmer than expected. から明日の朝は予想よりずっと暖かくなるとわかる。

全文訳 **情報の質**

最近，大量の情報がオンラインで入手可能である。しかし，この中には事実に基づいていない情報もあるため，信用できる情報への需要は増加している。毎日の生活で人々はそのような情報を使い，そして彼らはこのようにして身の回りの物事についてより良い決定をすることができる。インターネットの時代では，情報源がより重要になってきている。

質問の訳 No. 1 文章によれば，どのようにして人々は身の回りの物事についてより良い決定をすることができますか。

No. 2 では，絵を見てその状況を説明してください。20 秒間，準備する時間があります。話はカードにある文で始めてください。
〈20 秒後〉始めてください。

では，～さん（受験生の氏名），カードを裏返して置いてください。

No. 3 インターネット上で買い物をするとき，人々はより注意深くなる必要があると言う人がいます。あなたはそれについてどう思いますか。

No. 4 日本では今日，多くの電車とバスに英語による表示とアナウンスがあります。ほかの外国語による表示とアナウンスもあるべきだとあなたは思いますか。
Yes. →なぜですか。　　No. →なぜですか。

No.1

解答例 By using information that can be trusted.

解答例の訳 「信用できる情報を使うことによって」

解説 第 3 文に People use such information in everyday life, and in this way they can make better decisions about things around them. とあり，such information「そのような情報」を使うことで人々は身の回りの物事についてより良い決定をすることができるとわかる。such information とはその前文の information that can be trusted を指すので，such information とその説明部分を入れ替える。質問は how「どのように」なので By using で始めて答えるとよい。

No.2

解答例 One day, Mr. and Mrs. Ito were talking about selling some things at a flea market. Mrs. Ito said to her husband, “Maybe we can sell this computer, too.” The next day at the market, Mr. Ito was cleaning the computer. Mrs. Ito was writing prices on some paper. That afternoon, Mrs. Ito was surprised to see that it had started to rain. Mr. Ito was thinking of putting the computer in the car.

解答例の訳 「ある日，イトウ夫妻はフリーマーケットでいくらかのものを売ることについて話していました。イトウさんは夫に『もしかすると私たちはこのコンピューターも売ることができるかもしれないわ』と言いました。翌日マーケットで，イトウさんの夫はコンピューターをきれいにしていました。イトウさんは紙に値段を書いていました。その日の午後，イトウさんは雨が降り出したことに気づいて驚きました。イトウさんの夫はコンピューターを車の中に入れることを考えていました」

解説 1コマ目は指示された英文で説明を始め，その後にイトウさんのせりふを Mrs. Ito said to her husband, の後に続ける。2コマ目は The next day at the market, で始め，イトウさん夫妻の動作をそれぞれ1文ずつ過去進行形で描写する。3コマ目は That afternoon, で始め，イトウさんが雨に驚いている様子を描写し，次に吹き出しの中のイトウさんの夫の考えを説明する。

No.3

解答例 I agree. Some shopping websites are dangerous for people to use. People's personal information can be stolen.

解答例の訳 「私もそう思います。人々が使うには危険な買い物サイトがあります。人々の個人情報が盗まれてしまう可能性があります」

解答例 I disagree. People today know the dangers of using the Internet. It's often discussed in the news.

解答例の訳 「私はそうは思いません。今日の人々はインターネット使用の危険性を知っています。ニュースでそれがしばしば議論されています」

解説 まず，賛成（I agree）か反対（I disagree）かを明確にし，その後にそれをサポートする理由や具体例を2文程度で述べるとよい。解答例以外にも賛成の場合は，手に取って確かめられないので，買ったものが自分の望んだものではない可能性があることを指摘してもよいだろう。反対の場合は，学校などでもインターネットの危険性についてしばしば教えられている，という事実を挙げてもよいだろう。

No.4

解答例 （Yes. と答えた場合）

There are many foreign tourists that don't know English. Signs and announcements in other languages would be helpful to them.

解答例の訳 「英語がわからない外国人旅行者がたくさんいます。ほかの言語による表示とアナウンスは彼らの役に立つでしょう」

解答例 （No. と答えた場合）

It would cost a lot to have signs and announcements in other languages. Also, it would be difficult to decide which languages to use.

解答例の訳 「ほかの言語による表示とアナウンスをするには多くの費用がかかるでしょう。また，どの言語を使うかを決めることは難しいでしょう」

解説 ここでも Yes か No か，自分の立場をはっきりさせ，その立場を支持する理由を 2 文程度で説明するとよい。解答例以外にも Yes の場合は，英語に偏ることなく，言語の多様性を尊重することが重要だ，と多様性の大切さを述べてもよい。No の場合は，複数の言語の表示をするにはスペースが十分ではないこと，複数の言語によるアナウンスをするとアナウンスの時間が長くなってしまうということなどを理由として挙げてもよいだろう。

二次試験・面接　問題カード B 日程　問題編 p.118～119　▶MP3 ▶アプリ ▶CD 2 79～82

全文訳 **スポーツ選手について知る**

スポーツ選手は常に自分の能力を向上させようと努めている。現在，彼らがこれをすることを手助けできる訓練センターがある。これらの場所は，さまざまな身体の動きについてのデータを記録する特別な装置を備えている。専門家たちがそのようなデータを詳しく調べ，そしてそうすることで彼らはスポーツ選手の長所と短所について知る。この情報はスポーツ選手の能力を向上させるための重要な手段となり得る。

質問の訳 No. 1 文章によれば，専門家たちはどのようにしてスポーツ選手の長所と短所について知るのですか。

No. 2 では，絵を見てその状況を説明してください。20 秒間，準備する時間があります。話はカードにある文で始めてください。
〈20 秒後〉始めてください。

では，～さん（受験生の氏名），カードを裏返して置いてください。

No. 3 今日の人々はインターネット上に過剰な個人情報を載せていると言う人がいます。あなたはそれについてどう思いますか。

No. 4 今日，多くの人々が日常生活で自転車に乗ります。自転車を使うとき，人々はマナーが良いとあなたは思いますか。
Yes. →なぜですか。　　No. →なぜですか。

No.1

解答例 By studying data about various body movements.

解答例の訳 「さまざまな身体の動きについてのデータを詳しく調べることによって」

解説 第 4 文に Experts study such data, and by doing so they learn about the strong and weak points of athletes. とあり，such data「そのようなデータ」を詳しく調べることで専門家たちがスポーツ選手の長所と短所を知るということがわかる。such data とは，その直前の文で data about various body movements と説明されているので，such data をその説明部分と入れ替える。質問は how「どのように」なので By studying で始めて答えるとよい。

No.2

解答例 One day, Miki and her father were at home. Miki said to her father, "I'd like to try tennis." The next day at a store, Miki's father was asking a clerk about a tennis racket in a catalog. Miki was trying on shoes. Later that day, Miki was taking her tennis racket out of a box. Her father was thinking of playing tennis with Miki.

解答例の訳 「ある日，ミキと彼女の父親は家にいました。ミキは父親に『テニスをしてみたい』と言いました。翌日店で，ミキの父親はカタログに掲載されているテニスラケットについて店員に尋ねていました。ミキは靴を試し履きしていました。その日の後になって，ミキは箱から彼女のテニスラケットを取り出していました。彼女の父親はミキとテニスをすることを考えていました」

解説 1コマ目は，指示された文で説明を始め，その後にミキのせりふを Miki said to her father, の後に続ける。2コマ目は The next day at a store, で始め，父親の動作とミキの動作を過去進行形で描写する。3コマ目は Later that day, で始め，ミキがテニスラケットを箱から取り出している様子を描写し，次に吹き出しの中の父親の考えを説明する。

No.3

解答例 I agree. It can be dangerous for people to put personal information online. For example, this information can be used in online crimes.

解答例の訳 「私もそう思います。オンラインに人々が個人情報を載せることは危険になり得ます。例えば，この情報はオンライン犯罪に使われる可能性があります」

解答例 I disagree. People know they shouldn't put too much personal information on the Internet. They only share information with people they trust.

解答例の訳 「私はそうは思いません。人々は過剰な個人情報をインターネット上に載せるべきではないと知っています。彼らは信用する人々と情報を共有しているだけです」

解説 まず冒頭で賛成（I agree）か反対（I disagree）か，自分の立場を明確にし，その後に具体的な理由を2文程度で述べることが大切である。解答例のように，立場を示した後に理由を明示し，さらにその具体例などを提示すると説得力が増す。

No.4

解答例 （Yes. と答えた場合）

Most bicycle riders are careful about the people around them. For example, they ride their bikes slowly on crowded streets.

解答例の訳 「自転車に乗るほとんどの人は周りの人々に注意しています。例えば，混雑した通りでは彼らはゆっくりと自転車に乗ります」

解答例 （No. と答えた場合）

Many people park their bicycles on narrow streets. This makes it difficult for people to pass by.

解答例の訳 「多くの人々が狭い通りに自転車を止めます。これが人々が通り抜けることを困難にしています」

解説 ここでもまず始めにYesかNoか，自分の立場を明示し，その後に具体的な理由を2文程度で述べる。解答例以外でも，Yesの場合は，歩道ではなく車道の自転車専用レーンを走る人が増えていることを例に出してもよい。またNoの場合は，逆に狭い歩道を，スピードを出して走る人がいることを強調してもよい。

2021-1

解答一覧

一次試験・筆記

1

(1)	2	(8)	2	(15)	1
(2)	1	(9)	4	(16)	2
(3)	4	(10)	3	(17)	3
(4)	4	(11)	3	(18)	1
(5)	3	(12)	4	(19)	2
(6)	4	(13)	2	(20)	1
(7)	3	(14)	1		

2 A

(21)	3
(22)	1
(23)	4

2 B

(24)	2
(25)	1
(26)	1

3 A

(27)	2
(28)	2
(29)	4

3 B

(30)	2
(31)	3
(32)	4
(33)	1

3 C

(34)	2	(36)	1	(38)	1
(35)	2	(37)	2		

4　解答例は本文参照

一次試験・リスニング

第1部

No. 1	3	No. 6	4	No.11	1
No. 2	1	No. 7	4	No.12	2
No. 3	4	No. 8	2	No.13	3
No. 4	3	No. 9	1	No.14	4
No. 5	3	No.10	2	No.15	2

第2部

No.16	2	No.21	4	No.26	3
No.17	3	No.22	3	No.27	1
No.18	2	No.23	4	No.28	3
No.19	4	No.24	1	No.29	1
No.20	1	No.25	2	No.30	2

一次試験・筆記 1

問題編 p.122〜124

(1) 一解答 2

訳 最初，マーケティング部と営業部は一緒にそのプロジェクトに取り組んでいた。しかし，営業部の人々は忙し過ぎたので，現在そのプロジェクトは完全にマーケティング部によって運営されている。

解説 第2文の「営業部の人々は忙し過ぎた」という内容から，現在はそのプロジェクトがentirely「完全に」マーケティング部によって運営されていると推測できる。needlessly「不必要に」，scientifically「科学的に」，violently「暴力的に」

(2) 一解答 1

訳 その美術館の専門家たちは，彼らの所蔵する絵画の１つを本物のピカソの作品であると考えていたのだが，それが実はただの複製だったことを発見した。

解説 空所直後の「実はただの複製だった」という記述から，その前は専門家たちがその絵をgenuine「本物の」作品であると考えていたことがわかる。severe「厳しい」，logical「論理的な」，portable「持ち運び可能な」

(3) 一解答 4 正答率 ★75%以上

訳 ミュージシャンであるジミー・ベイカーは，子どものころ多くの困難を経験した。彼が裕福で有名なロックスターになる前，彼の家族はとても貧乏だった。

解説 第2文で「彼の家族はとても貧乏だった」と述べられているので，彼が多くのhardship「困難」を経験したとすると文脈に合う。permission「許可」，membership「会員であること」，concentration「集中」

(4) 一解答 4

訳 マザー・テレサはインドで多くの病人を助け，たくさんのお腹をすかせた子どもたちに食料を与えた。彼女は人間愛を大切にする人として知られていた。

解説 第1文の内容からマザー・テレサがhumanity「人間愛」を大切にした人であることがわかる。generation「世代」，gravity「重力」，hesitation「ためらい」

(5) 一解答 3

訳 リアムは暗い通りを歩いていたとき，恐怖を感じ始めた。彼は誰かが彼を見ているという感じがした。

解説 第1文で彼は「恐怖を感じ始めた」とあるので，第2文では彼は恐怖を感じさせるような，見られているというsensation「感じ」を持ったとすると文脈に合う。feature「特徴」，translation「翻訳」，property

「所有物」

(6) —解答 4 正答率 ★75%以上

訳 リサは渓流の水を買う。それは彼女の体が必要とする多くのミネラルを含んでいるのでそれを飲むのは良いことだと彼女は言う。

解説 渓流の水に含まれるものとして適切なものは，選択肢の中では minerals「ミネラル」しかない。campaign「キャンペーン」，operation「手術」，illustration「図，説明」

(7) —解答 3

訳 大波で溺れているように見える少女を助けるために，そのライフガードは海へ走って入っていった。

解説 ライフガードが少女を助けるために海に入ったということから，その少女が drowning「溺れている」ように見えたとわかる。propose「～を提案する」，convert「～を変える」，export「～を輸出する」

(8) —解答 2 正答率 ★75%以上

訳 昨日動物園は暑かったので，ヘザーはアイスクリームを買った。それはとても早く溶けたので，彼女はドレスの上にアイスをこぼさずにはいられなかった。

解説 第2文前半にアイスが溶けた，とあるので spilling「～をこぼす」が最も適切である。cannot help *doing* で「～せずにはいられない」という意味。argue「～を主張する」，convince「～を確信させる」，maintain「～を維持する」

(9) —解答 4

訳 過去において，船乗りたちは海上にいるときはかじを取るために，星々を使わなければならなかった。最近では，船には船乗りにどの方向へ行くべきかを示す現代的な装置がある。

解説 sailors「船乗り」，on an ocean「海上に」などのフレーズから，navigate「かじを取る，航行する」が最も文脈に適している。satisfy「～を満足させる」，respect「～を尊敬する」，permit「～を許す」

(10)—解答 3 正答率 ★75%以上

訳 ダイスケの祖母は，健康を保つためにたくさんの野菜を食べ，緑茶を飲み，毎晩長距離の散歩に出かける。

解説 野菜を食べ，緑茶を飲み，散歩に出かけるという行為の目的として文脈に合うのは，preserve「～を保つ」である。interpret「～を解釈する」，replace「～を取り換える」，betray「～を裏切る」

(11)—解答 3

訳 ジョーのほほえみは優しく，そのまなざしは親切だったので，彼は良い人物だとテレサは一目でわかった。

解説 意味のある熟語を作ることができるのは，選択肢の中で at のみ。at

first sight は「一目で」という意味で文脈にも合う。よく使われる表現として love at first sight で「一目ぼれ」がある。

(12)—解答 4

訳 A：お父さんの誕生日にワインを買おうと考えているんだ。

B：そうだね，彼はワインについてとても注文が多いよ。どんな種類が欲しいか彼に聞いた方がいいね。

解説 B が空所後の文で「どんな種類が欲しいか彼に聞いた方がいい」と言っていることから，A の父がワインについて particular「注文が多い」と推測できる。sweet「甘い」，guilty「有罪の」，enormous「巨大な」

(13)—解答 2

訳 A：サム，何時に映画館であなたを降ろしてほしい？

B：映画は 7 時に始まるから 6 時 45 分でどう？

解説 正解は drop ～ off で「～を（乗物から）降ろす」。off を見逃して「連れていく」という意味で take を選ばないように注意。pick off「～を摘み取る」，take off「～を脱ぐ」，mark off「～を区切る」

(14)—解答 1

訳 A：すみません。このベルトは本日の半額セールに含まれていますか。

B：申し訳ございません，お客様。そのセールはベルトと財布には適用されません。

解説 ベルトは半額セールに含まれるか，という A の問いに対して「申し訳ございません」と B が言っている。つまりその半額セールはベルトに適用されないということであり，apply to「～に適用される」が正解。vote for「～に賛成票を投じる」，put off「～を延期する」，tie up「～を固く縛る」

(15)—解答 1

訳 レイカは紫色の着物が欲しい。ショッピングモールには着物の店がある。しかし，彼女はそこでそれを手に入れられるかどうかわからないので，確実にそれを見つけるためにオンラインで買い物をするつもりだ。

解説 空所前に，欲しい紫色の着物をショッピングモールで手に入れられるかどうかわからないと述べられているので，for sure「確実に」見つけるために別の方法を取ったと考えられる。for instance「例えば」，in short「要するに」，in vain「無駄に」

(16)—解答 2

訳 先月，激しい嵐がモンテインバレーに多大な被害をもたらした。その地域の農家たちは野菜が傷んでしまったので，それらを売ることができなかった。

解説 第 2 文で農家たちの野菜が傷んでしまったことが述べられているので，激しい嵐が did a lot of harm「多大な被害をもたらした」とわかる。

do harm で「害を及ぼす」という意味。have some difficulty「多少困難がある」, take a break「休憩する」, find fault「欠点を見つける」

(17)—解答 3

訳 ジョセリンは大学を卒業したら，ボランティア団体で働きたいと思っている。彼女は自分の時間をほかの人々のために働くことに使いたいと思っている。

解説 ボランティア団体で働きたいという内容に文脈上最も合う選択肢は for the benefit of「～のために」である。at the sight of「～を見て」, for a change of「～を変えるために」, at the thought of「～のことを考えて」

(18)—解答 1

訳 A：私たちの列車は何時に出発しますか。
B：20 分後です。そろそろ駅へ向かって出発する時間です。

解説 It is time の後に仮定法過去が使われて，「もう～すべき時間です」という意味を表す。よく使われる表現として It is time we went to bed.「もう寝る時間です」がある。

(19)—解答 2

訳 コンサートはとてもうるさかったので，ジェーンは自分の声が聞こえるように必死に努力した。彼女は友だちと意思疎通をするために叫ばなければならなかった。

解説 〈make＋O＋過去分詞〉で「O を～された状態にする」という意味。ここでは「自分自身を聞かれた状態にする」つまり「自分の声が聞こえるようにする」という意味になる。

(20)—解答 1

訳 マルティネス先生は学校の全ての生徒から愛されている。しかし，ガルシア先生は彼ほど親切な人ではないので，彼女はマルティネス先生より人気がない。

解説 比較の表現 as ～ as ... で最初の as の後ろに〈a(n)＋形容詞＋名詞〉がくる場合は，語順が〈形容詞＋a(n)＋名詞〉に変化する。この問題では a kind person が kind a person に変化している。

一次試験・筆記 2

問題編 p.126～129

A 全文訳 自給自足コミュニティー

最近，より環境に優しくなるために，多くの人々が自分の生活を変えようと試みている。彼らがこれを行う 1 つの方法は，化学薬品を使わずに育てられた野菜のようなより少ない汚染を作り出す生産物を選ぶことによってである。また，彼らは，地元の生産者から買うことで，生産物を輸送するために必要とされる化石燃料の量を減らしている。「自給自足コミュニティー」に参加してさえいる人々もいる。これらのコミュニティーでは，生活するために必要な全てのもの――食料，衣服，家具，燃料，そして薬品――を作り出すために人々は一緒に働いている。

1970年代に，ジョン・シーモアという名の英国人が自給自足という考え方を提唱した。彼は旅をして農業について学ぶことに彼の人生の多くを費やした。例えば，彼は南アフリカへ行き，羊の農場を経営した。彼はそこにいる間，自然の中でどのように食料を見つけるかを彼に教えてくれる地元の人々と時間を過ごした。彼はまた，さまざまな農村がどのように生活しているかを観察しながら，ヨーロッパからインドまで旅をした。これらの経験が，都市，オフィスそして工場から離れることを試みるという考え方をシーモアに与えた。

作物を育て，ハチを飼育するようなことをどのように行うかを説明した本をシーモアは1976年に出版した。そのとき，その本は何千人もの人々を自給自足コミュニティーに参加するよう鼓舞した。しかし，これらの人々のほとんどはその生活様式が困難であると感じ，1980年代初頭までにはあきらめてしまった。しかし，現在，その考え方は再び興味を引き付けつつある。多くの若者が都市の生活から離れ農業従事者になっている。今回，彼らの多くは完全には自給自足の状態にはならないと決めた。むしろ，彼らは，自分たちで作り出すことが困難なものを買うのに十分なお金を稼ぐために現代の技術を使っている。

(21)―解答 3 正答率 ★75%以上

解説 空所後では，環境に負荷をかけないように人々が心掛けている具体的な例が述べられているので，be kinder to the environment「より環境に優しくなる」が最も適切。

(22)―解答 1 正答率 ★75%以上

解説 空所後では，シーモアが世界中を旅し，農業について学んだことが説明されているので，traveling and learning about farming「旅をして農業について学ぶ」が正解。

(23)―解答 4

解説 空所前では，都市を離れた若者の多くが完全な自給自足に固執しないと決めたことが，空所後では，自給自足が難しい場合は現代の技術を使っていこうという彼らの姿勢が述べられている。この2つをつなぐにはRather「むしろ」が最も適切。At last「ついに」，Meanwhile「その間に」，Like before「以前のように」

B 全文訳 砂漠の達人

「ベドウィン」は北アフリカと中東に住む一部の人々に与えられた名前である。ほとんどの人々とは違い，多くのベドウィンは1つの場所に住まない。それどころか，彼らは遊牧民であり，それは彼らがいつもあちこち移動していることを意味する。彼らは彼らのラクダと羊を牧草と水へと導きながら，エジプトやイスラエルのような国の熱い砂漠を歩き回る。砂漠の生活は簡単ではないが，何千年もの間，ベドウィンは彼らが生き延びるのに役立つ独特の技術を発達させてきた。

今日，世界にはおよそ2千万人のベドウィンがいると見積もる人々がいる。しかし，彼らの正確な人数は知られていない。彼らの多くが旅をしているので，彼ら全員を数えるのは不可能である。しかし，近年，多くのベドウィンが彼らの伝統的な生活様式をあきらめてしまった。これは政府によって管理される土地の量が増加したからであり，それはベドウィンが自由に旅をすることをより困難にしてしまった。彼らの中には現在都市部に住み，タクシーを運転したり，レストランで働いたりといった定職を持っている者もいる。

イスラエルの軍隊で追跡者としての仕事を見つけたベドウィンもいる。追跡者とは足やタイヤによって残された跡といった，地面に残された痕跡を使って人々を追いかける者である。追跡者は彼らの環境をよく知らなければならないし，何か普通ではないことに素早く気づかなければならない。当然ながら，砂漠で生き延びる技術を持つベドウィンは優れた追跡者である。およそ1,600人のベドウィンが現在イスラエルの軍隊で働いており，イスラエルの国境沿いで危険に気づく彼らの能力はその国を守る手助けとなっている。

(24)—解答 2 正答率 ★75%以上

解説 空所後の文で，ベドウィンは遊牧民でいつも移動していると説明されている。言い換えれば，彼らの多くは live in one place「1つの場所に住む」ことがないのである。

(25)—解答 1 正答率 ★75%以上

解説 空所後の文で，ベドウィンは常に移動しているためその人数を数え上げることは不可能だと空所の理由が述べられているので，their exact numbers are unknown「彼らの正確な人数は知られていない」が適切。

(26)—解答 1

解説 空所前の文では追跡者に必要な資質が述べられている。空所後では，砂漠で生き延びる技術を持つベドウィンは優れた追跡者であると説明されている。この2つの事実をつなぐには，Naturally「当然ながら」が最も適切である。Occasionally「時々」，Secondly「第2に」，Equally「等しく」

一次試験・筆記 3 問題編 p.130〜136

A 全文訳

発信人：ピーター・デッカー <p-decker@yourworldls.org>
宛先：フェン・リー <feng.li@mymail.com>

日付：5月30日
件名：中国語の教職
リー様

ロンドンのユア・ワールド語学学校で教えることに興味を持っていただきありがとうございます。オンライン面接であなたが子どものために学びを面白くわくわくさせるものにする素敵なアイデアをお持ちであると私たちは思いましたので，私たちの学校で中国語を教える職をあなたに提案したいと思います。その職で公式に働き始めていただく日は8月1日ですが，あなたにはその前にこちらで2週間の訓練プログラムに参加していただきたいと思います。

ご存じのように，私たちの語学学校では全ての年齢の生徒に講座を提供しており，それぞれの授業は生徒たちが彼らの独自の目標を達成することを手助けするように設計されております。子どもを教えたあなたの経験は間違いなく大きな強みとなるでしょう。しかし，私たちの中国語プログラムはビジネス関係者にもとても人気がありますので，あなたにはその分野を教えることにも精通してもらいたいと思っております。

学校は1,500ポンドまであなたの転居費用を賄います。航空券とホテル宿泊のような出費は賄われますが，食費とほかの個人的な出費は賄われません。あなたはこのEメールに添付された用紙とともにレシートの原本を全て提出する必要があります。また，あなたの職責を記した添付の雇用契約書に目を通し，もし何か質問があればお知らせください。あなたが私たちのチームに加わってくれることを本当に楽しみにしています！

敬具
ピーター・デッカー

(27)─解答 2

質問の訳　ユア・ワールド語学学校で仕事を始める前に，リーさんは

選択肢の訳
1　ピーター・デッカーとオンライン面接をしなければならない。
2　ロンドンで2週間訓練を受けなければならない。
3　子どもを教えるための面白いアイデアを思いつかなければならない。
4　その学校でいくつか中国語の模擬授業をしなければならない。

解説　第1段落最終文に we would like you to attend a two-week training program here before then とあり，リーさんは正式に働き始める前に2週間の訓練を受ける必要があることがわかる。

(28)─解答 2

質問の訳　ピーター・デッカーはリーさんに何をすることを依頼しているか。

選択肢の訳
1　全ての年齢に向けた講座のための授業を設計する。
2　ビジネス中国語を教えることについて学ぶ。
3　子どもを教える経験を得る。
4　その学校の近くの地域に精通する。

解説　第2段落最終文でビジネス中国語にも精通してもらいたいということが述べられているので正解は**2**。本文に登場した become familiar with ... という表現につられて **4** を選ばないように注意が必要。

(29)—解答 4

質問の訳 ユア・ワールド語学学校はリーさんのために何をするか。

選択肢の訳
1 彼女の職責に関しての詳細を彼女に送る。
2 彼女の航空券とホテルを予約する。
3 彼女の食費と個人的な出費を賄う。
4 彼女がロンドンに転居するための支払いを手助けする。

解説 第 3 段落第 1 文に The school will cover your moving costs up to £1,500. とあり，学校がロンドンへの転居費用を最大 1,500 ポンドまで援助してくれることがわかる。

B 全文訳 空気中にて

世界の大都市の多くで，大気汚染は深刻な問題である。専門家たちによると，毎年世界中のおよそ 700 万人の人々が汚れた空気の影響で亡くなっている。イギリスの首都であるロンドンはこの問題を抱える都市の一例だ。ロンドンはいくつかの世界最悪水準の大気汚染の数値を示していると言われている。しかし，この汚染の多くは目には見えないので，政府に対してその状況を改善するために行動を起こすように求めている人々はほとんどいない。

けれども，ピエール・デュケノアと呼ばれる男性が，その問題を人々にもっと意識させるための方法を考えついた。デュケノアのアイデアは大気汚染の度合いを測り，その結果をウェブサイトに送るために，多くの大都市で普通に見かける鳥であるハトの一団を使うことだった。最初，デュケノアはドローンを使うことを考えたが，ロンドンでドローンを飛ばすのは法律違反だと言われた。その後，彼は代わりにハトを使うことができると気づいた。

100 万羽を超えるハトがロンドンに生息していると見積もられている。彼らは建物や公共の場所を汚すので，住民には人気がない。デュケノアが使うことにしたハトは普通のハトではなくて伝書バトであった。これらのハトは放たれた場所から自分が住んでいる場所まで帰る道を見つける驚くべき能力を持っているので，伝言を送るために古代から使われてきた。デュケノアはこれらのハトがただ飛び去ってしまうのではなく，自分たちの家に戻ってくることを確信できたので彼らを使った。

専門家の助けを得て，デュケノアはハトの一団を結成した。小さな装置がそれぞれのハトの背中に取り付けられた。これらの装置は空気中のガスを測り，その結果をウェブサイトに送る。そのプロジェクトの間，人々はウェブサイトを見て，それぞれのハトがどこにいるのかと，その地域の大気汚染の度合いを確認することができた。そのウェブサイトには多くの人が訪れ，彼らはデュケノアのプロジェクトと大気汚染の問題について意見を交わし始めた。結果として，ロンドンの空気をきれいにするために政府はもっと行動すべきだと言う人が増えている。

(30)—解答 2

質問の訳　イギリスのロンドンでは，

選択肢の訳
1 汚染に対処する新しい方法に政府は注目している。
2 空気の質はほかの多くの大都市よりも悪い。
3 毎年 100 万人を超える人々が汚れた空気の影響で亡くなっている。
4 新しい種類の汚染が人々の目を傷つけている。

解説　第 1 段落第 4 文に London is said to have some of the worst levels of air pollution in the world. とあり，ロンドンはいくつかの世界最悪水準の大気汚染の数値を示していることがわかる。つまり，ほかの多くの大都市より空気の質が悪いということなので正解は **2**。

(31)—解答 3

質問の訳　ピエール・デュケノアが彼のプロジェクトにハトを使うことにした 1 つの理由は何か。

選択肢の訳
1 ハトはほかの鳥ほど高い度合いの大気汚染に影響されない。
2 ハトは多くの大都市で普通に見かけるので安く使用できる。
3 彼はロンドン市街でドローンを使うのは許可されていないと知った。
4 彼は鳥を使うことがより多くの人々に彼のプロジェクトに興味を持たせると考えた。

解説　第 2 段落第 3 文，第 4 文にデュケノアは最初ドローンを使おうと思ったが，ロンドンでは許可されていないと知り，代わりにハトを使うことを考えたとある。

(32)—解答 4

正答率 ★75%以上

質問の訳　デュケノアが使ったハトに関して特別なことは何か。

選択肢の訳
1 彼らは建物や公共の場所を汚す可能性が低い。
2 彼らはロンドン中に住んでいる人々へ伝言を届けることができる。
3 彼らは驚くべき芸当を行うために古代から使われてきた。
4 彼らは自分の家に帰る道を見つける能力を持っている。

解説　第 3 段落第 4 文に These pigeons have an amazing ability to find their way back ... to the place where they live とあり，デュケノアが使ったハトは自分の家に帰る道を見つける能力を持っていることがわかる。

(33)—解答 1

正答率 ★75%以上

質問の訳　デュケノアのプロジェクトによって何が起きたか。

選択肢の訳
1 より多くの人々が大気汚染の危険性について話し始めた。
2 ロンドンを訪れた人々が汚染を測るために彼の装置を使っている。
3 ロンドンの空気をきれいにするために政府はもっと行動することを約束した。
4 ほかの問題についてのデータを集めるために専門家たちはハトを使

い始めた。

解説 第４段落最終文で，プロジェクトの結果としてロンドンの空気をきれいにするために政府はもっと行動すべきだと言う人が増えたとある。つまり大気汚染の危険性について話す人が増えたということであり，正解は**1**。

C 全文訳 より良い未来を築き上げる

エストニアは北ヨーロッパの国である。第２次世界大戦の前は独立国だったが，その戦争の終わりまでには，ソビエト連邦の一部となった。当時，ソビエト連邦の多くの地域では住宅が不足していたため，政府はたくさんの集合住宅を建設した。これらは仮設住宅とされ，設計や施工が良くなかった。1991 年にソビエト連邦が崩壊した後，エストニアとほかの国々は再び独立した。これらの国々のほとんどはそれらの古い集合住宅を取り壊している。

しかしながら，エストニアはその集合住宅をエネルギーを効率よく使う環境に優しい住宅へと変貌させている。そのプロジェクトは 2016 年にその国の南部の都市，タルトゥにある 17 棟の集合住宅で始まり，スマートエンシティとして知られている。エストニアは現在ヨーロッパ連合（EU）の一員であり，そのプロジェクトのために EU から財政的な援助を受けた。その目的は集合住宅によって消費されるエネルギーの量を減らすだけでなく，それらを現代的で美しい住宅へと変貌させることでもある。

タルトゥにある 17 棟の集合住宅の工事は現在完了している。熱が壁や窓を通って逃げないように改変がなされた。新しい効率的な暖房装置が付け加えられた。それぞれの住居は，住民に彼らが消費するエネルギーの量を監視し，制御させるコントロールパネルを備えている。結果として，現在住民は自分たちの集合住宅を暖めるために使用するガスを 80%減らしている。また，ソーラーパネルが建物に設置され，これらは住民が必要とする（量の）３倍の電気を作り出している。

そのプロジェクトはお金の無駄使いだろうと言う批評家もいた。しかし，これまでのところ，それは機能しているように思われる。EU がその費用の半分を支払い，残りは銀行から借りたお金を使って住民によって支払われた。住民はかつてより少ないお金を光熱費に費やしているので，彼らには借金を返済するための余分なお金がある。さらに，集合住宅の工事は都市の外観を改善した。エストニア政府は同様のやり方でその国にあるほかの６千棟の古い集合住宅のいくつかを改良することを望んでいる。

(34)―解答 2

質問の訳 第２次世界大戦の終わりまでには，

選択肢の訳
1 ソビエト連邦の多くの地域に誰も住んでいない集合住宅があった。
2 エストニアは独立を失いソビエト連邦の一部となった。
3 ヨーロッパのほとんどの人々は仮設集合住宅に住んでいた。
4 北ヨーロッパの多くの人々は新しい住宅を見つけるために自分の国を去った。

解説 第１段落第２文の後半に by the end of the war, it was part of the

Soviet Union とあり，第 2 次世界大戦の終わりまでにはエストニアがソビエト連邦の一部となったことがわかる。

(35)—解答 2

質問の訳 スマートエンシティ・プロジェクトの目的の 1 つは何か。

選択肢の訳
1 どのように住宅を環境に優しいものにするかをタルトゥの人々に教えること。
2 古い集合住宅のエネルギー効率がより良くなるようにそれらを改善すること。
3 エストニア南部の都市の貧しい人々に財政的な援助を提供すること。
4 ヨーロッパ連合内に家を建てるために使われるエネルギーの量を減らすこと。

解説 第 2 段落最終文に The aim is not only to reduce the amount of energy consumed by the apartments とあり，その目的の 1 つが消費エネルギーを減らすこと，言い換えればエネルギー効率を良くすることであるとわかる。本文と同じ表現 reduce the amount of energy につられて **4** を選択しないように注意。

(36)—解答 1

質問の訳 タルトゥの集合住宅のコントロールパネルは何のためのものか。

選択肢の訳
1 それは人々がどのくらいエネルギーを使っているかを確認し変更することを可能にする。
2 それは集合住宅の壁を通って逃げる熱の量を減らす。
3 それはソーラーパネルによって作り出される電気量を制御する。
4 それは住民に彼らの集合住宅を暖めるためにガスを使うか電気を使うかを選ばせる。

解説 第 3 段落第 4 文にコントロールパネルは住民に消費エネルギーを監視し制御させると書かれている。本文中では〈let O *do*〉が使われている部分が正解の選択肢では〈allow O to *do*〉を用いて言い換えられている。

(37)—解答 2

質問の訳 集合住宅の住民はどのようにそのプロジェクトの支払いを手助けしているのか。

選択肢の訳
1 6 千棟の同様な集合住宅を改良する手助けをすることによって。
2 光熱費に費やされたであろうお金を使うことによって。
3 自分たちで改善の多くを行うことによって。
4 その費用の半分を支払うためにヨーロッパ連合で働くことによって。

解説 第 4 段落第 3 文の後半から第 4 文にかけて，プロジェクトの費用の半分は住民が銀行から借金をして支払ったが，そのプロジェクトによって光熱費にあてていたお金が少なく済むようになり，その分浮いたお金で借金の返済が可能になったことがわかる。**2** の選択肢中の bills は本文中の energy bills のことを指している。

(38)—解答 1

質問の訳　以下の記述のうち正しいのはどれか。

選択肢の訳
1 スマートエンシティ・プロジェクトはタルトゥがより魅力的な都市に変貌する手助けをした。
2 ヨーロッパ連合はエストニアで17棟の新しい集合住宅を建てるためのお金を与えた。
3 住宅不足のためにソビエト連邦を脱退することを決めた国々があった。
4 エストニアのガス消費の80%以上は個人の住宅を暖めるためのものである。

解説　第4段落第5文に the work on the apartments has improved the way the city looks とあり，そのプロジェクトがタルトゥを魅力的な都市にしたことが推測できる。

一次試験・筆記 4

問題編 p.136

トピックの訳　レストランとスーパーマーケットは廃棄する食品の量を減らすように努めるべきだとしばしば言われます。あなたはこの意見に同意しますか。

ポイントの訳　費用　健康と安全性　環境

解答例　I agree that restaurants and supermarkets should try to reduce the amount of food that they throw away. Firstly, a large amount of carbon dioxide is released into the air when food waste is burned. Reducing the amount of food that is thrown away has a good impact on the environment and can help stop global warming. Secondly, it costs restaurants and supermarkets a lot of money to throw away their food. Cutting this cost would allow them to use more money on their products and services. Therefore, I agree with this opinion.

解答例の訳　レストランとスーパーマーケットは廃棄する食品の量を減らすように努めるべきだということに私は同意します。まず第1に，食品廃棄物が燃やされるとき，大量の二酸化炭素が大気中に放出されます。廃棄される食品の量を減らすことは環境に良い影響を与え，地球温暖化を止める手助けになり得ます。第2に，レストランとスーパーマーケットが食品を廃棄するには多くのお金がかかります。この費用を削減することは彼らが製品とサービスにもっとお金を使うことを可能にするでしょう。それゆえに，私はこの意見に同意します。

解説 まず冒頭において，I agree または I disagree という表現で自分の考えをはっきりと表明することが重要である。その際，I agree/disagree の後ろに TOPIC の表現をそのまま用いれば，主題文を簡単に作ることができる。その後，POINTS の観点を参考に自分がそのように考える具体的な理由を述べていく。廃棄される食品の量を減らすべきというトピックについては，賛成の立場から書く方が比較的容易であろう。解答例のように，食品廃棄物が燃やされる際に出る二酸化炭素の量を減らすことで環境への負荷を減らすという観点，および食品廃棄にかかる費用を減らし，製品開発などにお金を回すという観点は非常に説得力がある。反対の立場から書きたい場合は，廃棄を減らそうとするあまり食品の鮮度が軽視され，消費者の健康や食の安全性が損なわれる可能性があるというような懸念を指摘するとよいだろう。そしてこれらを述べるときに気をつけたいのは，Firstly，Secondly といった「標識」となるつなぎ言葉を使い，構成を明確にすることである。最後に Therefore「それゆえに」，for these reasons「これらの理由で」などのフレーズを使って，もう一度読み手に自分の意見をはっきりと伝えることも大切である。

No.1－解答 3

正答率 ★75%以上

放送英文 ★：Jane, do you have plans for Sunday?

☆：Well, there's a big flea market in Bakersville. I'm thinking of going to that, and maybe going to see a play afterward.

★：Oh. I was going to ask if you'd like to go on a fishing trip with me.

☆：Hmm. Fishing sounds like fun. Yeah, I'd love to go. I can go to the flea market some other day.

Question: What will the woman probably do on Sunday?

全文訳 ★：ジェーン，日曜日の予定はある？

☆：そうね，ベーカーズビルで大きなフリーマーケットがあるの。そこに行って，たぶんその後演劇を見るつもり。

★：そうか。僕と釣りに行かないかと誘うつもりだったんだけど。

☆：うーん。釣りは楽しそう。うん，私はぜひ行きたいな。フリーマーケットはいつかほかの日に行けるし。

Q：女性は日曜日におそらく何をするか。

選択肢の訳
1 フリーマーケットで買い物をする。
2 演劇を見る。
3 男性と釣りに行く。
4 ベーカーズビルに車で行く。

解説 男性からの釣りへの誘いに対して，女性は彼女の2番目の発言で Yeah, I'd love to go. と同意を示しているので正解は **3**。

No.2－解答 1

正答率 ★75%以上

放送英文 ☆：Hi, Kevin. Are you going to the company's Christmas party this weekend?

★：No, I can't. My cousin's coming to visit, and I've promised to take her around town.

☆：That's too bad. I was looking forward to talking with you at the party.

★：Well, I'll call you next week. Maybe we can go out for lunch.

Question: Why can't the man attend the Christmas party?

全文訳 ☆：こんにちは，ケビン。今週末，会社のクリスマスパーティーに行くつもり？

★：いや，行けないんだ。僕のいとこが訪ねてくる予定で，町を案内してあげると彼女に約束したんだ。

☆：それは残念ね。パーティーであなたと話すことを楽しみにしていたの。
★：そうだな，来週電話するよ。たぶんお昼を一緒に食べに行けると思う。
Q：男性はなぜクリスマスパーティーに出席できないのか。

選択肢の訳
1 彼はいとこを案内して回る予定だから。
2 彼は病院にいる上司を訪ねる予定だから。
3 彼は友だちとお昼を食べる予定だから。
4 彼は遅くまで働く予定だから。

解説 男性の最初の発言から，彼はいとこに町の案内をしてあげるのでクリスマスパーティーには出席できないことがわかる。

No.3 – 解答 4

放送英文
☆：Hello, sir. May I help you with something?
★：Hi. I'm looking for some handkerchiefs. They're a gift for my mother.
☆：These are the only handkerchiefs we have. As you can see, they're simple but elegant, and they come in several colors.
★：Well, she likes flower designs, so I think I'll look at another store.
Question: What will the man probably do next?

全文訳
☆：こんにちは，お客様。何かお手伝いいたしましょうか。
★：やあ。ハンカチを探しているんです。母への贈り物なんです。
☆：当店にあるハンカチはここにあるものだけでございます。ご覧のように，シンプルですが洗練されており，いくつかの色がございます。
★：そうですか，母は花柄が好きなので，ほかの店を見てみようと思います。
Q：男性はおそらく次に何をするか。

選択肢の訳
1 ギフトカタログを注文する。
2 母親が贈り物を買うのを手助けする。
3 女性に贈り物のアイデアを求める。
4 どこかほかの場所で贈り物を探す。

解説 男性の2番目の発言から彼はほかの店で贈り物を探すつもりであることがわかる。look at another store が正解の選択肢では Look for a gift somewhere else. と言い換えられている。

No.4 – 解答 3

放送英文
☆：I've been thinking about riding my bike to college instead of driving, Jim.
★：Sounds great, Karen. It would only take about 20 minutes to cycle there from your house. And it would be better for the environment.
☆：Yeah. But I'm worried about riding home after dark, especially after studying late in the library.

★：Well, you should be OK if you use a light and wear a helmet.
Question: What is the woman worried about?

全文訳 ☆：私は車の代わりに自転車に乗って大学へ行くことを考えているの，ジム。
★：それはいいね，カレン。君の家からそこまで自転車でおよそ20分しかかからないだろうね。そして環境により良いだろうし。
☆：ええ。でも暗くなってから自転車に乗って家に帰ることが心配なの，特に図書館で遅くまで勉強した後にね。
★：そうだなあ，ライトをつけてヘルメットを着用すればきっと大丈夫だよ。
Q：女性は何について心配しているか。

選択肢の訳
1 古いヘルメットを使うこと。
2 1人で図書館で勉強すること。
3 夜に自転車に乗って家に帰ること。
4 授業に遅れること。

解説 女性は彼女の2番目の発言でI'm worried about riding home after darkと言っており，夜に自転車に乗って家に帰ることを心配しているとわかる。

No.5－解答 3

正答率 ★75%以上

放送英文 ☆：Good morning. Ashton City Library.
★：Hi. I have a book that I'm supposed to return today, but I haven't finished reading it. Can I return it next week?
☆：You can. But a late fee of 20 cents is charged for each day the book is overdue.
★：OK. Thank you for your help.
Question: Why does the man want to return the book next week?

全文訳 ☆：おはようございます。アシュトン市立図書館です。
★：もしもし。今日返却することになっている本があるのですが，それを読み終わっていないんです。来週に返却してもいいですか。
☆：よろしいですよ。でもその本の返却期限が過ぎた1日ごとに20セントの延滞金が請求されます。
★：わかりました。教えていただきありがとうございます。
Q：男性はなぜ本を来週に返却したいのか。

選択肢の訳
1 彼はそれを見つけられないから。
2 彼はそのときまで留守にしているから。
3 彼はそれをまだ読んでいるから。
4 彼は料金を支払う必要がないから。

解説 男性の最初の発言にI haven't finished reading itとあり，男性がまだその本を読み終わっていないことがわかる。その部分が正解の選択肢では He is still reading it. と肯定文に言い換えられている。

No.6 −解答 4

放送英文 ★：Jenny, do you remember that I told you I was having problems with my old computer? Well, now it's stopped working altogether.

☆：Really? So, are you going to get a new one soon?

★：Yeah. I also have to take my old one to the electronics store to have it recycled.

☆：Make sure you tell them to delete all of the data on it, too.

Question: What is one thing the man says about his computer?

全文訳 ★：ジェニー，僕の古いコンピューターに問題があると君に話したことを覚えているかい？　えっと，それは今や全く動かなくなってしまったんだ。

☆：本当に？　それで，すぐにあなたは新しいのを手に入れるつもりなの？

★：ああ。それにリサイクルしてもらうために古いのを電器店へ持っていかなければならないんだ。

☆：その中の全てのデータを消すように言うことも忘れないでね。

Q：男性のコンピューターについて彼が言っていることの１つは何か。

選択肢の訳
1　彼は安売りの電器店でそれを手に入れた。
2　彼は女性がそれを買うことを望んでいる。
3　それにはあまりに多くのデータが入っている。
4　それはもはや動かない。

解説 男性は最初の発言で now it's stopped working altogether と言っており，彼のコンピューターが完全に動かなくなってしまったことがわかる。

No.7 −解答 4

放送英文 ☆：Wow, Mr. Hanson sure gives us a lot of tough tests!

★：I know. I'm worried that I won't be able to pass his class this semester.

☆：Yeah, I'm worried, too. In fact, my mom's hiring a private teacher to help me study.

★：That's a good idea. I'd like my mom to do that, too. I'll talk to her about it.

Question: What does the boy want to do?

全文訳 ☆：ああ，ハンソン先生は本当にたくさんの難しいテストを私たちに課すよね！

★：そうだね。今学期は彼の授業の単位が取れないんじゃないかと心配だよ。

☆：そうね，私も心配だな。実は，お母さんが私の勉強を手助けする家庭教師を雇うつもりなの。

★：それはいい考えだね。僕のお母さんもそうしてくれたらいいな。それについてお母さんに話してみるよ。
Q：男の子は何をしたいのか。

選択肢の訳
1　女の子から助けを得る。
2　女の子がテストの勉強をするのを手助けする。
3　難しいテストをもっと受ける。
4　家庭教師を得る。

解説　家庭教師を雇うことになったという女の子の話を受けて，男の子が I'd like my mom to do that, too. と言っているので，男の子も家庭教師をつけてもらいたいと思っているとわかる。

No.8 －解答　2

放送英文
☆：Excuse me. I'm new at this college, and I'm wondering if there's a bank on campus.
★：Well, there are several ATMs.
☆：I see. But I need an actual bank because I want to open an account.
★：Then you need to go off campus to the shopping mall across the street from the main gate. There's a bank there.
Question: What does the man suggest that the woman do?

全文訳
☆：すみません。私はこの大学に入ったばかりで，キャンパスに銀行はあるのかなと思っているのですが。
★：ええと，ATM ならいくつかありますよ。
☆：そうですか。でも銀行口座を開きたいので実際の銀行が必要なんです。
★：それならキャンパスを離れて正門から通りを挟んだ向かいにあるショッピングモールに行く必要がありますね。そこに銀行がありますよ。
Q：男性は女性に何をすることを提案しているか。

選択肢の訳
1　大学の職員に話をする。
2　ショッピングモールへ行く。
3　キャンパスにある銀行を探す。
4　通りの向かいにある ATM を使う。

解説　男性の 2 番目の発言に you need to go off campus to the shopping mall とあり，男性が女性にショッピングモールに行くことを提案しているとわかる。

No.9 －解答　1

放送英文
☆：So, Mr. Jones, how is your back this week?
★：Well, Doctor, I have less pain than last week. And I've finished taking all the pills.
☆：Yes. Looking at this x-ray, I'd say you're getting better. You'll be able to return to work very soon.

★：That's good news. I'm tired of spending so much time sitting at home.

Question: What does the doctor tell the man?

全文訳 ☆：それで，ジョーンズさん，今週は背中の調子はどうですか。

★：そうですね，先生，先週よりも痛みが少なくなっています。それから薬を全て飲み終わりました。

☆：わかりました。このレントゲン写真を見ると，良くなってきていると言えますね。もうすぐ仕事に復帰できますよ。

★：それはいい知らせですね。家で座ってとても多くの時間を費やすことに飽き飽きしているんです。

Q：医者は男性に何と言っているか。

選択肢の訳
1 彼はすぐに再び働き始めることができる。
2 彼は明日戻ってくるべきである。
3 彼はもっと薬を飲む必要がある。
4 彼はもう１枚レントゲン写真を撮らなければならない。

解説 医者は彼女の２番目の発言で男性にもうすぐ仕事に復帰できると言っている。return to work が正解の選択肢では start working again と言い換えられている。

No.10 解答 2

放送英文 ☆：You were right about traveling to California by train, honey. It's much more relaxing than flying.

★：And the scenery's beautiful, isn't it? Look at those mountains in the distance.

☆：They're lovely. And this is cheaper than flying. Let's think about taking the train more often.

★：I agree. We almost always fly. We're in too much of a hurry to get where we're going.

Question: What is one thing we learn about the couple?

全文訳 ☆：電車でカリフォルニアへ旅行に行くということに関しては，あなたが正解だったわ，ハニー。飛行機よりもずっとリラックスできる。

★：そして景色が美しいだろう？　遠くのあの山々を見てごらんよ。

☆：素晴らしいわ。そしてこの方が飛行機より安いわね。もっと頻繁に電車を使うことを考えましょう。

★：そうだね。私たちはほとんどいつも飛行機を使うよね。目的地に着くために私たちは急ぎ過ぎているね。

Q：このカップルについてわかることの１つは何か。

選択肢の訳
1 彼らは山でキャンプをする予定だ。
2 彼らはたいてい飛行機で旅行する。

3　彼らはカリフォルニアに引っ越した。

4　彼らは忙し過ぎて旅行できない。

解説　男性は彼の2番目の発言でWe almost always fly. と言っており，このカップルが旅行するときは，ほとんどいつも飛行機を使っていることがわかる。

No.11 解答 1

放送英文 ☆：Jack, I just read an article about the benefits of taking a nap during the day.

★：Sometimes I wish I could do that at work. I stay up too late at night, and I'm always tired.

☆：You could sleep a little during your lunch break. Even 20 minutes can help you feel refreshed.

★：Really? Maybe I'll try that.

Question: What are the man and woman talking about?

全文訳 ☆：ジャック，日中に昼寝をすることの効用に関する記事をちょうど読んだところなの。

★：時々，仕事中にそれができたらいいのにと思うよ。僕は夜更かしをし過ぎてしまい，いつも疲れているんだ。

☆：昼休みの間に少し寝たらどうかな。20分間でも気分をすっきりさせるのに役立つよ。

★：本当に？　それを試してみようかな。

Q：男性と女性は何について話しているか。

選択肢の訳 1　日中にいくらか睡眠をとること。

2　もっとゆっくり昼食をとること。

3　20分早く床に就くこと。

4　夜遅くまで働くこと。

解説　女性の最初の発言にI just read an article about the benefits of taking a nap during the dayとあり，会話のトピックが昼寝の効用であることが示唆されている。その後もそれに関する話が続いている。

No.12 解答 2

放送英文 ★：Hello?

☆：Ben, it's Helen. Do you remember I said I'm planning a trip to Thailand? What was the name of the island you said I should visit?

★：It's called Ko Lanta. It's simply beautiful. I have some travel magazines with pictures of it. I'll give them to you the next time I see you.

☆：Thanks. Do they have any good hotels there?

★： Yeah. There are several nice ones.
Question: What will the man do for the woman?

全文訳 ★： もしもし？
☆： ベン，ヘレンよ。私がタイへの旅行を計画していると言ったのを覚えてる？　私が訪れるべきだとあなたが言った島の名前は何だったっけ？
★： それはコ·ランタと呼ばれているよ。とても美しいんだ。その写真が載っている旅行雑誌を何冊か持っているよ。今度君に会うときにそれらを君にあげるよ。
☆： ありがとう。そこには良いホテルがある？
★： ああ。いくつか良いホテルがあるよ。
Q：男性は女性のために何をするか。

選択肢の訳
1　彼女に彼の旅行の写真を何枚か見せる。
2　彼女に何冊か雑誌をあげる。
3　彼女のためにホテルの予約をする。
4　タイで彼女を案内する。

解説 男性は彼の2番目の発言でI'll give them to you the next time I see you.と言っている。このthemは前文のtravel magazinesを指しており，彼はコ・ランタの写真が載っている旅行雑誌を今度会うときに女性にあげるつもりだとわかる。

No.13 解答 3

放送英文 ☆： It's raining again today, honey. When was the last time we saw the sun?
★： It's been over a month. It just keeps raining and raining.
☆： The weather report said it'll last one or maybe two more weeks.
★： Two more weeks? This has got to be one of the longest, wettest rainy seasons we've ever had.
Question: What does the man say about the weather this year?

全文訳 ☆： 今日もまた雨が降っているわ，ハニー。最後に太陽を見たのはいつだった？
★： 1か月以上前だよ。本当にずっと雨が降り続けているよね。
☆： 天気予報によれば，あと1週間かひょっとすると2週間は降り続けるみたい。
★： あと2週間だって？　これは今までで最も長くじめじめした雨期の1つに違いないね。
Q：男性は今年の天気について何と言っているか。

選択肢の訳
1　晴天の日がたくさんあった。
2　天気予報に誤りがあった。
3　雨期はいつもより悪そうである。

4　雨期は１週間前に始まった。

解説　男性の２番目の発言にThis has got to be one of the longest, wettest rainy seasonsとあり，今年の雨期は最も長い雨期の１つになりそうだと男性が考えていることがわかる。これが正解の選択肢ではworse than usual「いつもより悪い」と言い換えられている。

No.14 解答 4

放送英文 ★：Honey, we've both been really busy with work lately. Do you think we should get someone to help with the housework?

☆：Well, it would be a big help. Neither of us has much time for doing the cleaning.

★：Exactly. The only problem is that I've heard housekeepers are expensive.

☆：Well, it wouldn't hurt to call some housekeeping companies and find out their prices. We can always say no.

Question: What do the man and woman think they might need?

全文訳 ★：ハニー，最近私たち両方とも仕事で本当に忙しくしているね。誰かに家事を手伝ってもらうべきだと思うかい？

☆：そうね，それは大きな助けになるわね。私たちのどちらも掃除をするための時間があまりないし。

★：その通りだよ。ただ問題は，お手伝いさんは高額だと聞いたことがあるんだ。

☆：まあ，いくつかの家事代行会社に電話をして値段を確認しても損はないわ。いつでも断ることはできるし。

Q：男性と女性は何が必要かもしれないと考えているか。

選択肢の訳
1　より大きな住む場所。
2　仕事から離れるいくらかの時間。
3　より安価なアパート。
4　家事の手助け。

解説　家事を手伝ってくれる人が必要だろうかという男性の発言に対して，女性もit would be a big helpと言って賛同している。

No.15 解答 2

正答率 ★75%以上

放送英文 ★：Hi. I'd like one ticket to *Zombies from Space*, please.

☆：*Zombies from Space*. Hmm. You have to be 18 to see that movie. Can I ask how old you are?

★：Oh, I didn't know. I'm only 16.

☆：I'm sorry, but I won't be able to sell you a ticket. You can watch it if you come with one of your parents, though.

Question: Why can't the boy see *Zombies from Space*?

全文訳 ★：こんにちは。『宇宙からのゾンビ』のチケットを1枚ください。

☆：『宇宙からのゾンビ』。うーん。その映画を見るには18歳になっていなければなりません。何歳か伺ってもよろしいですか。

★：ああ，知らなかった。僕はまだ16歳です。

☆：申し訳ありませんが，あなたにチケットを売ることはできません。けれども，両親のうちの1人と一緒に来れば，それを見ることができますよ。

Q：男の子はなぜ『宇宙からのゾンビ』を見ることができないのか。

選択肢の訳
1 彼は家にチケットを忘れてきたから。
2 彼は十分な年齢に達していないから。
3 それはすでに売り切れだから。
4 それはその劇場では上映されていないから。

解説 その映画を見るには18歳になっていなければならないという女性の発言に対して，少年は自分が16歳だと言っている。このことから少年が十分な年齢に達していないためにその映画を見られないとわかる。

一次試験・リスニング 第2部 問題編 p.139～141

▶MP3 ▶アプリ ▶CD 3 17～32

No.16 解答 2

放送英文 Samantha takes the train to her office every day. Last Friday, she saw her neighbor, Mr. Watson, near the train station. He seemed to be having trouble getting onto a bus, so Samantha walked over and helped him to get on. Mr. Watson told her that he had hurt his leg when he fell off his bicycle, and then he thanked her for being so kind.

Question: What did Samantha do on Friday?

全文訳 サマンサは毎日彼女のオフィスまで電車で行く。先週の金曜日，彼女は隣人のワトソンさんを駅の近くで見かけた。彼はバスに乗るのに苦労しているようだったので，サマンサは歩いていって彼が乗車するのを手助けした。ワトソンさんは自転車から落ちた際に足をけがしてしまったと彼女に話し，それからとても親切にしてくれたことに対して彼女に感謝した。

Q：サマンサは金曜日に何をしたか。

選択肢の訳
1 彼女は古い自転車を見つけた。
2 彼女は駅の近くで1人の男性を助けた。
3 彼女はバスに乗って彼女のオフィスから帰った。
4 彼女は隣人と散歩をした。

解説 第2文に駅の近くで隣人を見かけたこと，第3文にその人がバスに乗るのをサマンサが手助けしたことがそれぞれ述べられているので正解は**2**。

No.17 解答 3

放送英文 Laura won a big toy bear at an amusement park on Sunday. She took many pictures of it and sent them to her friends right away. The bear was so big that Laura struggled to take it home on the train. Luckily, two of her friends had seen her pictures and went to the station to help her carry it home.

Question: How did Laura's friends find out about her new toy bear?

全文訳 ローラは日曜日に遊園地で大きなおもちゃのクマを勝ち取った。彼女はその写真をたくさん撮り，それらをすぐに彼女の友だちに送った。そのクマはとても大きかったので，ローラは電車でそれを家に持って帰るのに苦労した。幸運にも，彼女の友だちの2人が彼女の写真を見て，彼女がそれを家に運ぶのを手伝うために駅へ行った。

Q：ローラの友だちはどのようにして彼女の新しいおもちゃのクマについて知ったのか。

選択肢の訳
1 彼女は彼らに電話をしてそれについて話した。
2 彼女は電車の中でそれを彼らに見せた。
3 彼らは彼女によって送られた写真でそれを見た。
4 彼らは遊園地でそれについて聞いた。

解説 第2文に彼女がおもちゃのクマの写真を友だちに送ったこと，最終文に彼女の友だちがその写真を見て駅まで手助けに来てくれたことが述べられている。

No.18 解答 2

放送英文 There is a place in South Africa called Stormkaap. It is famous because the Indian Ocean and the Atlantic Ocean meet near there. One ocean is warm and the other is cold, so when they meet, they make big waves. Many ships have been damaged or destroyed by these dangerous waves. Two different colors can also be seen in the water, so Stormkaap gets many visitors every year.

Question: What is one thing the speaker says about Stormkaap?

全文訳 ストームカープと呼ばれる場所が南アフリカにある。インド洋と大西洋がその付近で出会うのでそれは有名である。1つの海は暖かく，もう1つは冷たいので，それらが出会うと，大きな波を作る。多くの船がこれらの危険な波によって損害を被るか破壊されてきた。2つの異なる色が水中に見られたりもするので，ストームカープには毎年多くの観光客が訪れる。

Q：ストームカープについて話者が言っていることの1つは何か。

選択肢の訳
1 多くの船がそこで作られる。
2 暖かい海が冷たい海とそこで出会う。
3 観光客たちはそこで美しいビーチに損害を与える。
4 日ごとの気温がそこでは素早く変化する。

解説 第2文でインド洋と大西洋がストームカープ付近で出会うこと，第3文でそのうちの1つが暖かく，もう1つが冷たい海であることがそれぞれ述べられている。

No.19 解答 4

放送英文 Thank you for calling the Pinkstar Electronics Customer Center. This line is for customers who need help with products they have bought at our stores. We are currently very busy, so it may take some time to answer your call. Please be aware that we are closed on Sundays. You can find answers to many support questions on our website, so please try searching there first. Thank you for your patience.

Question: What does the speaker suggest customers do first?

全文訳 ピンクスター・エレクトロニクス・カスタマーセンターにお電話をいただきありがとうございます。この電話は当社の店舗でお買い上げいただいた製品に関して手助けが必要なお客様のためのものです。現在回線が大変混み合っておりますため，お客様のお電話にお答えするには少々お時間がかかるかもしれません。日曜日は定休日ですのでご注意ください。ウェブサイト上で製品のサポートに関する多くの質問の答えを見つけることができますので，最初にそちらを探してみてください。お待たせして申し訳ございません。

Q：話者は最初に何をすることを客に提案しているか。

選択肢の訳
1 製品を見るために店を訪れる。
2 カスタマーセンターへ行く。
3 日曜日にEメールを送る。
4 ウェブサイト上で答えを探す。

解説 第5文から最初にウェブサイト上で答えを探してみてほしいと提案されていることがわかる。最終文は「あなたの忍耐に感謝します」つまり「お待たせして申し訳ございません」という意味として使われる。

No.20 解答 1

放送英文 In 1923, a book was published in Lebanon, a country in the Middle East. The book was called *The Prophet*, and it has been translated into more than 40 languages. People from Lebanon feel proud that a book from their country has been read in many parts of the world. Although *The Prophet* was published long ago, it is still read by many people today.

Question: Why do people in Lebanon feel proud of the book *The Prophet*?

全文訳 1923年に，中東の国，レバノンで1冊の本が出版された。その本は『預言者』というタイトルで，40カ国語以上に翻訳されてきた。レバノン出身の人々は自分の国の本が世界の多くの地域で読まれてきたことを誇りに感じている。『預言者』はずっと以前に出版されたが，今日でもまだ多くの人々に読まれている。

Q：レバノンの人々は『預言者』という本をなぜ誇りに感じているのか。

選択肢の訳
1 それは多くの国々で読まれてきたから。
2 それは彼らの言語に翻訳されたから。
3 それは1923年にレバノンにもたらされたから。
4 それは西洋の国々について学ぶために使われたから。

解説 第3文にその本が多くの国で読まれており，それをレバノンの人々が誇りに思っていることが述べられている。第2文と同じ表現である It has been translated into ... という表現に引っ張られて **2** を選ばないように注意が必要である。

No.21 解答 4

放送英文 Naomi lives in Tokyo and she visited her uncle in Osaka last weekend. When she came home on Sunday afternoon, she realized that she had left her glasses at her uncle's house. He said that he would send them to her, but she needed glasses to read at school on Monday. Naomi decided to buy new glasses to use until she gets her old ones back.

Question: Why did Naomi decide to buy new glasses?

全文訳 ナオミは東京に住んでおり，先週末に大阪のおじさんを訪れた。日曜日の午後，彼女が帰宅したとき，眼鏡をおじさんの家に忘れたことに気づいた。彼はそれを彼女へ送ると言ったが，彼女は月曜日に学校で読書をするために眼鏡が必要だった。ナオミは彼女の古い眼鏡を取り戻すまで使う新しい眼鏡を買うことにした。

Q：ナオミはなぜ新しい眼鏡を買うことにしたのか。

選択肢の訳
1 彼女は古い眼鏡のデザインが好きではなかったから。
2 彼女は古い眼鏡ではよく読むことができなかったから。
3 彼女は学校で古い眼鏡をなくしたから。
4 彼女は大阪に古い眼鏡を忘れたから。

解説 第2文に彼女が日曜日に眼鏡を大阪に忘れたことが，第3文に眼鏡を月曜日に使う必要があることがそれぞれ述べられているので正解は**4**。

No.22 解答 3

(放送英文) Welcome to the Annual Education Convention. Due to a technical error, the wireless Internet cannot be used right now. We hope to have it fixed as soon as possible. Those who need the Internet to prepare for their presentations can use one of the computers in the library on the first floor. Staff members are waiting there to assist you. Thank you for your understanding.

Question: What is this announcement about?

全文訳 年次教育総会にようこそ。技術的な不具合のため，無線インターネットが現在使用できなくなっております。できるだけ速やかに修理したいと思っております。プレゼンテーションの準備のためにインターネットを必要としている方は１階にございます図書館のコンピューターの１つを使うことができます。スタッフがお手伝いするためにそこに待機しております。ご理解のほどよろしくお願いします。

Q：このアナウンスは何についてのものか。

選択肢の訳
1 今日は十分なスタッフがいない。
2 インターネットを使うことができるコンピューターがない。
3 インターネットサービスに問題がある。
4 次のイベントの前にショーがある。

解説 第２文から無線インターネットが現在使用できないことがわかる。正解の選択肢ではこの部分が There is a problem with the Internet service. と言い換えられている。最終文は「あなたの理解に感謝します」つまり「ご理解のほどよろしくお願いします」という意味として使われる。

No.23 解答 4

(放送英文) One of the most common materials for making clothes is cotton. People started planting cotton more than 7,000 years ago, and it spread around the world because it could be used to make strong material. Cotton material was one of the first products ever made in a factory. In fact, the city of Manchester in England was once called “Cottonopolis” because there were so many cotton factories there.

Question: Why did cotton spread around the world?

全文訳 服を作るのに最もよく使われる生地の１つは綿である。７千年以上前に人々は綿を植え始め，そしてそれは丈夫な生地を作るのに使えるので世界中に広まった。綿の生地は初めて工場で作られた製品の１つであった。実際，イングランドのマンチェスターという都市は，そこに非常に多くの綿工場があったので，かつて「コットノポリス」と呼ばれた。
Q：綿はなぜ世界中に広まったのか。

選択肢の訳
1 多くの都市が公園に強い植物を必要としたから。
2 イングランドの工場労働者がそれを外国へと持って行ったから。
3 綿花は多くの工場で簡単に育ったから。
4 丈夫な生地をそれから作ることができたから。

解説 第 2 文後半に it spread around the world because it could be used to make strong material とあり，綿から丈夫な生地を作ることができたので世界に広まったとわかる。

No.24 解答 1

放送英文 Vanessa is busy working part time at a café and taking piano lessons. She used to play the piano every Wednesday after work, but her teacher changed the lessons to Friday. She asked the manager at the café if she could leave work earlier on Fridays, but he said no. He suggested she ask another staff member to exchange workdays with her so that she could have Fridays off.
Question: What did the manager suggest Vanessa do?

全文訳 バネッサはカフェのアルバイトとピアノのレッスンを受けるのに忙しい。彼女は毎週水曜日，仕事の後にピアノを弾いたものだったが，彼女の先生がレッスンを金曜日に変更した。彼女は金曜日に早く仕事を切り上げられないかカフェの店長に相談をしたが，彼はできないと言った。彼女が金曜日に休みを取れるように，ほかのスタッフに出勤日を交換してくれるように頼むことを彼は提案した。
Q：店長はバネッサに何をすることを提案したか。

選択肢の訳
1 彼女の出勤日を変更する。
2 金曜日に仕事を早く始める。
3 毎週水曜日に遅くまで働く。
4 週末にピアノのレッスンを受ける。

解説 最終文からほかのスタッフに彼女と出勤日を交換してくれるよう頼むことを店長は提案したとわかる。これが正解の選択肢では Change her workdays. と言い換えられている。

No.25 解答 2

放送英文 Congratulations on finishing the Parkville 10-Kilometer Fun Run! If you would like a photograph of yourself running, just log in to our smartphone application. Photographs will be available tomorrow morning. If you would like us to send a certificate for completing the 10-Kilometer Fun Run in the mail, please come and talk to the event staff today. Enjoy your day.

Question: How can runners get a photograph?

全文訳 パークビル10キロファンランの完走，おめでとうございます！ もしあなたが走っている姿の写真をお望みであれば，ただ私たちのスマートフォンアプリにログインしてください。明日の朝には写真を入手できるようになります。もし10キロファンランの完走証明書を郵送してほしい場合は，本日イベントスタッフのところにまで来てお声がけください。それでは良い1日を。

Q：ランナーはどのようにして写真を手に入れることができるか。

選択肢の訳
1 申込書を郵送することによって。
2 スマートフォンアプリにログインすることによって。
3 イベントスタッフに声をかけることによって。
4 パークビルモールに行くことによって。

解説 第2文，第3文からスマートフォンのアプリにログインすることで写真を入手できるとわかる。

No.26 解答 3

放送英文 Megan became interested in ballet because she saw a TV show about dancers. When she told her friend Victor about it, he invited her to a ballet performance at the theater where he works. The ballet was three hours long, but Megan enjoyed it a lot. After the performance, she took a picture with the dancers, and now she is thinking of taking ballet lessons.

Question: Why did Megan become interested in ballet?

全文訳 メーガンはダンサーについてのテレビ番組を見たので，バレエに興味を持つようになった。彼女が友だちのビクターにそれについて話をしたとき，彼は自分が働いている劇場のバレエの公演に彼女を招待した。バレエは3時間の長さだったが，メーガンはそれをとても楽しんだ。公演後，彼女はダンサーたちと写真を撮り，そして今彼女はバレエのレッスンを受けることを考えている。

Q：メーガンはなぜバレエに興味を持つようになったのか。

選択肢の訳
1 彼女の友だちがバレエの劇場で働いているから。
2 彼女のダンスの先生がそれを勧めたから。
3 彼女はテレビでダンサーについての番組を見たから。
4 彼女はダンサーと写真を撮ってもらったから。

解説 第1文にMegan became interested in ballet because she saw a TV show about dancers. とある。つまりメーガンがバレエに興味を持ったのはテレビでダンサーについての番組を見たからである。a TV show about dancersが正解の選択肢ではa program about dancers on TVと言い換えられている。

No.27 解答 1

放送英文 Kenji is a student and he collects model cars from around the world. He has many Japanese ones, but he wants one made in Germany. Kenji thought of borrowing money from his father to buy it. However, his mother suggested that he sell some things he does not use any more, such as his guitar. Kenji took her advice and put his guitar up for sale online.

Question: How does Kenji plan to get the money for a model car made in Germany?

全文訳 ケンジは学生で世界中から自動車模型を収集している。彼はたくさん日本製のものを持っているが，ドイツ製のものが欲しいと思っている。ケンジはそれを買うために父親からお金を借りることを考えた。しかし，彼の母親は，ギターのように彼がもう使わないものをいくつか売ることを提案した。ケンジは彼女の助言を受け入れ，ギターをオンラインで売りに出した。

Q：ドイツ製の自動車模型のためのお金をケンジはどのようにして手に入れるつもりか。

選択肢の訳
1 彼が必要としていないものを売ることによって。
2 ドイツへの旅行を中止することによって。
3 彼の父親からお金を借りることによって。
4 学生にギターの弾き方を教えることによって。

解説 第4文に彼がもう必要としないものを売ってお金を得ることを母親が提案していること，最終文にその提案をケンジが受け入れたことがそれぞれ述べられている。

No.28 解答 3

放送英文 Mrs. Williams lives in an old house. It is far away from the city, but she loves it because there are many animals to see and the roads are quiet at night. However, there are no stores nearby, so she has to drive a long distance to go shopping. Recently, she has been thinking of moving to an apartment in the city to make her life more convenient.

Question: Why is Mrs. Williams thinking of moving to an apartment in the city?

全文訳 ウィリアムズ夫人は古い家に住んでいる。それは都市から遠く離れているが，たくさんの動物を見ることができ，夜は道が静かなので，彼女はその家を愛している。しかし，近くに店がないので，買い物に行くのに長い距離を運転しなければならない。最近，彼女は自分の生活をもっと便利にするために都市のアパートに引っ越すことを考えている。

Q：なぜウィリアムズ夫人は都市のアパートに引っ越すことを考えているのか。

選択肢の訳
1 彼女の家は彼女にとって小さ過ぎるから。
2 彼女が住んでいる地域はあまりにもうるさくなってきているから。
3 彼女の家の近くには店がないから。
4 彼女は地域の動物が好きではないから。

解説 第3文に彼女の家の近くに店がなく買い物へ行くのが不便なこと，最終文にもっと生活を便利にするために彼女は都市への引っ越しを考えていることがそれぞれ述べられているので正解は**3**。

No.29 解答 1

放送英文 A marathon is held in the city of Dubai every winter. Even at this time of year, the afternoon sunlight in Dubai is very strong, so the marathon starts early in the morning before the day becomes too hot for athletes to run. During the marathon, runners can see many tall buildings, such as the Burj Al Arab, which is one of the tallest hotels in the world.

Question: Why does the marathon in Dubai start early on a winter morning?

全文訳 毎年冬にドバイという都市でマラソンが開催される。1年のうちのこの時期でさえ，ドバイの午後の日光はとても強いため，日中暑くなり過ぎて選手が走れなくなる前の朝早くにマラソンはスタートする。マラソンの最中，ランナーは世界で最も高いホテルの1つであるブルジュ・アル・アラブのようなたくさんの高い建物を見ることができる。

Q：ドバイでのマラソンはなぜ冬の朝早くに始まるのか。

選択肢の訳
1 午後はマラソンには暑過ぎるから。
2 道路は午後には十分に静かではないから。
3 冬にはホテルに特別な朝食があるから。
4 日の出のときに建物がきれいに見えるから。

解説 第2文に Even at this time of year, the afternoon sunlight in Dubai is very strong, so the marathon starts early in the morning とあり，午後はマラソンには暑過ぎるということがわかる。

No.30 解答 2

放送英文 Robert has an important job interview tomorrow. Unfortunately, the suit that he wanted to wear needed to be cleaned. He took the suit to the dry cleaner's this morning, but they said that they would not be able to finish it in time for his interview. As a result, Robert went to buy a new suit. It was expensive, but he hopes it will help him get the job.

Question: Why did Robert buy a new suit?

全文訳 ロバートには明日，大事な就職の面接がある。不運なことに，彼が着たかったスーツはクリーニングする必要があった。彼はそのスーツを今朝クリーニング屋に持っていったが，彼の面接に間に合うように仕上げることができないだろうと店の人は言った。結果として，ロバートは新しいスーツを買いに出かけた。それは高かったが，それが仕事を得る手助けになってくれることを彼は願っている。

Q：なぜロバートは新しいスーツを買ったのか。

選択肢の訳
1 彼が着たかったスーツは小さ過ぎたから。
2 彼が着たかったスーツはきれいではなかったから。
3 彼は着たかったスーツを見つけることができなかったから。
4 彼はクリーニングしたかったスーツを家に忘れたから。

解説 第2文から第3文にかけて，彼が面接時に着たかったスーツはクリーニングする必要があったが，面接までには間に合わないことがわかったと述べられているので正解は**2**。

二次試験・面接	問題カード **A** 日程	問題編 p.142～143	▶MP3 ▶アプリ ▶CD 3 33～37

全文訳 **新しい種類のサービス**

最近，多くの人々がペットを飼うことに興味を抱いている。しかし，ペットが病気になったりけがをしたりすると，治療費が高くなる可能性がある。これに対応するために，ペットの飼い主がペットの医療費を賄う保険に入ることは良い考えである。そのような保険を提供している会社はいくつかあり，そうすることで彼らはペットの飼い主の需要に応えようとしている。

質問の訳 No. 1 文章によれば，いくつかの会社はどのようにペットの飼い主の需要に応えようとしていますか。

No. 2 では，絵を見てその状況を説明してください。20 秒間，準備する時間があります。話はカードにある文で始めてください。
〈20 秒後〉始めてください。

では，～さん（受験生の氏名），カードを裏返して置いてください。

No. 3 ペットを飼うことは人々がストレスを減らす手助けになり得ると言う人がいます。あなたはそれについてどう思いますか。

No. 4 今日，多くの生徒が学校で部活動に参加しています。部活動は学校教育の重要な一部分であるとあなたは思いますか。
Yes. →なぜですか。　　No. →なぜですか。

No.1

解答例 By offering insurance that covers pets' medical costs.

解答例の訳 「ペットの医療費を賄う保険を提供することによって」

解説 第 4 文に Some companies offer such insurance, and by doing so they try to meet the needs of pet owners. とあり，such insurance「そのような保険」を提供することでペットの飼い主の需要に応えようとする会社があるとわかる。such insurance とはその直前の文で insurance that covers pets' medical costs と説明されているので，such insurance をその説明部分と入れ替える。質問は how「どのように」なので，By offering で始めて答えるとよい。

No.2

解答例 One day, Yumi and her father were talking in their car. Yumi said to her father, "I'm excited to go to the beach." At the beach, Yumi's father was surprised to see that there was a lot of garbage. Yumi told him that she couldn't play with their dog. Ten minutes later, Yumi was picking up the garbage. Her father was thinking of putting the garbage in the car.

解答例の訳 「ある日，ユミと彼女の父親は車の中で話をしていました。ユミは父親に『ビーチに行くので，わくわくしているわ』と言いました。ビーチで，ユミの父親はたくさんのゴミがあるのを見て驚きました。ユミは犬と一緒に遊ぶことができないと彼に言いました。10分後，ユミはゴミを拾っていました。彼女の父親はゴミを車に乗せることを考えていました」

解説 1コマ目は，指示された文で説明を始め，その後にユミのせりふを使った文を続ける。2コマ目はユミの父親の驚いた様子を過去形で描写し，次に吹き出しの中に描かれているユミの考えを説明する。3コマ目はまずユミがゴミ拾いをしていることを説明し，次に吹き出しの中に描かれている父親の考えを描写する。2コマ目以降は1つのコマに対して，動作を説明する文と考えを描写する文をそれぞれ1つずつ入れるとよい。

No.3

解答例 I agree. Having a pet helps people to forget about their problems. Also, people can get exercise by playing with their pets.

解答例の訳 「私もそう思います。ペットを飼うことは人々が自分の問題を忘れるのを手助けします。また，人々はペットと遊ぶことで運動をすることができます」

解答例 I disagree. I think that some pets are very noisy. It's hard for people to relax around them.

解答例の訳 「私はそうは思いません。とても騒がしいペットもいると私は思います。人々が彼らと一緒にいてリラックスすることは難しいです」

解説 自分の意見を最初にはっきりと述べ，なぜそう思うのかを2文程度で説明するとよい。同意する場合は，ペットと一緒に遊ぶことで気持ちが和らいだり，運動になったりすることなどに焦点を当てるとよい。同意しない場合は，ペットの世話に手がかかることなどを挙げると効果的である。

No.4

解答例 （Yes. と答えた場合）
Students can learn a variety of things from doing club activities. Also, club activities are a good way to make new friends.

解答例の訳 「部活動をすることからさまざまなことを生徒は学べます。また，部活動は新しい友だちを作る良い方法です」

解答例 （No. と答えた場合）
Students should focus on studying subjects like math and science. Also, many students are too busy to do club activities.

解答例の訳 「生徒は数学や科学のような教科を勉強することに集中するべきです。また，多くの生徒は忙し過ぎて部活動をすることができません」

解説 自分の立場を明確にしたうえで，その理由を2文程度で述べるとよい。Yesの解答例では，勉強以外のさまざまなことを学べるという点を指摘している。Noの場合は，部活動で疲れて勉強に集中できなくなる可能性を指摘してもよい。

二次試験・面接 問題カード B 日程 問題編 p.144～145 ▶MP3 ▶アプリ ▶CD 3 38～41

全文訳 **コミュニケーションをとる新しい方法**

今日，人々が外国人と話をする機会はたくさんある。現在，言語を翻訳する電子機器はさらに人気になりつつある。そのような機器を導入している病院もあり，そうすることで彼らは外国人の患者が医師ともっと簡単に話をするのを手助けしている。しかしながら，新しい技術は人々がコミュニケーションをとることを助けているが，人々が時間を取って外国語を学ぼうとするのは依然大切なことである。

質問の訳 No. 1 文章によれば，いくつかの病院はどのようにして外国人の患者が医師ともっと簡単に話をするのを手助けしていますか。

No. 2 では，絵を見てその状況を説明してください。20秒間，準備する時間があります。話はカードにある文で始めてください。
〈20秒後〉始めてください。

では，～さん（受験生の氏名），カードを裏返して置いてください。

No. 3 将来，日本の映画は外国でもっと人気になるだろうと言う人がいます。あなたはそれについてどう思いますか。

No. 4 日本では，多くの生徒が制服を着ています。学校は生徒に制服を着せるべきだとあなたは思いますか。
Yes. →なぜですか。 No. →なぜですか。

No.1

解答例 By introducing electronic devices that translate languages.

解答例の訳 「言語を翻訳する電子機器を導入することによって」

解説 第3文 に Some hospitals are introducing such devices, and by doing so they are helping foreign patients speak with doctors more easily. とあり，such devices「そのような機器」を導入することで外国人の患者が医師ともっと簡単に話をするのを手助けしている病院があるとわかる。such devices とは，その直前の文で electronic devices that translate languages と説明されているので，such devices をその説明部分と入れ替える。質問は how「どのように」なので，By introducing で始めて答えるとよい。

No.2

解答例 One evening, Mr. and Mrs. Fukuda were talking about traveling to France. Mr. Fukuda said to his wife, "This school has online French lessons." The next week at home, Mr. Fukuda was taking a lesson on the Internet. Mrs. Fukuda was thinking of bringing him tea. After the lesson, Mr. Fukuda was sleeping at his desk. Mrs. Fukuda was thinking of putting a blanket on him.

解答例の訳 「ある晩，フクダ夫妻はフランスへの旅行について話をしていました。フクダさんは妻に『この学校にはフランス語のオンライン授業があるよ』と言いました。翌週自宅で，フクダさんはインターネット上で授業を受けていました。フクダさんの妻は彼にお茶を持って来ることを考えていました。授業の後，フクダさんは机で寝ていました。フクダさんの妻は毛布を彼にかけてあげることを考えていました」

解説 1コマ目は，指示された文で説明を始め，その後にフクダさんのせりふを Mr. Fukuda said to his wife, の後に続ける。2コマ目はまずフクダさんの行動を過去進行形で描写し，次に吹き出しの中に描かれているフクダさんの妻の考えを説明する。3コマ目はまずフクダさんの状況を説明し，次に吹き出しに描かれているフクダさんの妻の考えを描写する。動作を描写する際は過去進行形を使うとよい。

No.3

解答例 I agree. More Japanese movies are being translated into other languages. It's easy for foreigners to understand them.

解答例の訳 「私もそう思います。より多くの日本の映画がほかの言語に翻訳されています。外国人がそれらを理解することは簡単です」

解答例 I disagree. Most people prefer to watch movies made in their own countries. Also, Japanese movies aren't easy to find in some countries.

解答例の訳 「私はそうは思いません。ほとんどの人は自分の国で作られた映画を見ることを好みます。また，日本の映画はいくつかの国では見つけることが簡単ではありません」

解説 まず始めに賛成（I agree）か反対（I disagree）かを明確にし，その理由を具体的に述べていくことが重要である。賛成の場合は，解答例に加えて，日本映画には海外の人にも魅力的な名作が多数あることを強調してもよい。反対の場合は，日本語のニュアンスを外国語に翻訳する難しさを指摘してもよい。

No.4

解答例 （Yes. と答えた場合）

Uniforms make it easy for students to get ready for school. Also, uniforms help students to feel proud of their schools.

解答例の訳 「制服は生徒が学校の準備をすることを簡単にしてくれます。また，制服は生徒が自分の学校を誇りに感じる手助けをしてくれます」

解答例 (No. と答えた場合)

Students should decide what to wear for themselves. Fashion is very important to some students.

解答例の訳 「生徒は自分で何を着るかを決定するべきです。ファッションは一部の生徒にとってとても大切です」

解説 自分の立場を明確にしたうえで，その理由を2文程度で述べるとよい。Yes の場合は，制服があれば朝に服を選ぶわずらわしさがないことなど具体例を盛り込んでもよい。No の場合は，解答例のように個人の選択の自由に焦点を当てるとよいだろう。

2020-3

解答一覧

一次試験・筆記

1

(1)	2	(8)	1	(15)	2
(2)	3	(9)	2	(16)	4
(3)	1	(10)	2	(17)	1
(4)	1	(11)	3	(18)	4
(5)	4	(12)	3	(19)	1
(6)	3	(13)	2	(20)	4
(7)	3	(14)	3		

2 A

(21)	3
(22)	1
(23)	4

2 B

(24)	2
(25)	1
(26)	1

3 A

(27)	4
(28)	3
(29)	2

3 B

(30)	2
(31)	4
(32)	3
(33)	1

3 C

(34)	4	(36)	4	(38)	2
(35)	2	(37)	1		

4　解答例は本文参照

一次試験・リスニング

第1部

No. 1	4	No. 6	3	No.11	2
No. 2	1	No. 7	1	No.12	3
No. 3	4	No. 8	3	No.13	3
No. 4	2	No. 9	1	No.14	4
No. 5	2	No.10	2	No.15	4

第2部

No.16	3	No.21	4	No.26	4
No.17	1	No.22	1	No.27	3
No.18	4	No.23	3	No.28	4
No.19	3	No.24	2	No.29	3
No.20	2	No.25	3	No.30	2

一次試験・筆記 1 問題編 p.148～150

(1) 一解答 2 正答率 ★75%以上

訳 A：パーティーを楽しんでいたようだね，ドン。君が大笑いしているのを見かけたよ。
B：うん。レイチェルが彼女の父親について本当に面白い話をしていたんだよ。

解説 A の発言に「君が大笑いしているのを見かけたよ」とあるので，レイチェルが amusing「面白い」話をしていたことがわかる。marine「海の」，native「出生地の」，silent「静かな」

(2) 一解答 3

訳 A：あなたの会社では何名の人が働いているのですか，スワードさん。
B：現在は 30 名の従業員がいますが，年末にはもう 5 名雇う予定です。

解説 A は現在の従業員の人数を尋ねているので，currently「現在は」を選ぶと文脈に合う。seriously「深刻に」，instantly「すぐに」，especially「特に」

(3) 一解答 1

訳 図書館のコンピューターは学校のプロジェクト，または宿題のために利用されるべきである。生徒はゲームをしたり，インターネット上の動画を見たりするためにそれらを使うことを許可されていない。

解説 第 2 文に，生徒はゲームや動画視聴のためにコンピューターを使うことを許可されていないとあるので，コンピューターは勉強の目的で utilized「利用される」べきとすると文脈に合う。satisfy「～を満足させる」，flavor「～に風味をつける」，reflect「～を反映する」

(4) 一解答 1

訳 フランクリンシティーでは，水の節約が大きな関心事となっている。その都市は人々にできるだけ水を使わないように求めている。

解説 第 2 文に「できるだけ水を使わないように」という記述があるので，この都市の関心事は水の conservation「節約」であることがわかる。publication「出版」，revolution「革命」，ambition「野心」

(5) 一解答 4

訳 科学の授業では，生徒は自然界で見つかる元素の名前を学ぶ。彼らは二酸化炭素が炭素と酸素でできていることを知らなければならない。

解説 科学の授業で学ぶことといえば，elements「元素」の名前である。ほかの選択肢は科学の授業では習わない。duty「義務」，narration「語り」，witness「目撃者」

(6) ―解答 3

訳 スーザンは結婚後，同じ会社で働き続けることを選んだが，**非常勤で**働くことにした。

解説 文脈から結婚後働き方を変えたことが推測されるので，on a part-time basis「非常勤で」があてはまる。on a ～ basis で「～方式で」という意味で，ここでは「part-time 方式で」つまり「非常勤で」という意味になる。rating「格付け」，sense「意味」，charge「使用料」

(7) ―解答 3

訳 A：美術展に来た人たちはあなたの絵を気に入りましたか。

B：はい。多くの**賛辞**をいただきました。ある人は，それらは長い間見てきた中で最も美しい絵であったと言ってくれました。

解説 「長い間見てきた中で最も美しい絵であった」というコメントから，B が多くの compliments「賛辞」を受けていたことがわかる。mystery「神秘」，detective「探偵」，structure「構造」

(8) ―解答 1

訳 A：ドバイへ旅行に行くのに費用はどれくらいかかりますか。

B：そうですね，値段は**変動します**。新年の休暇の間は高いですが，それ以外の時期はもっと安いです。

解説 第 2 文でドバイへの旅行費用は新年の休暇の間は高いが，それ以外はもっと安いと述べられていることから，vary「変動する」が正解。navigate「航行する」，pause「休止する」，struggle「奮闘する」

(9) ―解答 2

訳 カレンは，銀行で働く時間と子どもたちの世話をする時間とに自分の時間**を分けている**。彼女は家でもっと多くの時間を過ごしたいのだが，お金を稼ぐ必要もある。

解説 第 2 文よりカレンは銀行で働く時間と子どもたちの世話をする時間の両方を必要としていることがわかるので，divides「～を分ける」が正解。publish「～を出版する」，scratch「～を引っかく」，attach「～を取り付ける」

(10)―解答 2

訳 A：ケビン，明日の私の予約**を確認する**ためにホテルに電話してくれた？

B：はい，ハリスさん。2 時以降でしたらいつでもチェックインできますと言っていました。

解説 B がホテルに電話したと答えた後，ホテルのチェックイン時間を A に伝えているので，B の電話の目的としては confirm「～を確認する」が文脈に合う。distinguish「～を区別する」，promote「～を促進する」，govern「～を統治する」

(11)—解答 3　正答率 ★75%以上

訳　A：8月に京都を訪れることを考えているんだ。

B：本当に？　11月まで待つべきだよ。京都はそのときが最高だよ。天気は涼しいし，紅葉の色が美しいよ。

解説　Bは，京都に行くのは11月まで待つべきだ，11月の京都は涼しくて紅葉が美しいと述べているので，その時期がbe at its best「最高である」と考えていると推測できる。behind its back「それのいないところで」，against its will「その意思に反して」，in its opinion「それの意見では」

(12)—解答 3

訳　A：スティーブンおじさんはいつ到着するの？

B：今すぐにも到着するかもしれないから，服を着替えに行ってちょうだい。

解説　Bが「服を着替えに行ってちょうだい」と言っていることから，スティーブンおじさんがat any moment「今すぐにも」到着するかもしれない，とすると文脈に合う。in a series「シリーズの中で」，for a living「生活のために」，to some extent「ある程度」

(13)—解答 2

訳　サラは友だちとヨーロッパを旅行して夏を過ごした。それはとても楽しかったので，旅行が終わったとき，彼女はとても悲しかった。

解説　an endと結びつく動詞句は選択肢の中でcame toのみ。come to an endで「終わる」という意味。dig up「～を掘り起こす」，take over「～を引き継ぐ」，fall on「(日程が)～に当たる」

(14)—解答 3

訳　多くの生徒にとって高校の後に入学する大学を決めることは難しい。

解説　decideの後ろについて動詞句をなす前置詞は選択肢の中でonのみ。decide on「(多くの選択肢の中から)～を［に］決める」

(15)—解答 2

訳　ワカコは少女だったころ，毎日バレエをしたものだった。近ごろ，彼女はとても忙しいので，時々しかしていない。

解説　近ごろはとても忙しいので，now and then「時々」しかバレエをしていないとすると自然である。not at all「全然～ない」も頻度を表すことができるが，この問題文の末尾に置くことは文法的にできない。up and down「上がったり下がったり」，all the way「はるばる」

(16)—解答 4

訳　ビクターはいつも忙しく働いているので，彼は新しい仕事が好きである。彼は，国中の依頼人に会うために毎日タクシー，列車，飛行機などを使っている。

解説　第2文に依頼人に会うために国中を動き回っているという記述があるの

で，on the go「忙しく働いて」が正解。above all else「何にもまして」，out of place「場違いで」，at a distance「少し離れて」

(17)—解答 1 正答率 ★75%以上

訳 ベッキーはテストの低い点数を恥ずかしく思っていたので，金曜日には大学の友だちとは誰とも話したくなかった。

解説 テストの点数が悪く，誰とも話したくないということから，ベッキーがそれを be ashamed of「～を恥ずかしく思っている」と考えるのが自然である。be rid of「～を免れる」，be accustomed to「～に慣れている」，be familiar to「～によく知られている」

(18)—解答 4

訳 朝食は1日のうちで最も大切な食事であると言われている。それは人々に1日を乗り切るのに必要なエネルギーを与えると専門家たちは言っている。

解説 第2文で，朝食は1日を乗り切るのに必要なエネルギーを与えると専門家が言っていることから be said to be「～であると言われている」の形が適切である。

(19)—解答 1

訳 ブルーストリート・ガールズがティーンエイジャーに非常に人気があるのは，彼女たちは歌と踊りがとてもうまいからだ。

解説 It is because ～ that ...「…なのは～だから」という強調構文を用いた文。これ以外の選択肢は，この文脈では意味をなさない。

(20)—解答 4

訳 A：このプロジェクトはとても困難で，費用がかかることになります，フォードさん。それを取りやめたらどうでしょう？

B：いや，取りやめはしない。それは後に会社に多大な利益をもたらすことになるだろう。

解説 「このプロジェクトはとても困難で，費用がかかる」ということから，Aが取りやめを提案していると推測できる。この意味で動詞の原形を後ろにとれるのは Why not だけである。What about「～はどうですか」，What for「何のために」，How come「なぜ」

一次試験・筆記 2 問題編 p.152～155

A 全文訳 変化のサイクル

自転車は効率の良い交通手段である。それは19世紀に発明され，それ以来，何度も改良されてきた。最近，電動自転車，または「イーバイク」が広く使われるようになった。普通の自転車と違い，イーバイクには原動機が付いており，そのおかげで運転者は坂道をより簡単に上ることができる。原動機付きの自転車を使うことは「ずるい」と考えるサイクリング愛好家もいる。それにもかかわらず，イーバイクは急速に人気になりつつある。実際，ある調査によれば，アメリカでのイーバイクの売り上げは，2018年には2014年の8倍だった。

研究者たちは，これは良いニュースだと言う。イーバイクは人々の健康と環境に良い影響を与えるかもしれないと彼らは主張する。イーバイクの1つの主な利点は，高齢者や定期的に運動をしない人がサイクリングできるということである。このことで彼らは自転車で通勤しやすくなり，それは車で移動するよりも環境に良い。さらに，イーバイクはより多くの人々が趣味としてサイクリングすることを可能にする。例えば，でこぼこ道や山道を自転車で走ることができなかった人々は今はそうすることができる。

しかしながら，イーバイクの利用の増加に関して問題を指摘するサイクリング専門家もいる。一例を挙げると，イーバイクの運転者はより事故に巻き込まれやすい。それに応じて，制限速度の引き下げや，自転車専用道路などの安全性を向上させるほかの方策を望んでいる人々もいる。最も重要なことには，イーバイクと普通の自転車の両方の運転者は注意深くあるべきであると専門家たちは言う。自転車に原動機が付いているかどうかは問題ではない。大切なことは，安全を保ちながらサイクリングを楽しむことである。

(21)―解答 3 正答率 ★75%以上

解説 空所直後の文に「アメリカでのイーバイクの売り上げは，2018年には2014年の8倍だった」という事実が述べられていることから，イーバイクが急速に「人気になりつつある (growing in popularity)」とわかる。

(22)―解答 1

解説 空所前の文では，イーバイクは誰でも気軽に乗れ，環境にとっても良いという利点が述べられている。空所後では，イーバイクは趣味としてのサイクリングを可能にする，というもう1つの利点が追加されている。このようにある利点にもう1つの利点を追加するためには，What is more「さらに」が最も適切な接続語句となる。

(23)―解答 4 正答率 ★75%以上

解説 空所のある第3段落では，原動機の有無にかかわらず自転車の安全性を向上させることが重要であると述べられているので，while staying safe「安全を保ちながら」が適切である。

B 全文訳 空間を節約する良い方法

近年，多くの国の農業従事者が，皆を食べさせるのに十分な食料を生産することがますます難しくなっていると感じている。この1つの理由は，地球温暖化によって引き起こされる気象パターンの変化である。地球の気温が上昇するにつれて，多くの地域が暑く乾燥し過ぎてしまったために農業に使うことができなくなった。同時に，太陽光発電などの再生可能エネルギーを作り出すべきだという圧力が大きくなりつつある。しかし，太陽光発電の問題はソーラーパネルが多くの空間を占めるということである。これらの問題の両方を同時に解決するために，研究者たちは最近，太陽光発電と作物生産を結び付ける方法を考え出した。

農業における1つのよくある課題は，多量の直射日光が作物にダメージを与えるということである。直射日光は葉が茶色に変色し乾燥することを引き起こし得るだけでなく，日光の熱は地中の水をすぐに干上がらせてしまいもする。これは植物が生き残るために十分な水を得ないということを意味する。研究者たちは地面からおよそ2.5メートルの地点にソーラーパネルを設置することを決定した。これらは日陰のある空間を植物のために作り出し，また干上がってしまう水の量を減らしもした。このことは作物生産を増加させるのに役立った。

ソーラーパネルもまた作物から恩恵を受けることができた。ソーラーパネルは高温ではうまく機能しない。しかし，レタスやケールのような作物は冷却効果を生み出し，そのことがソーラーパネルの過熱を防ぎ，それらがより効率的に働くことを可能にしている。もっと多くの食料を生産し，空間を節約し，太陽光発電の恩恵を享受することは可能であるということをこの研究の結果は示している。

(24)—解答 2

解説 空所前では気候変動によって使える農地が減少していることが，空所後では，再生可能エネルギーを作り出す必要性が高まってきていることが述べられている。この2つは時系列の前後や因果関係が示されていない並列した事実なので，これらを結び付けるにはAt the same time「同時に」が適切である。

(25)—解答 1 正答率 ★75%以上

解説 空所後の文で，具体的に直射日光が植物に与えるマイナスの効果が述べられていることから，空所にはdamages crops「作物にダメージを与える」が入る。

(26)—解答 1

解説 空所後の文で，レタスやケールが生み出す冷却効果がソーラーパネルの過熱を防ぎ，稼働効率を向上させていることが述べられている。このことから，ソーラーパネルはat high temperatures「高温では」うまく機能しないとするのがこの文脈では最適。

一次試験・筆記	3	問題編 p.156～162

A 全文訳

発信人：マーク・タッカー <mtucker@berktonmiddle.edu>
宛先：マーガレット・ローソン <margaret-lawson8@umail.com>
日付：1 月 24 日
件名：シルビアの数学の成績
ローソン様

私は，マーク・タッカーと申しまして，バークトン・ミドルスクールで娘さんの数学の教師をしております。シルビアの数学の成績について少しお話がしたかったのです。数週間前にシルビアが重い風邪をひいたため，授業をいくつかお休みしたことは存じ上げております。不運なことに，その週に生徒たちはいくつかのとても重要なことを学びました。

シルビアが学校を休んでいる間に私は彼女に宿題を送りましたが，授業中に行った三角形についてのいくつかの重要な説明を彼女は聞いておりません。彼女はその項目について理解したと言いましたが，彼女は昨日のテストではとても悪い点数を取ってしまいました。これが彼女の落ち度でないことはわかります。しかし，彼女にとってこの項目を学ぶことはとても重要です。もしそれを学ばなければ，次章でその概念を再び使いますから，彼女は将来困るでしょう。

始業前 30 分間，私は学校の勉強に困っている生徒たちを援助することができます。また，毎週水曜日の放課後にウエスト・ブリッジビル大学の数学専攻の学生たちが学校の図書館に来て無料の個人指導をしております。あなたがシルビアを毎日学校に送り迎えしていると彼女から聞いております。どちらがあなたにとってよりご都合がよろしいでしょうか。シルビアを早めに連れてきたいか，または毎週水曜日遅めに彼女を迎えに来たいか E メールでお知らせください。

敬具
マーク・タッカー

(27)―解答 4　正答率 ★75％以上

質問の訳　数週間前，シルビアは

選択肢の訳
1 バークトン・ミドルスクールに通い始めた。
2 数学の授業で悪い成績を取った。
3 学校で新しい数学の教師に教わることになった。
4 授業に出席できるほど調子が良くなかった。

解説　第 1 段落第 3 文に Sylvia had a bad cold a couple weeks ago, so she missed a few classes とあり，シルビアが体調を崩し授業を欠席したことがわかる。

(28)—解答 3

質問の訳 シルビアは何をすることが重要か。

選択肢の訳
1 三角形についてクラスに説明する。
2 将来のテストのためにより熱心に勉強をする。
3 数学の授業の１項目を理解する。
4 次章を注意深く読む。

解説 第２段落第１文でシルビアが休んでいたときに重要な数学の１項目が扱われていたことが述べられている。それを受けた第２段落第４文に it is very important for her to learn this topic とあり，その数学の１項目をシルビアがしっかり理解することが重要であるとわかる。

(29)—解答 2

質問の訳 マーク・タッカーはシルビアに何をしてほしいか。

選択肢の訳
1 学校の図書館で何冊か本を読む。
2 数学の勉強に関していくらか追加の援助を受ける。
3 彼女の母親に宿題を手伝ってくれるように頼む。
4 特別授業のためにウエスト・ブリッジビル大学へ行く。

解説 第３段落で，マーク・タッカーは数学の補習や個人指導についての情報を提示し，希望をメールで知らせてほしいとシルビアの母親に依頼している。よって，彼はシルビアに追加の援助を受けてほしいと思っていると考えられる。

B 全文訳 ヌタウナギ

海には多くの奇妙で神秘的な生き物が存在している。１つの例がヌタウナギである。ヌタウナギはヘビやウナギに似ているが，それらの口は特別な形をしており，舌の上に歯がある。それらは深海に生息し，死んで海底に沈んだ魚の死骸を食べている。３億３千万年前のヌタウナギの化石が見つかっている。進化を研究している科学者たちは，ヌタウナギは人間を含めた全ての背骨のある生き物の祖先であると考えている。

たいていの国で，ヌタウナギについて聞いたことがある人はほとんどいない。しかし，韓国では，ヌタウナギは人気のある料理で使われている。それらの肉は油で調理され，塩と共に出される。特に，年配の韓国人男性たちはお酒を飲みながらヌタウナギを食べることを楽しんでいる。これがアジアにおける乱獲につながった。結果として，アメリカなどのほかの国々が，自分たちの領海でヌタウナギを捕獲し，韓国へと輸出し始めた。ヌタウナギの皮はまた，バッグ，ブーツ，そしてほかの製品を作るために使われてもいる。

ヌタウナギは，サメなどの自分たちを攻撃する動物たちから身を守る特別な方法を持っている。ヌタウナギは細い繊維で満たされているドロドロした液体を作り出す。ヌタウナギは攻撃されると，体の側面にある小さな穴からこの液体を射出する。その液体が海水と混ざると，それは急速に膨張し，ゼリー状になる。このゼリーがヌタウナギを攻撃している魚に呼吸困難を引き起こすことで，ヌタウナギを守る。

ダグラス・ファッジとカナダのゲルフ大学の科学者たちのグループが，このヌタウナギの液体の１つの利用の可能性を見出した。その液体の中の繊維はとても強い絹のようであると彼らは言う。これらは，化石燃料から作られるナイロンなどの人工的な生地の代わりとして使うことができると彼らは確信している。ヌタウナギの繊維ははるかに環境に優しいものになるだろう。この科学者たちは現在，とても強くもあり軽くもある新しい生地を作るために実験室で同様の繊維を作り出そうとしている。衣料品製造業者たちは，自分たちの製品にそのような高品質の生地を使うことに興味を抱くであろう。

(30)―解答 2

質問の訳　ヌタウナギについて以下のうちどれが正しいか。

選択肢の訳
1 それらを捕まえるためにほかの魚が海の深い場所まで泳いでいく。
2 人間とほかの多くの動物たちは実はそれらから進化したのかもしれない。
3 それらは現代の背骨を持たない全ての魚の祖先である。
4 それらはいかなる歯や舌も持たないヘビの一種である。

解説　第１段落最終文に hagfish are the ancestors of all creatures with backbones, including human beings とあり，人間を含む全ての脊椎動物がヌタウナギから進化した可能性があることがわかる。

(31)―解答 4

質問の訳　アメリカの人々がヌタウナギを捕獲し始めたのは

選択肢の訳
1 それらの肉がアメリカ人の間でますます人気になったからである。
2 韓国人が健康商品を作るためにヌタウナギからとれる油を使うからである。
3 より人気のあるほかの種類の魚がすでに乱獲されてしまったからである。
4 あまりに多くが捕獲されたので，アジアにおけるそれらの生息数が減ってしまったからである。

解説　第２段落第５文，第６文から，アジアでヌタウナギの乱獲が起こり，アジアでの生息数が減ってしまったためにアメリカ人が自分たちの領海でヌタウナギを捕獲し始めたということがわかる。

(32)―解答 3

質問の訳　ヌタウナギはほかの魚からどのように自分の身を守るか。

選択肢の訳
1 はるかに大きく見えるように自分の体を膨らませることによって。
2 ほかの魚の体に穴をあける細い繊維を射出することによって。
3 海水中で変化する液体を自分の体から出すことによって。
4 見ることを困難にするゼリーでほかの魚を覆うことによって。

解説　第３段落第３文～第５文に，ヌタウナギは海水に混ざると膨張してゼリー状になる液体を射出し，相手を呼吸困難にして自分の身を守るという内容が述べられている。

(33)— 解答 1

質問の訳　ヌタウナギは将来どんな利益をもたらすかもしれないか。

選択肢の訳
1　それらは環境により良い素材を開発するために使われ得る。
2　それらは海を汚染しているナイロン繊維を分解し得る。
3　それらは実験室でこぼれた化石燃料を掃除する手助けになり得る。
4　それらはファッション業界向けのとても強い絹を作り出すために簡単に形を変化させることができる。

解説　第4段落第2文～第5文にかけて，ヌタウナギが射出する液体に含まれる繊維は強く，ナイロン繊維の代替品になり得ること，それらは環境に優しいこと，それゆえに科学者たちがそれから新しい生地を作り出そうしていることが述べられている。

C 全文訳 古い考え方をリサイクルすること

今日，物が埋め立て地に捨てられないようにするために，人々はしばしばそれらをリサイクルする。金属が天然石から作られるときに，多くの害が生じるので，特に，金属のリサイクルは重要である。地面から資源を取り出す際に土地が損害を被るだけでなく，多くの毒が環境に放出されもする。さらに，多量の電力が使用される。これらの理由により，（金属を作る）代わりに金属をリサイクルする方法を人々は求めている。

金属のリサイクルには実は長い歴史がある。金属を作るよりもそれらを再利用する方がいつもはるかに簡単であった。鉄，銅，スズのような金属はありふれたものであるが，それらが見つかる石から分離することは難しい。このため，古代では，ローマの軍隊は戦争後にほかの国から金属の像を奪い，新しい武器を作るためにその像を溶かした。18世紀になってもなお，ジョージ・ワシントンの軍隊のために，リサイクルされる鉄製の製品を寄付することをアメリカ人は推奨された。

19世紀の間，高まる金属の需要に応えるためにリサイクルを専門とする大きな企業が設立された。しかし，20世紀には，金属を作ることはより速くより効率的になった。このころ，多くの製品メーカーは利益を増やす方法を変え始めた。それまでのように生産費用を引き下げる代わりに，彼らは「計画的旧式化」と呼ばれる手法を使い始めた。これは短期間で壊れたり使えなくなったりするように設計されている製品を作ることを意味しており，それゆえに顧客はより頻繁に製品を購入しなければならない。

近ごろは，そのような製品には，スマートフォンのような数年ごとに取り換えなければならない機器が含まれる。それらは多くの希少金属を含んでもいる。実際，アメリカ人は使用済みの電話を捨てることだけで，毎年およそ6千万ドルに相当する金と銀を埋め立て地に捨てている。冷蔵庫や洗濯機などの大きな家庭用の器具をリサイクルする重要性を多くの人々がすでに理解しているけれども，より小さな電子機器がなぜリサイクルされるべきなのかを理解していない人もいる。世界の金属量は限られているので世界の（金属）供給を守るためには古い考え方から学んだ方が良いのかもしれない。

(34)—解答 4

質問の訳 金属を作ることで環境に損害を与える1つの方法は何か。

選択肢の訳
1 たくさんの生物が生き残るために地面からの金属を必要としている。
2 その過程で使われるたくさんの電気が火事を引き起こす。
3 金属の大部分は廃棄され，埋め立て地のスペースを取る。
4 その過程は危険な物質の放出につながる。

解説 第1段落第3文の後半に，many poisons are released into the environment とあり，金属を作る際に毒性の物質が放出されることがわかる。many poisons が正解の選択肢では dangerous substances と言い換えられている。

(35)—解答 2

質問の訳 過去においてなぜ人々は金属製品を溶かしたのか。

選択肢の訳
1 アメリカとの戦争に武器が必要だったから。
2 石から新しい金属を分離するよりもそれが簡単だったから。
3 金属製品をより強くする目的でそれらを石と混ぜ合わせるため。
4 戦争の英雄の新しい像を作る目的でそれらを再利用するため。

解説 第2段落第3文で，石から金属を分離することは難しいと述べられており，その直後の This is why で始まる第4文で，そんなわけで金属を溶かして武器を作っていたのだ，と説明されている。このことから第3文が金属製品を溶かしていた理由だと考えられる。

(36)—解答 4

質問の訳 20世紀の間に，

選択肢の訳
1 リサイクルを専門とした企業を人々は作り始めた。
2 お金を作るために金属を使うことがより速くより効率的になった。
3 製品メーカーは生産費用を下げることでより多くのお金を稼いだ。
4 企業がすぐに役立たなくなる品物を作り始めた。

解説 第3段落第2文から20世紀の出来事が述べられているので読み進めると，第4文と第5文で，製品メーカーは短い期間で使えなくなるように製品を設計し始めたことが説明されている。選択肢 **2** には本文と同じ表現が入っているが，内容が違っているので正解ではない。

(37)—解答 1

質問の訳 希少金属の供給を人々はどのように守ることができるか。

選択肢の訳
1 小さな電子機器を捨てる代わりにリサイクルしようとすることによって。
2 古い電話をもっと効率的に機能するものと置き換えることによって。
3 リサイクルに使われる大きな家庭用の器具の数を増やすことによって。
4 金と銀を含む機器を埋め立て地に置いたままにすることによって。

解説 第4段落第2文と第3文に，スマートフォンの中には金や銀といった希少金属が含まれており，それを捨ててしまうことで毎年アメリカ人は6千万ドルに相当する希少金属を捨てていることになる，と述べられている。つまりこのスマートフォンのような小さな電子機器をリサイクルすれば希少金属の供給を守ることができるのである。

(38)— 解答 2

質問の訳　以下の記述のうち正しいのはどれか。

選択肢の訳
1 ジョージ・ワシントンが鉄をリサイクルする考えをアメリカに導入した。
2 19 世紀の間に金属の必要性が高まった。
3 発電によって放出される毒の量を金属は減らすことができる。
4 企業は毎年およそ 6 千万ドルを新しいスマートフォンのための金に費やす。

解説　第 3 段落第 1 文に，19 世紀に金属の需要が高まったという事実が述べられている。本文中の a higher demand が正解の選択肢では an increase in the need と言い換えられている。

一次試験・筆記 4

問題編 p.162

トピックの訳　もっと多くのアパートが犬や猫などのペットを許可するべきだと言う人がいます。あなたはこの意見に同意しますか。

ポイントの訳　清潔　生活様式　隣人

解答例　I think more apartment buildings should allow pets such as dogs and cats. First, nowadays, the demand for apartment buildings that allow pets is increasing. This is because more and more people believe that owning a pet is a good way to reduce stress. Second, when pet owners are unable to find an apartment that allows pets, it can lead to problems. For example, there could be an increase in the number of abandoned dogs and cats. For these two reasons, I agree with this opinion.

解答例の訳　もっと多くのアパートが犬や猫などのペットを許可するべきだと私は思います。第 1 に，今日では，ペットを許可するアパートの需要が高まっています。これはペットを飼うことがストレス軽減の良い方法であると信じている人々がますます増えているからです。第 2 に，ペットの所有者がペットを許可するアパートを見つけることができないと，それは問題につながり得ます。例えば，捨て犬や捨て猫の数が増加する可能性があります。これら 2 つの理由から，私はこの意見に賛成です。

解説　まず，冒頭で与えられたトピックに対して自分が同意するか否かをはっきりと明示することが重要である。その際，I think / I agree またはI don't think / I disagree で始め，その後にトピックで使われている表現をつなげて書くと容易に1文目を作ることができる。次に，自分の意見をサポートする具体的な理由を挙げていく。その際には，解答例にある First, Second といった「標識」になるつなぎ言葉を使うと論旨が明確になる。そのほかにも first of all「まず最初に」，to begin with「まず初めに」，in addition「加えて」，moreover「さらに」などの表現も有効であろう。それぞれの理由に具体例を付記し，1つの理由を2文程度で表現するとよいだろう。最後に，解答例にあるように For these (two) reasons「これら（2つ）の理由から」を使い，最初に述べた自分の意見を繰り返し述べることが大切である。反対の理由を述べる場合は，「動物のアレルギーを持っている人もいる」など周りの人への影響を理由として説明するとよいだろう。

一次試験・リスニング　第1部　問題編 p.163〜165

▶MP3 ▶アプリ ▶CD 3 42〜57

No.1 －解答 4

放送英文
★：Mom, it's David. Guess what? You're going to be a grandmother!
☆：Really? I've been waiting so long for you and Carol to start a family. Do you know if it's a boy or a girl?
★：Not yet, but we should find out soon.
☆：Oh, that's wonderful! Your father will be so happy.
Question: What is David telling his mother?

全文訳
★：お母さん，デイビッドだよ。聞いてくれる？　お母さんはもうすぐおばあちゃんになるよ！
☆：本当に？　あなたとキャロルが家族を作ることを長い間待っていたわ。男の子か女の子か知っているの？
★：まだだけど，すぐにわかるはずだよ。
☆：まあ，それは素敵ね！　あなたのお父さんもとても喜ぶわ。
Q：デイビッドは母親に何を伝えているか。

選択肢の訳
1　彼は彼の妻の父親に会うだろう。
2　彼と彼の妻は彼の祖母を訪れるだろう。
3　彼と彼の妻は彼女を旅行に連れていくだろう。
4　彼の妻は子どもを出産するだろう。

解説　男性が最初の発言で You're going to be a grandmother! と母親に述べているので，彼の妻が子どもを産むことがわかる。

No.2 －解答 ①

放送英文 ☆： So, Eddie, have you saved enough money for your trip to Peru?

★： Not yet, Charlene. I'm looking for another part-time job at the moment. Are there any jobs available at the restaurant where you work?

☆： Actually, I think there are. If you like, I can talk to my boss about it.

★： That would be great! Thank you.

Question: What does the man ask the woman about?

全文訳 ☆： それで，エディ，あなたはペルーへの旅行のために十分なお金を貯めたの？

★： まだだよ，シャーリーン。今のところ，僕はほかのアルバイトを探しているんだ。君が働いているレストランで何か仕事はあるかな？

☆： 実際のところ，仕事はあると思うわ。もしよければ，それについて私の上司に話をしてみるわ。

★： それは素晴らしい！　ありがとう。

Q：男性は女性に何について尋ねているか。

選択肢の訳
1 レストランで仕事を得ること。
2 彼にいくらかお金を貸すこと。
3 夕食を一緒にとること。
4 ペルーへの旅行に一緒に行くこと。

解説 男性の最初の発言から男性が女性にレストランで仕事がないかどうかを尋ねていることがわかる。

No.3 －解答 ④

放送英文 ☆： Excuse me. Do you know which bus I should take to Griffin Park?

★： You don't need to take a bus. You can walk there easily.

☆： Really? How long will it take?

★： Only about five minutes. Just turn left at the next corner and go one block. The park won't open for another hour, though.

Question: What do we learn about Griffin Park?

全文訳 ☆： すみません。グリフィンパークへはどのバスに乗るべきかご存知ですか。

★： バスに乗る必要はありませんよ。そこへは簡単に歩いていけますよ。

☆： 本当ですか。どのくらいかかりますか。

★： わずか５分程度です。次の角で左に曲がり，１区画進んでください。でも，公園はあと１時間開きませんよ。

Q：グリフィンパークについて何がわかるか。

選択肢の訳
1 そこに着くには１時間かかる。
2 そこには散歩道がいくつかある。

3　それは今日は開かない予定である。

4　それは近くにある。

解説　男性の最初と2番目の発言から，公園が歩いていける距離にあり，5分程度で着くことがわかる。つまり公園は近くにあるということ。

No.4 －解答 ②

放送英文 ☆：So, honey, we've looked at four houses so far. Were there any you especially liked?

★：I thought that the blue one on Lee Road was the best, but it's rather expensive.

☆：I know. But the location is fantastic, and it's really pretty. Maybe we should spend more than we were planning and get it.

★：Well, let's talk to the people at the bank again and then decide.

Question: What is one reason the woman likes the house on Lee Road?

全文訳 ☆：ねえ，あなた，これまで4軒の家を見てきたわね。特にあなたが気に入ったものはあった？

★：僕はリー通りの青い家が最も良いと思ったけれど，かなり高価だったね。

☆：そうね。でも立地は素晴らしいし，本当にきれいよ。もしかすると予定していたより多くの費用を使ってそれを手に入れるべきかもしれないわ。

★：そうだな，銀行の人たちともう一度話をしてそれから決めよう。

Q：女性がリー通りの家を気に入った1つの理由は何か。

選択肢の訳　1　それは安価である。

2　それは良い立地にある。

3　それにはきれいな庭がある。

4　それはほかの家よりも大きい。

解説　女性は彼女の2番目の発言で the location is fantastic と述べており，女性がその家の立地をとても気に入っていることがわかる。正解の選択肢では家を主語に It is in a good location. と言い換えられている。

No.5 －解答 ②

放送英文 ☆：Hey, Daniel. You won't believe what happened yesterday.

★：Let me guess, Ellen. You won an award for your science project at school.

☆：That's right! How did you know?

★：Your mom already told me about it.

Question: How did Daniel find out about Ellen's news?

全文訳 ☆：ねえ，ダニエル。あなたは昨日何が起きたか信じないでしょうね。

★：当ててみようか，エレン。学校の科学プロジェクトで賞を獲得したんだね。

☆：そうよ！　どうやって知ったの？

★：君のお母さんがすでにそれについて僕に話してくれたんだよ。
Q：どのようにしてダニエルはエレンのニュースについて知ったのか。

選択肢の訳
1　彼の先生が科学の授業でそれを公表した。
2　彼は彼女の母親からそれについて聞いた。
3　彼はそれについて彼の母親に尋ねた。
4　彼の学校の新聞が記事を掲載した。

解説 「どうやって知ったの？」という女の子の質問に，男の子は「君のお母さんがすでにそれについて僕に話してくれたんだよ」と答えている。

No.6 －解答 3

放送英文
☆：Excuse me, Officer. Could you tell me if it's OK to park on this street?
★：You can park here until four o'clock if you have a parking sticker on your car.
☆：Oh. Well, I don't have a sticker, so I guess I'd better look for somewhere else to park.
★：There's a parking lot three blocks away on Davis Street.
Question: What does the man suggest the woman do?

全文訳
☆：すみません，お巡りさん。この通りに駐車してもよいかどうか教えてもらえますか。
★：駐車ステッカーが車に貼ってあれば，4時までここに駐車することができます。
☆：ああ。ええっと，私はステッカーを持っていないので，どこかほかに駐車する所を探した方が良いですね。
★：3区画離れたデイビス通りに駐車場がありますよ。
Q：男性は女性に何をすることを提案しているか。

選択肢の訳
1　4時過ぎに戻ってくる。
2　もっとゆっくり運転する。
3　駐車場に駐車する。
4　彼女の駐車ステッカーを変える。

解説 「私はステッカーを持っていないので，どこかほかに駐車する所を探した方が良いですね」という女性の発言に対して，警官が3区画先の駐車場を教えているので正解は**3**。

No.7 －解答 1

放送英文
☆：Hey, Jim. I haven't seen you around the office lately. Did you go somewhere on vacation?
★：No. I took a few days off work because my son's been ill, and my wife's out of town on a business trip.
☆：Oh, I see. Well, I hope he's better now.

★：Thanks. He's back at school today.

Question: Why was the man absent from work?

全文訳 ☆：ねえ，ジム。最近オフィスであなたを見かけなかったわ。休暇でどこかに行っていたの？

★：いや。息子が病気だったので 2，3 日休みを取ったんだ，妻が出張で町を離れていたしね。

☆：そうなんだ。息子さんが今は回復していることを願っているわ。

★：ありがとう。彼は今日学校に戻ったよ。

Q：なぜ男性は仕事を休んでいたのか。

選択肢の訳
1　彼は息子の世話をしていたから。
2　彼は出張で不在だったから。
3　彼は体調が良くなかったから。
4　彼は休暇に出かけていたから。

解説 男性の最初の発言で my son's been ill, and my wife's out of town on a business trip と述べられているので，男性が休暇を取って病気の息子の世話をしていたことが推測できる。

No.8 − 解答 3

(放送英文) ☆：Fred, I heard your wife and kids aren't very excited about your job transfer to Germany.

★：They're not. My wife doesn't want to leave here, and my kids are worried about speaking German.

☆：Well, tell them that once they get used to everything, living abroad will be a great experience.

★：Right. If they think about it as a big adventure, they might start looking forward to it.

Question: What is one thing we learn about Fred's wife and children?

全文訳 ☆：フレッド，あなたの奥さんと子どもたちがあなたのドイツへの転勤をあまり喜んでいないと聞いたわ。

★：そうなんだよ。妻はここを離れたくないし，子どもたちはドイツ語を話すことについて心配しているんだ。

☆：そうねえ，一度あらゆることに慣れてしまえば，外国で暮らすことは素晴らしい経験になると彼らに話してみたら。

★：そうだね。それを大きな冒険として考えてくれたら，彼らはそれを楽しみにし始めるかもしれない。

Q：フレッドの妻と子どもたちについてわかることの 1 つは何か。

選択肢の訳
1　彼らはかつてドイツ語を勉強したことがある。
2　彼らは新しい冒険を楽しみにしている。

3　彼らはドイツへ引っ越すことについてうれしく思っていない。
4　彼らは海外の食べ物が好きでない。

解説　男性の最初の発言にMy wife doesn't want to leave here, and my kids are worried about speaking German. とあり，彼の妻と子どもたちがドイツへ引っ越すことを良く思っていないとわかる。

No.9 －解答　1

放送英文
★：I want to make pasta tonight, honey, but not just the same old spaghetti and meat sauce. Do you know any good recipes?
☆：Try the Internet. You should be able to find something interesting there.
★：Good idea. After that, I'll probably need to go shopping for the ingredients. Do you want to come with me?
☆：Sure, as soon as I finish cleaning the bathroom.
Question: What will the man do next?

全文訳
★：ハニー，今夜僕はパスタを作りたいんだけど，今まで通りのただのミートソーススパゲッティは嫌なんだ。何かいいレシピを知っているかい？
☆：インターネットで探してみたらどうかしら。何か興味深いものをそこで見つけることができるはずよ。
★：いい考えだね。その後，僕はたぶん食材を買いに行く必要があるだろうね。僕と一緒に来てくれない？
☆：いいわよ，お風呂の掃除が終わり次第ね。
Q：男性は次に何をするだろうか。

選択肢の訳
1　レシピを探す。
2　スパゲッティを作る。
3　買い物に行く。
4　お風呂を掃除する。

解説　良いスパゲッティのレシピを知らないかと尋ねている男性に対してインターネット検索を女性は提案している。それにGood idea. と男性が答えており，彼は彼女の提案に従うと推測できる。買い物に行く必要性も述べられているが，それはレシピを探した後のことなので正解とはならない。

No.10 解答　2

放送英文
☆：George, have you watched those DVDs I lent you last month?
★：I've watched two of them so far, but not the other two. Sorry, but I've been a bit busy.
☆：Don't worry. I don't need them back right away. I was just wondering what you thought of them.
★：Well, of the two I watched, I especially liked *Lost in Brazil*. The

characters were really interesting.

Question: Why does the woman ask George about the DVDs?

全文訳 ☆：ジョージ，先月あなたに貸したDVDを見た？

★：これまでにそれらのうち2つは見たけれど，ほかの2つはまだなんだ。すまないけど，僕はこのところちょっと忙しいんだ。

☆：心配しないで。すぐにそれらを返してもらう必要はないわ。ただそれらの映画についてあなたはどう思ったのかなと私は考えていたの。

★：そうだなあ，僕が見た2つのうちでは，特に『ロストインブラジル』が好きだったな。登場人物が本当に興味深かったよ。

Q：女性はなぜDVDについてジョージに尋ねているのか。

選択肢の訳
1 彼女はすぐにもう一度それらを見たいから。
2 彼女はそれらについての彼の意見を知りたいから。
3 彼女はどれを彼に貸したのか忘れたから。
4 彼女は『ロストインブラジル』の結末を忘れたから。

解説 女性は彼女の2番目の発言でI was just wondering what you thought of them. と述べており，男性がその映画についてどう思ったかを気にしていることがわかる。

No.11 解答 2

放送英文 ★：Excuse me. I have a pizza delivery for a Janet Hill. Is this the right office?

☆：Yes. I'm Janet Hill. How much do I owe you?

★：It's 32 dollars and 95 cents. Should I put the pizzas on your desk?

☆：No, give them to me. They're for a party in the next room, but I'll take them there.

Question: What does the woman tell the man to do with the pizzas?

全文訳 ★：すみません。ジャネット・ヒルさんにピザのお届けに参りました。こちらのオフィスで間違いないでしょうか。

☆：ええ。私がジャネット・ヒルよ。おいくらかしら。

★：32ドル95セントです。あなたの机の上にピザを置きましょうか。

☆：いえ，私にちょうだい。隣の部屋のパーティー用なんだけれど，私がそこに運ぶわ。

Q：女性はピザについて何をするよう男性に言っているか。

選択肢の訳
1 それらを彼女の机の上に置く。
2 それらを彼女に手渡す。
3 それらをほかの建物に配達する。
4 それらを彼のピザ屋に持ち帰る。

解説 机にピザを置きましょうか，という男性の申し出に対して女性は，ピザを私にちょうだい，と言っている。

No.12 解答 3

放送英文 ★：Hello. Do you sell used video games at this store?

☆：No. We only sell new games.

★：I see. The game I'm looking for isn't made anymore. It's called *One Hundred Warriors*.

☆：Oh, yes. They stopped making that a few years ago. You may be able to find a used copy of the game on the Internet.

Question: Why can't the boy buy the game *One Hundred Warriors* at the store?

全文訳 ★：こんにちは。こちらのお店では中古のテレビゲームを販売していますか。

☆：いいえ。当店は新しいゲームのみを販売しています。

★：そうですか。私が探しているゲームはもう製造されていないのです。それは『100 人の戦士』と呼ばれています。

☆：ああ，そうですね。それは数年前に製造中止になっていますね。インターネットでそのゲームの中古品を見つけることができるかもしれません。

Q：男の子はなぜその店で『100 人の戦士』というゲームを購入することができないのか。

選択肢の訳 **1** そこではテレビゲームを販売していないから。

2 子どもにとってそれは暴力的過ぎるから。

3 そこでは新しい品物のみを販売しているから。

4 それはまだ売り出されていないから。

解説 中古のゲームを売っているか，という男の子の問いに女性が，新しいゲームのみを販売している，と答えており，男の子が求めている中古のゲームはその店で購入できないことがわかる。選択肢 **1** と **3** の it は the store のことを，選択肢 **2** と **4** の it は the game のことを指しているので注意が必要。

No.13 解答 3

放送英文 ★：Mom, we have a long rugby practice today, so can you pick me up a little later than usual?

☆：I can come at six o'clock. Would that be OK?

★：Yeah. We should definitely be done by then. We'll be at the same field as usual.

☆：All right. Make sure you drink lots of water during practice!

Question: What will be different about today's practice?

全文訳 ★：お母さん，今日はラグビーの練習が長いからいつもよりちょっと遅めに迎えに来てくれない？

☆：6 時に行けるわ。それで大丈夫？

★：うん。そのときまでには間違いなく終わっているはずだよ。いつもと同じ競技場にいるよ。

☆：わかったわ。練習中はちゃんと水分をたくさん取るようにしてね！

Q：今日の練習はいつもと何が違うか。

選択肢の訳

1 それは6時に始まるだろう。

2 それは少し早く終わるだろう。

3 それはいつもより長いだろう。

4 それは違う競技場で行われるだろう。

解説 男の子は最初の発言で we have a long rugby practice today, so can you pick me up a little later than usual? と述べており，今日の練習はいつもより長いことがわかる。

No.14 解答 4

放送英文

★：Hello. Henry Allen speaking.

☆：Hello, Mr. Allen. This is Computer Plaza. We've checked your computer. It'll cost about three hundred dollars to repair it and replace the hard drive.

★：Three hundred dollars! That's a lot for an old computer. I think I'll just buy a new one instead.

☆：OK. We can recycle your old computer for free if you buy a new one here.

Question: What will Henry Allen probably do?

全文訳

★：もしもし。ヘンリー・アレンです。

☆：もしもし，アレンさん。こちらはコンピューター・プラザです。あなたのコンピューターをチェックしました。それを直し，ハードドライブを交換するのにおよそ300ドルかかります。

★：300ドルだって！　古いコンピューターの修理としては高いね。代わりに私はただ新しいものを買おうと思うよ。

☆：わかりました。こちらで新しいものを購入していただければ，私たちはあなたの古いコンピューターを無料でリサイクルすることができます。

Q：ヘンリー・アレンはおそらく何をするだろうか。

選択肢の訳

1 彼のハードドライブをその女性に売る。

2 彼のコンピューターを修理してもらう。

3 コンピューター・プラザで働く。

4 新しいコンピューターを手に入れる。

解説 修理に300ドルかかることに驚いた男性が I think I'll just buy a new one と言っているので，彼が新しいコンピューターを手に入れるだろうと推測できる。

No.15 解答 4

放送英文 ☆：*Nihao*, Jimmy. That's "hello" in Chinese. I've been taking lessons at City Language School.

★：Really? I didn't know you were interested in foreign languages. And Chinese—isn't that difficult?

☆：I thought it would be. But it's not as much work as I thought. The teacher's really interesting, and her classes are fun. It makes learning so much easier.

★：That's great. Maybe I'll try the class, too.

Question: What is one thing the woman says?

全文訳 ☆：ニーハオ，ジミー。これは中国語で「こんにちは」なの。私はシティー語学学校でレッスンを受けているの。

★：本当に？　君が外国語に興味があったなんて僕は知らなかったよ。そして中国語か――それは難しいんじゃない？

☆：そうだろうなと思っていたわ。でも思っていたほど大変ではないわ。先生は本当に興味深いし，彼女のクラスは楽しいの。それで学ぶことがはるかに楽になっているのよ。

★：それは素晴らしいね。僕もそのクラスを試してみようかな。

Q：女性が言っていることの１つは何か。

選択肢の訳
1　彼女の新しい先生は厳しい。
2　その学校は無料のクラスを提供している。
3　彼女は中国語を勉強し始めるだろう。
4　中国語を学ぶことは彼女が思っていたより簡単である。

解説 中国語は難しいのではないか？という男性の問いに，it's not as much work as I thought と女性が答えていることから，正解は **4**。

一次試験・リスニング 第2部

問題編 p.165～167

▶MP3 ▶アプリ ▶CD 3 58～73

No.16 解答 3

放送英文 Richard is a high school student, and for lunch, he usually eats sandwiches that his mother makes for him. His mother is a chef, and Richard's sandwiches are always delicious. Yesterday, his friend Veronica forgot to bring her lunch, so Richard offered to share his lunch with her. Veronica happily accepted and in return, she bought him a snack at the cafeteria for dessert.

Question: Why did Richard share his lunch with Veronica yesterday?

全文訳 リチャードは高校生で，お弁当として，母親が彼のために作るサンドイッチをたいてい食べている。彼の母親はシェフで，リチャードのサンドイッチはいつもおいしい。昨日，彼の友だちのベロニカがお弁当を持ってくるのを忘れたので，リチャードは彼のお弁当を彼女と分け合うことを提案した。ベロニカは喜んでその申し出を受け，そのお返しとして彼女はデザート用にカフェテリアで軽食を彼に買った。

Q：なぜリチャードは昨日ベロニカと彼のお弁当を分け合ったのか。

選択肢の訳

1 彼は母親が作った食べ物が好きではなかったから。

2 彼は彼の食べ物の全てを食べることができなかったから。

3 彼女が家に彼女のお弁当を忘れたから。

4 彼女が彼にカフェテリアの軽食をあげたから。

解説 第3文で his friend Veronica forgot to bring her lunch と述べられているので，リチャードがベロニカに自分のお弁当を分けてあげたのは，彼女がお弁当を忘れたからだとわかる。

No.17 解答 1

放送英文 Welcome to *News Tonight* on Radio 6. Tonight, we have some special guests—five members of the Capton City women's rugby team. The team members have been getting better results recently, and everyone is expecting them to win the national tournament next month. I will talk to the members about how they are preparing for the tournament.

Question: What does the announcer say about the rugby team?

全文訳 ラジオ6の『ニュース・トゥナイト』にようこそ。今夜は特別なゲストたちをお迎えしています――キャプトン・シティーの女子ラグビーチームのメンバー5名です。チームのメンバーは最近さらに良い成績をあげてきており，皆，彼女たちが来月の全国大会で優勝することを期待しています。私は，全国大会に向けてどのように準備をしているのかについてメンバーたちと話そうと思います。

Q：そのラグビーチームについてアナウンサーは何と言っているか。

選択肢の訳

1 彼女たちは優勝者になることを期待されている。

2 彼女たちは来月訓練を開始するつもりだ。

3 彼女たちは来週キャプトン・シティーに行くだろう。

4 彼女たちは海外で準備を進めてきた。

解説 第3文後半から皆が彼女たちの優勝を期待していることがわかる。win the national tournament が正解の選択肢では become the champions と言い換えられており，耳から入ってくる英語と選択肢の英語表現が異なるので意味をしっかり押さえて解く必要がある。

No.18 解答 4

放送英文 There is a festival in Florida in the United States called the Lower Keys Underwater Music Festival. The festival was created by a man named Bill Becker, who wanted to help protect the ocean. During the festival, musicians take instruments into the water to perform music. The goal of the festival is to teach people about coral reefs and marine life in a fun way.

Question: Why was the Lower Keys Underwater Music Festival created?

全文訳 ローワー・キーズ水中音楽祭と呼ばれる祭りがアメリカのフロリダにある。その祭りは，海の保全の手助けをしたいと思ったビル・ベッカーという名の男性によって作られた。その祭りの間，音楽家たちは，楽器を持って水の中に入り，音楽を演奏する。その祭りの目的は，人々にサンゴ礁と海洋生物について楽しく教えることである。

Q：ローワー・キーズ水中音楽祭はなぜ作り出されたのか。

選択肢の訳
1 フロリダの伝統的な種類の音楽を宣伝するため。
2 新しい種類の楽器について人々に教えるため。
3 人々が水中にいる間，彼らを守るため。
4 人々が海洋生物について学ぶ手助けをするため。

解説 最終文で The goal of the festival is to teach people about coral reefs and marine life in a fun way. と述べられているので，海洋生物について人々に教えるためにその祭りが作られたことがわかる。

No.19 解答 3

放送英文 Warren is an economics student at university, and his exams start next month. He had planned to study two hours every evening, but he has not been following this schedule. Warren has realized that he can concentrate better in the mornings, so instead, he has decided to get up two hours earlier than usual to study. He hopes this new schedule will help him study more effectively.

Question: How will Warren's schedule change?

全文訳 ウォーレンは大学で経済学を学ぶ学生であり，彼の試験は来月始まる。彼は毎晩２時間勉強する計画を立てたが，このスケジュールを守ってきていない。ウォーレンは朝の方がより集中できるということに気づいたので，代わりに彼は勉強するためにいつもより２時間早く起きる決心をした。この新しいスケジュールが，彼がもっと効果的に勉強する助けになることを彼は期待している。

Q：ウォーレンのスケジュールはどのように変わるだろうか。

選択肢の訳 1 彼は週末だけ勉強するだろう。
2 彼は毎日4時間勉強するだろう。
3 彼は朝に勉強し始めるだろう。
4 彼は夜により早く勉強し始めるだろう。

解説 第3文で，彼は朝の方が集中できるので，勉強するために毎朝2時間早く起きることにしたと説明されている。

No.20 解答 2

放送英文 Many people around the world enjoy eating honey. As long as honey is kept in sealed containers, it can be eaten even when it is many years old. In fact, some news articles say that 3,000-year-old honey has been found in the pyramids of Egypt. The honey was kept in sealed pots, and scientists say that this honey can still be eaten today.

Question: What is one thing we learn about honey?

全文訳 世界中の多くの人々がはちみつを食べることを楽しんでいる。密閉された容器にはちみつが保存されている限りは，長い年月がたってもそれは食べることができる。実際，いくつかのニュース記事は，3千年前のはちみつがエジプトのピラミッドの中で発見されたと伝えている。そのはちみつは密閉されたつぼの中に保存されており，このはちみつは今日でも食べることができると科学者たちは言う。

Q：はちみつについてわかることの1つは何か。

選択肢の訳 1 エジプトの人々は特別なつぼの中でそれを料理する。
2 それは長期間保存し食べることができる。
3 科学者たちは毎日それの新しい種類を見つけている。
4 それを入れた3千を超えるつぼがピラミッドの中で発見された。

解説 第2文で As long as honey is kept in sealed containers, it can be eaten even when it is many years old. と述べられており，はちみつは長期間保存し食べられるということがわかる。

No.21 解答 4

放送英文 Peggy has a large collection of Japanese comic books and she enjoys talking about them with other people on the Internet. However, she thought it would be good to meet other collectors in person, so she decided to become a member of a comic book fan club in her area. She will wear her favorite character's costume to the club's meeting this Friday.

Question: What has Peggy decided to do?

全文訳 ペギーは日本の漫画を多数集めており，インターネット上でほかの人々とそれらについて話すことを楽しんでいる。しかし，ほかの収集家と直接会うと良いだろうと彼女は思ったので，彼女が住む地域の漫画ファンクラブのメンバーになることにした。彼女は今週の金曜日にお気に入りのキャラクターの衣装を着て，クラブのミーティングに行くつもりである。

Q：ペギーは何をすることにしたのか。

選択肢の訳 **1** 漫画のイベントのために衣装を作る。

2 漫画についてのウェブサイトを始める。

3 彼女の漫画のコレクションを売る。

4 漫画ファンクラブに加入する。

解説 第2文後半で彼女は「地域の漫画ファンクラブのメンバーになることにした」と述べられているので正解は**4**。

No.22 解答 1

放送英文 Come to Waller Wheels for deals on family-sized cars. As advertised on TV, our Super Sale is this weekend. Get a discount of $2,000 when you buy a new car. If you buy a used car, we will give you a free set of snow tires. We are located on Thomson Street and are open until 7 p.m. every day.

Question: What can customers get when they buy a new car?

全文訳 お得なファミリーカーなら，ぜひウォーラーウィールズまでお越しください。テレビで宣伝されているように，当店のスーパーセールは今週末です。お客様が新車を購入する際には，2千ドルの割引が手に入ります。中古車をご購入いただいた場合，無料のスノータイヤ1式をお付けいたします。当店はトムソン通りにあり，毎日午後7時まで営業中です。

Q：新車を購入する際に客は何を得られるか。

選択肢の訳 **1** 2千ドルの割引。

2 スノータイヤの割引。

3 週末の家族旅行。

4 テレビ番組に出演する機会。

解説 第3文にGet a discount of $2,000 when you buy a new car. とあり，新車を購入する際に2千ドルの割引が得られることがわかる。

No.23 解答 3

放送英文 Steve wants to teach his six-year-old daughter how to swim this summer. Unfortunately, she does not like going into the pool, so Steve bought her some pool toys to play with. She now enjoys playing on the steps of the pool, so Steve thinks he can start giving her lessons soon. He hopes that she will think swimming is fun in the future.

Question: What did Steve do for his daughter?

全文訳 スティーブはこの夏，6歳の娘に泳ぎ方を教えたいと思っている。残念ながら，彼女はプールに入るのが好きではないので，スティーブは彼女にプールで遊べるおもちゃをいくつか買った。彼女は今プールの階段で遊ぶのを楽しんでいるので，スティーブはまもなく彼女にレッスンをし始めることができると思っている。将来水泳が楽しいと彼女が思ってくれることを彼は望んでいる。

Q：スティーブは娘のために何をしたか。

選択肢の訳
1 彼はこの夏彼女を旅行に連れていった。
2 彼は彼女を水泳のレッスンに連れていった。
3 彼は彼女に新しいおもちゃをいくつか買った。
4 彼は彼女に夏服をいくつか買った。

解説 第2文では，スティーブはプールに行きたがらない娘にプールで遊べるおもちゃを買ったと述べられている。スティーブは娘をプールに連れていって，買ったおもちゃで遊ばせているが，まだ水泳のレッスンを始めたわけではないので，その時制の違いをしっかり聞き取る必要がある。

No.24 解答 2

放送英文 Get ready for spring at Silverman Gym! We have two special campaigns this month. First, all members who introduce a friend to the gym will get an extra month of membership free. Second, if you sign up for a boxing class, you will get a free gym bag worth $25. Don't forget to take advantage of these two great offers.

Question: How can members get a free gym bag?

全文訳 春に向けてシルバーマンジムで準備をしましょう！　私どもは今月，2つの特別キャンペーンを開催します。1つ目に，お友だちを当ジムにご紹介いただいた全ての会員様は，追加の会員資格を1カ月分無料で手に入れることができます。2つ目に，もしボクシングクラスにお申込みいただければ，25ドル相当のジムバッグを無料で手に入れることができます。これら2つの素晴らしい割引をどうぞ忘れずにご活用ください。

Q：会員はどのようにジムバッグを無料で手に入れることができるか。

選択肢の訳
1 ジムで25ドルを使うことによって。
2 ボクシングクラスに参加することによって。
3 2名の新しい会員を紹介することによって。
4 1カ月間毎日ジムに来ることによって。

解説 第4文に「もしボクシングクラスにお申込みいただければ，25ドル相当のジムバッグを無料で手に入れることができます」とある。sign up for が正解の選択肢では join と言い換えられていることに注意。

No.25 解答 3 正答率 ★75%以上

放送英文 Kenta is planning a trip to Thailand with two of his friends. His friends want to see many temples there. However, Kenta loves the ocean, so he wants to relax on the beach instead. Kenta and his friends have decided that they will stay in the same hotel, but while he goes to the beach during the day, his friends will go sightseeing.

Question: What is one thing that we learn about Kenta?

全文訳 ケンタは友だち２人とタイへの旅行を計画している。彼の友だちはそこで多くの寺院を見たいと思っている。しかし，ケンタは海が大好きなので代わりにビーチでリラックスしたいと思っている。ケンタと彼の友だちは同じホテルに滞在することにしたが，彼が日中ビーチに行っている間，彼の友だちは観光に出かけるだろう。

Q：ケンタについてわかることの１つは何か。

選択肢の訳
1 彼はホテルに滞在するのが好きではない。
2 彼はタイに行きたくない。
3 彼はビーチに行くのが好きだ。
4 彼は寺院に興味がある。

解説 第３文でケンタは海が大好きでビーチに行きたがっていると述べられているので，彼がビーチに行くのが好きだと推測できる。そのほかの選択肢は英文の内容と合わない。

No.26 解答 4

放送英文 Stacy has been a movie director for over 15 years. So far, she has only made fantasy movies. This year, however, her goal is to direct a documentary about the real lives of doctors and nurses who work in emergency rooms. Next week, Stacy will start to interview some of them in hospitals around the city.

Question: What does Stacy want to do this year?

全文訳 ステイシーは15年以上映画監督をやっている。これまで，彼女はファンタジー映画のみを作ってきた。しかし今年は，彼女の目標は緊急治療室で働く医師と看護師の実生活についてのドキュメンタリー映画を監督することである。来週，ステイシーは市内の病院で彼らのうちの何人かにインタビューを始める予定である。

Q：今年ステイシーは何をしたいと思っているか。

選択肢の訳
1 たくさんのドキュメンタリー映画を見る。
2 15人の映画監督にインタビューする。
3 ファンタジーの物語を書き始める。
4 実際の人々についての映画を作る。

解説 第3文で，今年は，彼女の目標は医師と看護師の実生活のドキュメンタリー映画を監督することであると述べられているので，正解は**4**。direct a documentaryが正解の選択肢ではMake a movie about real people.と具体的に言い換えられている。

No.27 解答 3

放送英文 The cassowary is a type of bird that lives in parts of Australia and New Guinea. Cassowaries are sometimes called the most dangerous birds in the world. They are big in size and have sharp claws. They have been reported to use their powerful legs to kick people who come too close. However, this rarely happens because cassowaries tend to stay away from people.

Question: What is one thing we learn about cassowaries?

全文訳 ヒクイドリはオーストラリアとニューギニアの一部に生息する鳥の一種である。ヒクイドリは世界で最も危険な鳥と時々呼ばれる。彼らはサイズが大きく，鋭いかぎ爪を持っている。彼らは近づき過ぎた人間を蹴るのに彼らの力強い足を使うことが報告されている。しかし，ヒクイドリは人間に近づかないようにする傾向があるので，このようなことはめったに起こらない。

Q：ヒクイドリについてわかることの１つは何か。

選択肢の訳
1 彼らは危険なほどに高い場所に生息している。
2 彼らは人間に近づくことが好きである。
3 彼らは危険であると考えられている。
4 彼らはほとんどの鳥よりも短い足を持つ。

解説 第2文でCassowaries are sometimes called the most dangerous birds in the world.と述べられており，ヒクイドリが危険な鳥であると考えられていることがわかる。

No.28 解答 4

放送英文 Travis was born in New York, but he works in Canada now. He likes his job, but his mother has been feeling unwell recently. Travis wants to move back to his hometown to be closer to her. His company has an office in New York, so he will ask his boss if he can be transferred there.

Question: Why does Travis want to move back to New York?

全文訳 トラビスはニューヨークで生まれたが，今はカナダで働いている。彼は自分の仕事が好きだが，母親の調子が最近良くない。トラビスは彼女のもっと近くにいるために故郷に帰りたいと思っている。彼の会社はニューヨークにオフィスを持っているので，彼は上司にそこに転勤することができるかどうかを尋ねるつもりである。

Q：トラビスはなぜニューヨークへ戻りたいのか。

選択肢の訳
1 彼の上司が彼を転勤させたがっているから。
2 カナダの彼のオフィスが閉まるから。
3 彼はそこのオフィスで新しい仕事を得たから。
4 彼は母親の近くにいたいから。

解説 第2文から第3文にかけて，トラビスの母親の調子があまり良くないので彼は母親の近くにいたいと思っている，ということが説明されている。本文の be closer to her が正解の選択肢では be near his mother と言い換えられている。

No.29 解答 3

放送英文 In Sweden, there is a break during the day called *fika*. *Fika* is often translated into English as "having a coffee break." People in Sweden rest and appreciate life during *fika*. They also have a chance to communicate with friends, family, or co-workers. *Fika* is usually held in the morning or in the afternoon and is an important part of Swedish culture.

Question: What is one thing we learn about *fika*?

全文訳 スウェーデンには，日中にフィーカと呼ばれる休憩時間がある。フィーカはしばしば「コーヒーブレイクをすること」として英語に訳される。スウェーデンの人々はフィーカの間，安らぎ，人生に感謝する。彼らはまた，友だち，家族，または同僚とコミュニケーションをとる機会も持つ。フィーカはたいてい午前か午後に持たれ，スウェーデン文化の重要な一部である。

Q：フィーカについてわかることの1つは何か。

選択肢の訳
1 それは人々が仕事の会議をする場所である。
2 それは友だちや同僚に贈られる贈り物である。
3 それはリラックスしおしゃべりをする時間である。
4 それはスウェーデン産のコーヒーの一種である。

解説 第1文～第4文にかけて，フィーカは休憩の時間であり，そのときにスウェーデンの人々は安らぎ，会話を楽しむ，と説明されている。

No.30 解答 2

放送英文 Mitch is in his fifties and he has played soccer all his life. He still wants to play, but he finds it harder to move quickly because he has gotten older. Last week, one of his friends who manages a soccer club for young players asked Mitch to be a coach for the players starting next month. Mitch accepted the offer, and he is thinking of techniques to teach them.

Question: What will Mitch start doing next month?

全文訳 ミッチは50代で，これまでずっとサッカーをやってきた。彼はまだプレーしたいが，年を重ねたので，素早く動くことが難しいと感じている。先週，若い選手のためのサッカークラブを運営している彼の友だちの1人がミッチに来月練習を始める選手のコーチになってほしいと依頼した。ミッチはその申し出を受け入れ，彼らに教える技術について考えている。

Q：来月ミッチは何を始めるだろうか。

選択肢の訳
1 新しいサッカーチームでプレーする。
2 若いサッカー選手を訓練する。
3 彼の古くからのチームメイトを指導する。
4 新しいクラブを運営する。

解説 第3文と最終文で，ミッチの友だちが来月練習を始める選手のコーチになってほしいと彼に依頼し，それをミッチが引き受けた，ということが説明されている。

二次試験・面接 問題カード A 日程

問題編 p.168～169

▶MP3 ▶アプリ ▶CD 3 74～78

全文訳 **安全性を向上させること**

嵐や洪水などの自然災害は深刻な損害を引き起こす可能性がある。安全でいるために，人々は災害について情報を得る必要がある。現在，日本政府はさまざまな言語でそのような情報を提供しており，そうすることで日本への外国人訪問客の安全性を向上させようとしている。外国人訪問客の増加に伴い，彼らにサービスを提供することがより重要になりつつある。

質問の訳

No. 1 文章によれば，日本政府は日本への外国人訪問客の安全性をどのように向上させようとしていますか。

No. 2 では，絵を見てその状況を説明してください。20秒間，準備する時間があります。話はカードにある文で始めてください。
〈20秒後〉始めてください。

では，～さん（受験生の氏名），カードを裏返して置いてください。

No. 3 日本の高校生は英語に加えてもう1つ外国語を学ぶべきであると言う人がいます。あなたはそれについてどう思いますか。

No. 4 今日では，たくさんの人々が自由時間に運動するためにジムへ通っています。こういった人々の数は将来増加するとあなたは思いますか。
Yes. →なぜですか。　No. →なぜですか。

No.1

解答例 By offering information about disasters in different languages.

解答例の訳 「さまざまな言語で災害についての情報を提供することによって」

解説 第3文に Now, the Japanese government offers such information in different languages, and by doing so it tries to improve the safety of foreign visitors to Japan. とあり，such information「そのような情報」を異なる言語で提供することで日本政府は外国人訪問客の安全性の向上を図っているとわかる。such information とはその前文の information about disasters を指すので，such information をその説明部分と入れ替える。質問は how「どのように」なので By offering で始めて答えるとよい。

No.2

解答例 One day, Mr. and Mrs. Okuda were talking in their living room. Mr. Okuda said to his wife, “We should prepare food for a disaster.” Later at a supermarket, Mr. Okuda was putting a bottle of water into a shopping basket. Mrs. Okuda suggested that they use a shopping cart. On the way home, Mr. and Mrs. Okuda were having trouble carrying their shopping bags. Mrs. Okuda suggested that they take a taxi.

解答例の訳 「ある日，オクダ夫妻は居間で話をしていました。オクダさんは妻に『私たちは災害に備えて食料を準備するべきだ』と言いました。その後スーパーマーケットで，オクダさんは買い物かごに水のボトルを入れていました。オクダさんの妻は，買い物カートを使うことを提案しました。帰宅途中，オクダ夫妻は買い物袋を運ぶのに苦労していました。オクダさんの妻はタクシーに乗ることを提案しました」

解説 1コマ目は，指示された英文で説明を始め，その後にオクダさんのせりふを Mr. Okuda said to his wife, の後に続ける。2コマ目は Later at a supermarket, で始め，オクダさんの動作を過去進行形で描写し，次に吹き出しの中に描かれているオクダさんの妻の考えを説明する。3コマ目は On the way home, で始め，オクダ夫妻が，買い物袋が重くて困っている様子を描写し，次に吹き出しの中のオクダさんの妻の考えを説明する。

No.3

解答例 I agree. Many students are interested in other foreign languages, too. Also, students can understand other cultures by learning languages.

解答例の訳 「私もそう思います。多くの生徒がほかの外国語にも興味を持っています。また，生徒は言語を学ぶことでほかの文化を理解できます」

解答例 I disagree. It takes a long time to learn another foreign language. It's better to concentrate on studying English.

解答例の訳 「私はそうは思いません。もう1つの外国語を学ぶことには長い時間がかかります。英語を勉強することに集中した方が良いです」

解説 まず始めに，賛成か反対かをI agree. またはI disagree. で明確にし，その後に自分の主張をサポートする具体的な理由を述べていくことが重要である。理由は2つ程度提示できると説得力が増す。

No.4

解答例 （Yes. と答えた場合）
More and more people are trying to stay healthy. Also, many people don't have a place to exercise at home.

解答例の訳 「ますます多くの人々が健康を維持しようと努めています。また，多くの人々は家に運動する場所がありません」

解答例 （No. と答えた場合）
Many people are too busy to go to a gym. Also, most gyms cost a lot of money to join.

解答例の訳 「多くの人々が忙し過ぎてジムへ行くことができません。また，ほとんどのジムは加入するために多くの費用がかかります」

解説 ここでも，Yes か No かの立場を明確にし，その立場をサポートする理由を2文程度で説明することが大切である。2つ目の理由を提示するときには，also, moreover, in addition などのつなぎ言葉を使うと解答の構成がより明確になる。

二次試験・面接　問題カード B 日程

問題編 p.170～171

▶MP3 ▶アプリ ▶CD 3 79～82

全文訳 **援助を必要としている人々を助けること**

今日の日本では，高齢者の数が毎年増加している。このため，バリアフリーの環境がますます重要になってきている。政府は多くの場所でそれらを作っており，そうすることで援助を必要としている人々にとってより便利な社会を作っている。バリアフリーの環境は日本と世界中のほかの多くの国で一般的になりつつある。

質問の訳 No. 1 文章によれば，どのように政府は，援助を必要としている人々にとってより便利な社会を作っていますか。

No. 2 では，絵を見てその状況を説明してください。20秒間，準備する時間があります。話はカードにある文で始めてください。
〈20秒後〉始めてください。

では，～さん（受験生の氏名），カードを裏返して置いてください。

No. 3 公共の場所での人々のマナーが悪くなってきていると言う人がいます。あなたはそれについてどう思いますか。

No. 4 今日，コンピューターゲームは全ての年代の人々に人気があります。コンピューターゲームをすることは時間の無駄だとあなたは思いますか。

Yes. →なぜですか。　　　　No. →なぜですか。

No.1

解答例 By creating barrier-free environments in many places.

解答例の訳 「多くの場所でバリアフリーの環境を作ることによって」

解説 第 3 文に The government is creating them in many places, and by doing so it is making society more convenient for people who need assistance. とあり，them「それら」を多くの場所に作ることで政府は援助を必要とする人々にとって便利な社会を作ろうとしているとわかる。them とはその前文の barrier-free environments を指すので，them をその説明部分と入れ替える。質問は how「どのように」なので，By creating で始めて答えるとよい。

No.2

解答例 One day, Taro and his father were talking in their living room. Taro said to his father, "I'm excited to go to the baseball game this afternoon." Later at the stadium, Taro's father was buying a cap. Taro was looking forward to putting on the cap. After the game, Taro and his father noticed an old woman carrying a heavy bag. Taro's father was thinking of helping her.

解答例の訳 「ある日，タロウと彼の父親は居間で話をしていました。タロウは彼の父に『今日の午後，野球の試合に行くのでわくわくしているよ』と言いました。その後スタジアムで，タロウの父親は帽子を買っていました。タロウはその帽子をかぶることを楽しみにしていました。試合の後，タロウと父親は年配の女性が重いかばんを運んでいるのに気づきました。タロウの父親は彼女を手伝うことを考えていました」

解説 1 コマ目は指示された英文で説明を始め，その後にタロウのせりふを Taro said to his father, の後に続ける。2 コマ目は Later at the stadium, で始め，まず父親の動作を過去進行形で描写し，次に吹き出しの中に描かれているタロウの考えを説明する。3 コマ目は After the game, で始め，タロウと父親が重い荷物を運んでいる年配の女性に気づいた様子を描写し，次に吹き出しの中の父親の考えを説明する。

No.3

解答例 I agree. Many people throw away garbage on the street. Also, some people walk in crowded places while looking at smartphones.

解答例の訳 「私もそう思います。多くの人々は通りにゴミを投げ捨てています。また，スマートフォンを見ながら混雑した場所を歩く人々もいます」

解答例 I disagree. Most people know the importance of good manners. Many people give up their seats to others on the train.

解答例の訳 「私はそうは思いません。ほとんどの人々は良いマナーの重要性を知っています。たくさんの人々が電車でほかの人に席を譲ります」

解説 賛成（I agree）か反対（I disagree）かをまずはっきりとさせてその理由を明示するとよい。どちらの場合も，日ごろ日常生活で目にしている様子を具体的に2文程度で説明する。具体例を挙げると説得力が増し，効果的である。

No.4

解答例 （Yes. と答えた場合）
Many people spend hours playing these games every day. They should do more useful things with their time.

解答例の訳 「多くの人々が毎日ゲームをして何時間も過ごしています。彼らは彼らの時間でもっと役に立つことをするべきです」

解答例 （No. と答えた場合）
Computer games can teach people different things. For example, some games teach us about famous people in history.

解答例の訳 「コンピューターゲームは人々にさまざまなことを教えることができます。例えば，歴史上の有名な人々について私たちに教えてくれるゲームもあります」

解説 ここでもまずは自分の立場を明確にしてそれをサポートする理由を具体的に述べることが重要である。Yes の場合は，コンピューターゲームの代わりに，運動，読書，勉強などほかの活動を具体的に提案してもよい。No の場合は，解答例のようにコンピューターゲームが私たちに提供してくれる情報に焦点を当ててもよいし，インターネットを介したコンピューターゲームを通して世界中の人たちとコミュニケーションをとることができる，などの肯定的なポイントを指摘してもよい。

MEMO